评史丛录

赵轶峰 著

科学出版社
北京

内 容 简 介

　　学术评论是学者思想探索和学术共同体交流的重要途径。本书是东北师范大学亚洲文明研究院赵轶峰教授近十几年间所写具有评论、交流性质文章的选编，分为"当代史学""史以经世""明清中国""文明史观""序文""教学相长"六个部分。内容涉及对当代中国历史学研究状态的分析、对行政化学术评价体系的批评、对新实证主义史学的阐释、从历史学角度对当代人类社会共同体建设的思考、对明清史研究若干重要动态的评价、对文明史观和全球史的分析、为青年学者著作所写的序言、求学与教学心得的回顾。各篇长短不一，事理、行文皆称晓畅。读者阅读此书，既可从中了解赵轶峰教授在史学理论、明清史、文明史领域的一些独到的学术主张，也可据以揣摩一些研治历史的经验。

　　本书适合对史学理论、明清史、文明史领域感兴趣的广大读者阅读。

图书在版编目（CIP）数据

评史丛录 / 赵轶峰著. —北京：科学出版社，2018.10
ISBN 978-7-03-059068-8

Ⅰ. ①评… Ⅱ. ①赵… Ⅲ. ①史学-中国-文集 Ⅳ. ①K207-53

中国版本图书馆 CIP 数据核字（2018）第 232862 号

责任编辑：耿　雪 / 责任校对：张小霞
责任印制：张克忠 / 封面设计：黄华斌

科学出版社出版
北京东黄城根北街 16 号
邮政编码：100717
http://www.sciencep.com

三河市荣展印务有限公司 印刷
科学出版社发行　各地新华书店经销

*

2018 年 10 月第 一 版　　开本：720×1000　B5
2018 年 12 月第二次印刷　　印张：22 1/4
字数：316 000
定价：82.00 元
（如有印装质量问题，我社负责调换）

自　序

　　历史研究者或多或少需是一个思想者。他们要推究过去发生的一些有重要性的人类事务，澄清原委，透彻阐释，帮助当下的人们理解以往的经验，同时呈现研究同类经验合理有效的方法。这需要他们有独立之精神、自由之思想，否则就可能沉浸在职业性和专业细化导致的技艺情结和习惯中，做虽然精细但无关宏旨的研究。研究历史的人，需要钻研一些理论，容或不能深湛，也需多加浸润；要自己独立地思考一些关涉研究理念的根本问题，即使难以突破前人所见，仍要持之以恒，使之入心，从而不至于被东西南北各种风潮随意裹挟而走。同样重要的事情是，治史者在精神上应该特立独行，在工作方式上不可以闭门造车，应该评价同行的工作，欢迎同行批评自己的工作，使自己的思考和研究与同行的研究汇流，在学术共同体的话语环境中评价自己，品味心得，在交流与批评中磨砺研究的锋芒。

　　这些事情，说来容易，做起来却难。在我年轻的时代，难在教条太多，成见太深，资讯也远不如现在丰足。最近这些年，条件好了许多，但也有一些妨碍的因素。比如评价体系持续地给学者造成定向压力，让其快出成果，为所在研究机构的排名做出贡献，于是学者多以在"高级"刊物上发表作品为目标，很少关心对已发表作品的评论。再如资讯发达环境容易形成一些人为的热点，容易炒作出一些学术"时尚"，造成一些评估、评价的幻觉。所以稳健的人文学术评价机制，至今也不能说已经形成。前几年，中国社会科学院历史研究所的彭卫先生有感于此，创建《历史学评论》，以书代刊。只出版了一卷，就因高品质稿件不足而难以为继。唏嘘之余，不免反躬自省，我们许多看到这些情况的人，其实自己也没有在史学评论方面做很多事情。良好的史学生态，不能缺少稳健、常态化的史学评论。史学理论研究本身，尤其就是批评性的学术。我们是要在这方面多用些心力的，此书取名《评史丛录》，立意也在于此。

这本文集，是我在最近十几年间所写的具有评论、交流性质的文章选编，其核心自然是历史研究，其中有些文章略为超出历史学范围，涉及对现代社会原理和状况的基本理解，但观察和思考的原点仍在历史学。更早时期的同类文章，已收入《学史丛录》和《明代的变迁》，不入本集；近年所作有关韩国、日本、印度史学理论的文章，需要另外集结作为两个"亚洲史学理论"项目的成果，也没有收入此集。故而，此集是由未收入我的其他个人文集和将要单独署名出版的史学理论专题书籍之外的评论、交流性文章构成，故称"丛录"。编排时做了大致的分类。

第一组"当代史学"5篇，核心在于提出我对于当代中国史学研究基本观念的看法，主张包括：中国史学理论需充分关照国际水平并谋求在史学认识论方面提出独到主张，不当执意纠缠数十年前反复讨论的话题；当下行政化学术评价体系严重误导、扭曲史学研究，应将学术评价主体地位还给学术共同体；历史研究稳健可取的路径可以概括为"新实证主义史学"——该话题在我看来至关重要，将来可能扩展成书，详细论证。

第二组"史以经世"8篇，即前面所说略为超出历史学的部分，这部分是2000年我回国以后最初10年前后写成的。当时我参加国际性文化及学术活动较多，主编了几本在全球化语境和现实参照视野下思考现代社会建设的文集，略有为人类社会共同体建言的意思，在思考历史问题时，常取发散式的思维。其中，关于人与自然关系的文章对我自己的钻研说来是很重要的。启蒙时代形成的人与自然关系论是一种自然工具论，而晚近一些自然权利论者则取消人的主体地位，二者皆需加以反省。我思考的结论是应该建立一种"新人本主义"的"人—自然"观。这虽然并非直接讨论历史学家的工作方式,但以史家"究天人之际"大意衡量,是应有之义。关于责任伦理的文章,初看主要从伦理角度立言,实际上是把中国历史上的责任伦理与当下世界范围的伦理意识反思结合起来讨论。我以为,对于中国文化的思考,就应该在当代人类心智反思和社会建设的层面,而不应该仅仅作为一个民族自己的偏好。关于"天下为公"的思考,着眼处与前面说到的两篇类似,只是更直接地落脚在史的意蕴中。关于基督宗教在东北地区流传的文章,主要是结合学术史的梳理,提出一些该领域研究问题取向方面的建议。

第三组"明清中国"8篇,是结合自己研究较多的明清史,从一些带普遍性的问题角度做出的对若干动态的评论。主张包括:明史研究需有超出明史的宏观理论视野,一些曾被视为权威的言说其实是在特定历史、学术语境中提出的,各有用意,不应过分推崇;明清江南研究的一些流行方式包含误区,需加分辨;对明代白银货币的研究不能只关注其为贵金属,且需关注其为称量形态;故宫学与明清政治史研究可以互补;明代宫廷典制在中国宫廷典制史上有特殊地位;明代宫廷是权力高度支配的空间,宫廷生活史研究与一般社会生活史研究的意识需有差别;万明对于《万历会计录》的整理与研究是一项很大的学术贡献。

第四组"文明史观"收入4篇文章。其中两篇结合《全球文明史》的翻译梳理关于文明史研究方法的心得,一篇讲述我组织编写的简本《中华文明史》的编纂思想,另一篇是就近年我提出的明清帝制农商社会说中采用文明史视角所写的一篇备注性的文字。其实,这几篇文章还没有把文明史观的要义彻底说清,还应该继续思考。如在本书后面有关"新清史"的一篇对话中,就略微涉及文明史观如何有助于理析中国历史上的多民族国家的问题。

第五组"序文"收入的5篇文章主要是为同事、学生著作所写的序言,以指出各书的基本学术主张和特征为主,并表达一些延伸的思考。此外还有为《古代文明》中文版所写的发刊寄语。

第六组"教学相长"5篇,是在求学和教学生涯中形成的自觉有意义的文字。李洵先生是引领我走入明清史研究领域的导师，他的治学为人，一直是我求索路上的指引。围绕"王权主义""新清史"两个前沿学术话题的对话，既呈现了我关于这两个话题的基本看法，也记录了我与青年人共事的意趣和收获。为《明清史典范论文评析》一书所写的绪言，阐述了我对于历史学期刊论文的理解，其中包含对时下一些史学论文风格的看法，或许对研究生的学习有参考作用。最后一篇，是我说给硕士研究生新生的话，讲了对这一阶段的年轻人学习明清史的建议，或可供留意者斟酌采择。

  这样的一本书没有什么体系性，但触及当今史学研究的一些重要且意见并不一致的话题，也有一些治学的心得。于我本人，是一次总结。对于初入历史学领域的青年人，若能也有一些梳理推敲时的佐助作用，就更值得欣喜了。

  此集编纂蒙惠于多人，文章中多有提及，不在这里一一列出。博士研究生宋兴家、王慧明通读校对文稿，殊为辛苦，特致谢意。

赵轶峰
2017年12月29日于长春

目 录

自序

当代史学

"新时期"史学理论之我见 ………………………………………… 3
学风与学术批评 …………………………………………………… 9
关于学术史的几个问题 …………………………………………… 18
关于中国史学研究国际化语境建构的几点看法 ………………… 22
历史研究的新实证主义诉求 ……………………………………… 24

史 以 经 世

新人本主义的"人—自然"观
　　——《当代中国的"人—自然"观》代序 …………………… 61
责任文化的苏醒
　　——《当代中国思想探索中的"责任"观》代序言 ………… 76
文明时代的困惑与追求
　　——《当代文明的困惑与追求——解读〈人类责任宪章〉》序 ……… 90

中欧论坛与中欧知识共同体 …………………………………………… 101

和平对我们意味着什么？ ……………………………………………… 108

民族国家与近代化
　——20世纪东亚历史解释的两个症结 ………………………… 115

中华传统文化中的"天下为公"及其现代回响 ………………………… 123

基督宗教中国东北地区传播社会史研究的问题谱系
　——《文本、地域与解释的新视角——中国东北地区的基督宗教
　　与中西文化交流（清初至民国）》代序 ………………………… 141

明　清　中　国

明史以外看明史
　——关于明史研究范式的几个问题 …………………………… 157

明清江南研究的问题意识 ……………………………………………… 166

明代白银货币称量形态对国家—社会关系的含义 …………………… 178

明代政治的文化张力
　——《权力·价值·思想·治道——明代政治文化丛论》序 …… 186

故宫学的明清庙堂政治文化视域 ……………………………………… 192

明代宫廷典制在中国宫廷典制史中的地位 …………………………… 199

明代宫廷生活研究的三个基本概念 …………………………………… 205

评万明、徐英凯著《明代〈万历会计录〉整理与研究》 ……………… 210

文　明　史　观

《全球文明史》的独特视角 …………………………………………… 221

《全球文明史》与"世界史"概念的再思考 …………………………… 236

《中华文明史》序 ……………………………………………………… 245

应该注重中华文明演进历程中的社会形态研究⋯⋯⋯⋯⋯⋯ 250

序　文

赵克生《明代国家礼制与社会生活》序⋯⋯⋯⋯⋯⋯⋯⋯⋯ 257

孙强《晚明商业资本的筹集方式、经营机制及信用关系研究》序⋯⋯ 260

赵现海《明代九边长城军镇史——中国边疆假说视野下的
　　长城制度史研究》序⋯⋯⋯⋯⋯⋯⋯⋯⋯⋯⋯⋯⋯⋯ 263

刘喜涛《封贡关系视角下明代中朝使臣往来研究》序⋯⋯⋯⋯ 267

《古代文明》发刊寄语⋯⋯⋯⋯⋯⋯⋯⋯⋯⋯⋯⋯⋯⋯⋯⋯ 271

教 学 相 长

向李洵先生学习明清史⋯⋯⋯⋯⋯⋯⋯⋯⋯⋯⋯⋯⋯⋯⋯ 275

关于"王权主义"与中国政治文化的对话⋯⋯⋯⋯⋯⋯⋯⋯ 282

关于"新清史"的对话⋯⋯⋯⋯⋯⋯⋯⋯⋯⋯⋯⋯⋯⋯⋯ 296

明清史期刊论文的写作与评析
　　——《明清史典范论文评析》绪言⋯⋯⋯⋯⋯⋯⋯⋯⋯ 314

说给明清史硕士研究生新生的话⋯⋯⋯⋯⋯⋯⋯⋯⋯⋯⋯ 336

当 代 史 学

"新时期"史学理论之我见*

"文化大革命"结束之后，历史学界对"文化大革命"时期极度教条主义和过度意识形态化思维方式与话语氛围进行清理，恢复了对"文化大革命"前若干重大理论性热点问题的学术讨论。但是，这些探讨在重新达到"文化大革命"前所达到的深度临界点之后难以继续推进，不久趋于沉静。相对于其他领域的快速变革，史学界感受到理论贫乏的危机和研究范式突破的诉求。围绕"史学危机"问题的讨论，中国史学理论形成一个探索的热潮。探讨的范围，不仅涉及对"史学危机"本身的理解，并且包括对20世纪中期以来提出的影响深远的一些理论性命题的重新梳理，对历史学方法论的尝试性重构，对史学认识论的初步探讨，以及对一些西方史学理论的介绍与诠释。

这场史学理论热潮在中国历史学发展史上的意义，在当时的史学评论中已经体现出来。香港学者许冠三在20世纪80年代后期出版的《新史学九十年》，已经将这场探讨置于中国新史学近百年推演的总历程中加以介绍和评析。我本人当时也曾借用美国科学史家托马斯·库恩（Thomas Kuhn）关于科学革命的理论指出，当时"史学危机"感预示的，是一场史学研究的范式变革。[①]20世纪90年代以后，许多学者对80年代的史学理论热潮

---

* 原载于《史学月刊》，2016年第4期。
① 赵轶峰、高二音：《当代中国历史学发展趋势评析》，《史学集刊》1987年第4期。

以及其后的史学理论发展做了总结，足以呈现这场学术风潮的原委、成绩与不足。不过，每个人对80年代以来中国史学理论探索的历程之理解，毕竟还会有不同。对于我本人说来，这段历程在很大程度上决定了自己后来三十年的学术道路乃至人生经历，所以总要经常回顾，不时有新的体会。

在我看来，20世纪80年代的史学理论热推出了许多史学理论著述但并没有真正意义上的经典沉淀出来，其最大的意义，毕竟还在于史学界的思想解放。在这场热潮中，中国史学界对"十七年"（1949—1966年）的历史学和"文化大革命"史学都进行了具有一定深度的反思，许多史学研究者以自己的方式了解了中国历史学的理论症结，重新确立了自己研究的题旨和目标。有此基础，才有接下来二十多年中国历史学的新面貌。90年代以后，普遍的理论热潮逐渐平静下来，但史学理论探索并没有停止。大量比"文化大革命"前视野开阔、方法精致、理论更具有深度的史学研究成果被推出，经历80年代史学理论热潮的许多青年学者成为历史学各领域的学术中坚，这背后其实有史学理论、意识转变作为重要的基础。20世纪80年代以来的史学理论研究取得的基本成绩，大致归纳起来主要集中在四个方面：第一是冲破教条主义；第二是实现中国史学观念、理论同国际学术的衔接；第三是史学理论的多元化；第四是史学理论成长为一个学科。

所谓"教条主义"主要是指被笼统地误解为马克思主义或历史唯物主义的苏式斯大林主义的历史观和历史叙述体系。这种观念和话语体系倾向于规定历史学家研究历史的价值立场、基本预设和研究的方法，把历史学政治化，把从"经典"中摘录出来的片段言说作为事实证据和衡量史学论证的绝对尺度，以论代史。其极致状态在"文化大革命"时期的史学中充分表现，而其滥觞在"文化大革命"之前已然涌动。新时期的史学理论探索，大致还原了斯大林主义历史观与马克思主义的关系，扬弃了语录式的史学论证风格，对马克思、恩格斯的历史论说进行具体的核实与评析，更多地依据历史本身的证据来解释历史，把对中国历史一些重大问题的理解和体系性叙述更多地置于中国历史演变的实践和史实证据基础上。没有这一步发展，中国历史学的学术存在和中国历史学家的自我意识只在有无之间。

史学状态是社会状态的一部分。20 世纪 80 年代前的中国历史学,虽然不是完全封闭的,但具有很大程度的封闭性。外部的历史学,尤其是非马克思主义的西方历史学经常被直接冠以"资产阶级"的帽子,基本只能批判,不能阐发和借鉴。久而久之,中国史学界与西方史学界之间早已不是联通的学术共同体,而是各自言说的两个世界。新时期的中国社会趋于开放,历史学丝毫没有落后,大量国外史学著述被翻译出版,诸多国外史学理论得到评介,许多国际性协作研究展开,大批学者到国外进行交流研究,一些中国历史著作被介绍到海外,中国许多史学研究者的视野和国际学术交流能力与技术水平已浸浸然接近国际水平。正是在这样的进展中,中国史学研究者诠释中国历史的理论自信才有可能坚实起来。

史学作为一种学术,是探索性的。所有的探索都不仅包括对研究对象的钻研,也包括对研究方式的钻研,所以良性的史学生态必须是多元化的。这种史学生态,在新时期得到培育。马克思主义史学、实证史学、历史人类学、后现代史学、微观史学、社会史、女性史、文明史、全球史、社会经济史、政治文化史、心态史,等等,各种风格、观念、方法、取径差异的历史研究都能得到阐发,各种社会科学理论和技术手段都在历史研究中有所表现,甚至形成了若干有独到理念和标志性成果的学派。这种史学生态,比一元化的史学生态更有创造力。

20 世纪 80 年代以前的中国史学,虽然注重理论,但史学理论从来没有学科地位,史学理论成果基本是一般历史哲学的衍生品,或者是部分历史学者旁及的产品。在过去三十余年的发展中,史学理论的独立地位得到认可,许多高校建立了史学理论硕士、博士人才培养体系,一批专业史学理论学者已经被培养出来,一些专业史学理论刊物或期刊栏目稳定下来,纯粹史学理路的探索推出了日益增多的成果。这也是中国史学理论乃至中国历史学长期发展的潜力所在。

如从发展的眼光看,三十年史学理论的成绩也伴随着一些问题,而且问题常常与成绩纠结在一起。教条主义不再作为一种观点而是作为一种思维惯性,依然时时表现出来;史学理论与世界史学界虽然接近全面接触,但是缺乏直接的互动与争鸣；多元化的史学理论、观念被运用到史学研究实践中，但是经常可以看到对域外史学生吞活剥的复制和移植，甚至盲目地追随；史学理论成为一个学科，但迄今并没有严谨、独到的史学理论体系推出，以各种"史学概论"为代表的试图覆盖史学理论学科的系统性论著都把重心放在布局和行文的周至性方面而缺乏创见。所以，史学理论研究的推进，依然任重道远。除此之外，还有其他问题。

史学理论是一门世界性的学问，它的对象是人类历史研究的观念和方法，人类世界的历史学有共同的本质和方法，其间的差异并不影响史学理论有一种世界水平。但是中国的史学理论研究在国际学术界没有显著地位。中国历史学家的许多实证性著作拥有世界范围的读者，但是没有一部史学理论方面的著作已经形成国际影响。所以，史学理论要推进，就要直接面对当代世界范围史学理论的高水平前沿问题。而这类问题，主要在于历史认识论、知识论层面。中国史学理论界曾经长期探讨争鸣的一些重大问题，对于阐释中国历史是重要的，但其症结，部分是理论性的，部分是社会性的。比如"文化大革命"时期盛行的阶级斗争史观，理论含量并不高，"文化大革命"如果不结束，这种历史观会持续流行，"文化大革命"结束，这种历史观随之寿终正寝。在国际史学理论界，这类问题却是早就已经澄清的。因而，这类问题，至多是半理论性的。所以，我赞成对中国史学理论界曾经争鸣的一些理论性话题继续研究，但不认为需要全面恢复对那些话题的讨论，也无须一一追求公认的回答或终极看法。与之相比，甄别出一些对于历史认知具有根本意义的话题来研究，更具有纯粹史学理论的意义。

比如，那个古老的康德式的问题——历史认识如何是可能的，至今盘旋在全球范围史学研究者的理论探讨和实践工作中。早期现代历史学以实证主义作为基本特征，经过"分析的历史哲学"的冲击和后现代主义历史学的解构，已经显露出严重的缺陷。但后者虽然足够有力地指出实证主义历史学的缺陷，其替代的主张和实践范例却带着同样严重甚至更严重的缺陷，突出地表现在当代历史学事实判定中随意性的增强、过度诠释，这在当下西方、中国的历史学观念与实践方式中都有大量表现。近年，亚洲国家围绕日本侵略历史问题而发生的"历史观"分歧也是一个突出的例证。这种分歧固然突出地表现在政治领域，以涉事方利益和政治立场差别为基础，但所有"历史观"都涉及理论，或者说所有历史观都可以从理论角度加以解析。当对"南京大屠杀"这样亲历者尚存、遗迹尚存的大板块基本事实否定的说法能够公开或隐晦地流行时，历史学家需要思考，为什么在一些人看来证据累累的重大事实在另一些人的历史叙述中会扑朔迷离，否定历史事实的观念根源和可能的理论根源在哪里？如果历史学家不能阐明这些问题，历史学依然是理论贫困的。历史认识为什么是可能的，我们依据什么来判断一种历史认识比另一种历史认识更可靠？这类关于历史学本身性质、价值的基本问题，至今依然有待深入阐释。

后现代主义历史学其实正是从历史知识的性质这一个原点出发来阐发其论说从而形成普遍影响的，可惜其努力的方向偏重于说明确切历史认识的不可能性，而不是说明其如何才可能。因此，其解构的对象不限于实证主义历史学，而且包括历史学本身。历史学如果无法达成对历史事实的确切认知，历史学存在的理由就被极大削弱。伴随着后现代主义的兴起，以各种方式改造历史学的尝试也颇流行，而且常常可以看到宣称历史学发生了什么"转向"之类夸张的说法。如果浏览最近在中国召开的世界历史学大会的论文题目，可以看到很大比例的论文是跨学科的，有些甚至很难说是历史学性质的，历史学似乎正在被社会科学和种种新文化思潮吞没。这很可能也与人们对历史学本身认知能力和信心的动摇有关。即使这是国际范围历史学的一种趋势，我还是认为，历史学有其他学科无法取代的认知功能，史学理论要在这种潮流中阐明历史学的独立性。

后现代主义历史学对实证主义的批评，揭示了传统实证主义历史学处理历史证据时的粗糙，同时在自己的历史研究中也放大了处理历史证据时的随意性和过度诠释倾向，甚至带动起历史阐释中过度追求奇幻效果或炫示文辞雄辩深奥的风气。历史学虽然不能用实证的方式重建所有人类以往的事实，但只能接受不违背证据原则的历史认识。权衡两者各自的得失，历史学需要的是一种新的中和，需要摸索一种传统实证主义与各种批判学说之间的中道,需要建构一种新实证主义。这是一个需要长期努力的事情。就其基本要素而言,我认为新实证主义应强调以下主张:历史学的本质是了解和呈现从长时段视野认知的关于人类过去事务的经验的学问。无论采用何种技术手段,历史研究的目标是比先前更大程度地接近于历史事实;人类过去事务是所有学科都可以探讨的对象,但历史学的特殊性在于其对于这些对象的探讨采取长时段透视的取向,因而区别于各种社会科学。历史学对于事实进行认知的基本依据是证据,而不是理论,当证据与理论冲突的时候,用证据说话;当证据不足的时候,判断存疑;无论搜集、辨识、解读证据本身如何复杂,都是如此。凡有助于认知事实的学科、学说、技术皆可应用于历史学,但违背证据进行解释的不是历史学,对证据进行过度解释的也不是历史学。历史学关注现实,但不因研究者的现实价值立场而忽视或曲解历史事实;历史学永远需要对影响历史认知的非证据性因素保持警觉。历史研究是人类探索自身事务的实事求是的学术活动。

  我们自己在判断一种历史学著作的意义时,其实就是使用这样的原则。很多历史学家的工作,体现着这样的原则。所以,历史学是各类学术中最为朴素的一种学问。其文尚简非繁,其义贵明不晦。不曾完整经历近三十余年史学历程的青年学者,应能在浩荡而来的各类史学潮流中,辨识和把持历史学的自我。

学风与学术批评[*]

近年，中国人文学术成就不少。至于学风，清者自清，浊者自浊，不能说得过分不堪，但是无论如何不得不承认，学术风气中的不端现象颇令人担忧。而且，学界乃至整个社会，对学风中的问题虽有许多批评，但似乎没有显示出有效整肃的清晰思路和行为能力，因而就更令人担忧了。学术风气是由大量相似学术行为构成的，一旦出现，就不是个别人的问题，而是整个学术生态的问题，甚至是一个社会文化流变的问题。此类问题形成，必定通过长期的累积，成了趋势，故如欲有所改变，需要坚决、耐心的努力。其中必要的事情，就是整个学术界进行一些认真的讨论，促成共同正视、监督的舆论，形成一些相关的安排。所以，如今《历史研究评论》辟栏目讨论学风，是顺天应人的事情。本文专为参与这一讨论而作，提出如下一个基本看法：学术共同体守望学术的机制是学风建设的根本。申说这个看法所针对的基本事实主要是史学领域的，但史学既不可能学风独善，也不可能学风独不善，所以行文中并没有处处标明局限于历史学。

一、学风的观念根基是实事求是

讨论端正学风，需要明确什么是学风，良好学风的观念根基是什么。

---

[*] 原载于彭卫主编：《历史学评论》第 1 卷，北京：社会科学文献出版社，2013 年。

学风是学术从业者通过其专业行为展现的学术信念和行为倾向。学者如何看待学术，以怎样的方式从事学术活动，就会造成怎样的学术风气。现代社会尊崇学术，从根本上说是因为现代社会尊重知识，尊重以严肃的方式探索新知的活动，把探索新知看作整个人类社会的根本诉求。要想探索新知，最起码的原则和最高的原则都是实事求是——尊重证据、逻辑谨严、分寸得当、朴素端方、去除虚饰、尊重前人等学术准则，都从实事求是的原则延伸而来；抄袭剽窃、捉刀代笔、伪造证据、附庸权威、炒作冷饭、故弄玄虚、标榜夸饰、党同伐异等不良学术行为，则无不违背实事求是的原则。端正学风，本质上就是要求学术界实事求是。学术是为人类探索新知的，虚妄的知识会带来对人类的伤害，耗费社会财富，引领诈伪风气，所以人们可以适度容忍艺术家或者政客有些许不实事求是的举动，宽容人际交往中善意的谎言，欣赏爱美者的妆容，但对学术行为中的不实事求是理所当然地不加容忍。

设有宽厚者说，任何时代都有抄袭的现象，俗话说"天下文章一大抄"。此类说法混淆古今学术差别，应加以分辨。古代学者不多，著作不多，书籍难存，背诵、复述经典以为学问，以绍述古贤者为荣，是经常的事情，著述中引述前人观点、言语而不加申明，每每有之，汇编、摘编前人著述，也被视为有益之事。然而即使是古代，凡传世的学术，毕竟还是以本人的创见为根基，朦胧转述他人言语，会有"剿袭"之讥，公然以他人之说为己见，还是为人不齿。现代学术比之古代学术，特别地以知识进步为目标，且又有知识产权公则约束，所以特别尊崇首创，将学术创见与教育、传播区分为不同层面的事情。故在现代学术语境中，学术性作品转述他人已发表文字而不加申明，构成抄袭；袭用他人观点、言说而不交代原委，构成剽窃。其间程度深浅，有种种差别，性质却同为学术不端。现代学者，不因古代有人抄袭而将当下的抄袭视为合理，这是人类知识探索观念和社会理念的一个进步。与学术以知识进步为目标相关，现代学术规范自然较古代更严格，这也是一个进步。

学术为天下之公器，是人类共同追求新知、省察自身的事情，因而其评价有世界性的尺度。中国人完成的学术成果，可以在外国发表，外国人完成的学术成果，可以在中国发表，最优秀的学术成果，会被翻译成多种语言在全世界传播。判定一项学术成果是否优秀，就看其在何等意义上增进了人类的知识和理解力。这种判定经常不是在一项学术成果公布之际就成定论的，所有成果在公之于世之后都要面对长期的评价和检验。所以，一项学术成果公布的形式——发表于哪一刊物，被哪一个出版社出版，如何篇幅宏大，等等，并不最终决定其学术价值。学术成果价值的判定，常常是开放的过程，大幅度超出其同时代人思想的人文社会科学研究成果，常常需要在很久以后才被认可。故当一项学术成果公布的时候，公布的学术界同行实际只对该项成果进行了初步判定，认为该成果有可能增进人类知识，其研究的方法、过程符合尊重证据、遵从逻辑、表达适度的基本原则。此后的进一步判定，就成为整个学术界，整个社会，甚至是历史本身的事情了。实事求是是学风的本质，是学风的国际性原则，一点也无须过分，一点也不能打折扣。符合了实事求是的尺度，才有必要去考虑其贡献多大，水平多高，才气如何，等等；有违于实事求是，则无须视之为学术。

二、学风不佳的重要原因是以"行政—产业"方式管理学术

狭义的学风问题，如前例举，有抄袭剽窃、捉刀代笔、伪造证据、附庸权威、炒作冷饭、故弄玄虚、标榜夸饰、党同伐异等等。这些现象流行成风，有使之滋生的学术—社会环境，就当下中国学术生态而言，相关的一个重要因素是用"行政—产业"的思路对待学术。

所谓用"行政—产业"的思路对待学术，是指将学术过于严密地纳入行政管理体系并以管理物化工业生产同样的方式管理学术。其中包括行政管理者在学术职称、地位评定中有过大权力，学术资源的过大比例由行政管理者提供、分配，过度依赖计量化统计来评价学术成果、学者、学术机构，行政管理者兼挂学术头衔，等等。这种机制在调动学术从业者的生产积极性方面相当有效，然而这种积极性主要是通过行政主导的报酬机制调

动的,本质上调动起来的是一种掺杂官本位因素的学者利益追求的积极性,与当年调动起农民、私营企业家积极性的机制类似,并未考虑学术的特殊性,根本上说不是实事求是的。它偏重鼓励学术产品的数量追求,为粗制滥造的学术成果刊布提供了动力和可行性,为通过非学术方式获得学术资源、地位留出诸多机会,极易导致高校和学者们把太多的精力用在体制内排名高下上,也让一些不是学者的人挂起学者的头衔来宣示学术是可以混的事情。于是,在物化工业生产领域为不断出现假冒伪劣产品而焦虑的时候,学术领域不断出现学风问题和不佳学术产品也就不是什么奇怪的事情了。

用"行政—产业"思路进行学术管理带有浓厚的官本位和泛经济观念的色彩,它忽视了学术独有的特色。学术是探索新知的事情,因而需要站在人类知识、思想的前沿者去做前所未有的思考、钻研。从事学术研究需有自由的心灵,需有为人类未来而探索的心胸。督责以时的管理、锱铢必较的评价,把学者变为生产定型产品的工匠,从深层否定了学术行为的独立自主性。物化产业是应用已有知识和成熟技术制作标准化产品的事情,期待中的产出物是被其他人设计出来的、确定的,因而投入产出可以预期;学术要探索未知事物,每一项学术成果都应该是特殊的、独一无二的,投入产出之关系也是不确定的,需要允许失败、走弯路、有争鸣。只有把学者视为生产定型产品的工匠,才会迷信量化学术评估,才会流行起根据量化的统计衡量学者水平、安置学者待遇、摆布学者地位的举措。在单纯量化统计受到批评之后,管理者领悟到单纯量化评估的失误,开始补充将学术成果分为等级的质量兼顾的评估方法,与量化之法并行。然而这并没有改变量化评估的本质。对当下学术成果学术质量的等级划分,只能靠将发表物分等来进行,将发表物分等又只能靠将出版社、期刊分为等级的方法来进行。有什么确保"国家级"的出版社不出版"省级"水平的书籍?有什么确保"省级"的出版社不出"国家级"水平的书籍?有什么确保"国家级"的刊物刊发的文章永远比"省级"刊物刊发的文章更具有学术价值?没有。所以这种区分并不能改变量化评估的弊端。而且在论著强分等级加计量的基础上进行的学术评估，只能由行政主导实施，于是又强化了学术评价机制的行政化，使学术更深地进入围绕行政运转的轨道。所以，学风中的不实事求是与学术管理体制上的不实事求是本是同源的。

以"行政—产业"方式管理学术的另一个表现是将项目当作成就。高校评定学术职称、学术荣誉、学术奖励，或者选择学术成绩突出者授予行政职位的时候，都将获得过哪一品级的项目作为学术成就。然而项目获批，虽然涉及资质，但主要意味着接受了学术研究的任务，实施的结果可能是圆满完成，可能敷衍结项，也可能失败，甚至有因舞弊而撤项者。如此不确定的事情，至多在为所在单位争取到学术资源的意义上是值得肯定的学术活动，却不应作为学术成就，更不是学术成果。不是学术成果的被视为学术成果，就使真的学术成果贬值。而且，项目资源常从非学术机构来，也常被教育、学术单位中具有行政地位的人优先获得。所以完全以项目驱动学术，本质上是鼓励行政与财富主导学术；学术发展需要行政支持和财富资助，但是如果行政、财富强力支配学术，就会扭曲学术。

学风不佳的一个相关现象是官学两栖。中国古代有"学而优则仕"的传统，那时学者所学的儒学本来就是"治国平天下"的学问，所以读书人以出仕为目标，还有比较充分的合理性。现代知识早已扩展，包括自然科学、技术、人文、艺术等，知识分子因而专业化，不再与"出仕"单线挂钩，从而"学而优则仕"比以往的合理性降低。20世纪80年代以来较多吸收知识分子参加教育、学术管理，本意应是尊重内行、尊重知识分子。但奇妙的是，几十年下来，大批学者入仕，降低教育、学术机构管理中的官僚主义之效甚微，官僚主义却改造了一些入仕的知识分子。一些学术与做官两栖的人，因为自己有学术权威的名目，不比专业的官员更尊重一般知识分子，而常凌驾于一般知识分子之上。学者被此机制吸引，常为仕途而治学，力争两栖。两栖之后，精力不逮，就多虚浮之作、帮闲代笔之作，且常垄断学术资源，从而影响学术生态。有学者由学术经营仕途，就会有官员由官位兼求学衔。国家公务官员，身负重任，本来不以学术为其一生专注追求的事业，却要到高校兼上教授、博导头衔，似乎学者所为不过是官员茶余饭后之事，让那些将一生献给学术的人自惭形秽。有权势者可以随便有教授头衔，就使教授头衔说明不了学术水平，学者的地位和尊严被践踏，如此学风如何不坏？所以，治理学风的一个必须解决而且很可以解决的事情是，由主管部门制定规则，使学者与官僚区分。学者如到政府机关、事业单位做官，应不再兼职为教授；教育、科研机构学者出任本单位领导者，应是本人学术高峰期已过但眼界见识足以调动后学向更宏大深邃境界推进的学术长者，不当是处于学术高峰期的中青年学者；据全时岗位的官员如欲做学者，要搁置官员职务。除极其特殊情况外，非教育、学术机构中官员兼大学教授名目，应该引为羞耻。

以"行政—产业"方式管理学术会造成的行政量化评价体系成为基本规制以后，学术界自己的学术批评和学术评价就会因为零散、非系统性、随机化、相互争鸣、缺乏行政权威性而逐渐淡出学术环境，从而使行政评价成为唯一的评价。行政评价是外在的评价，虽然管理未必无用，但无法替代学术界常规性学术批评在守望学风方面的作用。经常性学术批评的生态一旦隐没，严肃的学术批评或学者间相互监督的言论即使发生，也会成为另类现象，学术界漠然视之，或者坐等管理机构干预，而管理机构常常不干预。无结论、不了了之的学风争端发生几次之后，纯学术批评就"死亡"了。在缺乏纯学术批评的环境中，学术界永远会存在的分歧、矛盾、冲突仍然会透露于社会，于是，就会变成关于学术但又夹杂人身攻击的"丑闻"，或者是个别勇猛者的"打假"。"丑闻"或者"打假"其实本身做不出结论，都还期待管理机构做"处理"，而管理机构虽然对行政化学术评估热衷不已，但对于学风问题却往往只做笼统表态，很少处理具体的学术不端案例。这样，大多数关于学风的争议会不了了之，极少数矛盾尖锐化的案例则会对簿公堂。法律的尺度与学术的尺度并不相同，很明确的学风不良问题可能根本不违法，故学风问题退到法律底线时，学风就已经板荡陵夷了。同样，如果学术界和社会寄望于媒体揭露"丑闻"或者个别人的学术"打假"来维系学风，那就意味着学者作为群体已经放弃了自律和相互监督的责任，经常化的学术批评已经死亡。这种学术生态连续一两代人下去，年轻的学者们就会趋于共识：学术有成败而无是非。于是，功利主义就深入人心了。然而学术，是需要一点理想主义的。

由于以"行政—产业"方式管理学术是当下学风出现许多问题的根源之一，所以，在未就如何弱化"行政—产业"化学术管理方式采取有效措施之前，教育、学术管理机构发出的端正学风的通知、文件等，虽具有提倡良好学风的意义和纯粹管理方面的功能，却不会根本改善学风。整肃学风的规章制度安排需与弱化行政化学术评价体系并行才有实际意义。

三、学术批评的主体应是学术共同体

行政化的学术评价体系是学风不佳的主要根源，应该弱化这种机制，使之仅供教育、学术管理机关掌握情况及履行一般管理职责之用，而不替代学术界本身的内在化的学术评价。内在化的从学术内容层面进行的学术评价必定需由学术界本身为主体展开，其核心是常规化的学术批评，这与行政化的即外部的仅仅依据成果发表形式进行的学术评价是两种截然不同的事情。只有内在化的学术评价成为机制，才可能形成学者的学风自觉，而没有学者的学风自觉，无论是管理机构还是媒体的曝光打假都不会造就可持续性的良好学风。

学术评价是社会性的互动，不能由固定的人来从事，需要所有学者参与。特定领域的学术界是一个相互关联的社会，相关学者共同参与经常化交流而形成的学术网络就是学术共同体。与之相关的学术从业组织包括学会、专业期刊、沙龙、论坛、网站等——永远不要用统一的、层级化的严密组织体系作为尺度来想象学术共同体——学术共同体应该是一种具有开放性的专业公共空间，一旦学术共同体被搞成统一的机构或组织，行政架构的所有弊端就都会被复制出来，从而失去其独立的意义。不过，良好状态的学术共同体应包含一个起中坚作用的专业学会，这个学会要设立一个以同行学术自律为主要事务的委员会，如"学术仲裁委员会"，负责对引起

社会性反响的涉嫌学术不端的行为、现象进行审查，并向学术共同体公布审查结果。这种审查，应该是学者经常化的学术评论的补充机制，只在相当数量学者要求时才进行，以解决不解决就会危害学术社会信誉的突出争议问题为限。

学者之间经常性的学术评价，包括批评和评论，是学术生态的源源活水。所有学术从业者，尤其是具有一定公信力和影响力的成熟学者有责任对本专业领域的优秀学术成果和争议性学术成果做出公开评价；所有学术期刊，都应该鼓励深度评价性的文章，杜绝单纯鼓吹性的书评；所有的综述，都不应该再做开列书、文目录式的罗列，而应该以分析进展与问题为基本目标。这种事情，是学术界自己的责任，如其不能彰明，需自谋改善，即使有些不利的社会条件因素，仍然不能推诿、期待于他者。同时要了解，学术界对学术成果的评价就特质而言是自然而然的过程，不统一、无时限，评价所注意的，其实在于两端，即最优秀、最前沿的成果，以及涉嫌违规的成果与行为。

经常化的学术批评会保持较好的学术风气，专业学会进行的对特殊事例的审查判断可以护持学术严肃性的底线。学术共同体的学术评价应该只针对成果、行为，避免针对个人，以保持纯学术立场，故并不负责对违规者作任何惩罚性处置。只要学术评价是清楚的，学术界与公众就了解了真相与是非，学术的尊严就得以保持，是否处置相关个人已不重要，是其服务的机构的事情。专业学会无须主动对所有疑似学术不端现象进行监督审查，以免成为处理大量巨细不等事情和无端纠纷的机构，但如果发生实名郑重举报或公开争议，则学会成为公众瞩目之地，应及时作为。如果学术共同体能够认真承担学术评价的责任，学者自律就会养成传统，各种学术不端都将趋于止息。

学术共同体既然要承担学术评价的责任，就不应只评价负面的现象，还应该对优秀成果进行评价、褒扬。故各专业学会，都应设立以辨识、表彰典范性学术成果为目的的荣誉，公诸于世，铭于史册，以为后人榜样。至于是否给予物质奖励，并不要紧。学术共同体切不可做的事情是，模仿行政管理部门去做大范围覆盖性评定等级的事情。那一定会导致物议纷纭，无可收拾。

对学术的行政化管理退一步，对学术共同体的建设进一步，大家都更实事求是一些，让学术批评活跃起来，学风就会好转。

关于学术史的几个问题[*]

20世纪末以来，学术史成为中国学术界的一个热点领域，出现了许多著述，酝酿着更为厚重的成果。学术史是对学术经验的回顾，这种回顾总会对后来的学术乃至社会文化形成重要的影响。因此，当下中国学术界对于学术史的关注本身值得关注。笔者就此有几点不太成熟的看法，提供给方家斟酌。

一、学术史是反思的

学术史研究的内容是以往的学术。以往的学术和以往的制度、战争、生产、生活一样，都是已经发生的事实，但不是一般的事实，是思想的事实——这种事实的形态是精神现象。与其他事件性质的事实比较而言，以往学术的直接"痕迹"需要更多地依赖当下的思想本身收聚、反映出来，因此，学术史研究中必然渗透更多选择和评价的因素。这意味着，虽然学术史研究必须遵循实证的原则，但其结果却又必然具有较强的主观性。力求写出客观的学术史是合理的，但实际写出来的学术史总是带有很强主观性的。正视这种情况，就应该明确学术史本质上是反思的，是当下的思想与以往思想的对话，其核心任务，是以当下的、研究者的尺度，从内部视

---

[*] 原载于《史学月刊》2011年第1期。

角重新认识以往的学术经验，以供当下及今后学术之参考。

因为学术史是反思的，所以它有赖于充分有效的学术评论。若脱离学术评论，只能推出学术年表式的，或者依据著述规模与体裁、著述者身份、著述传播效应，乃至著述"等级"等特征为尺度的外部审视的学术史。这种外部审视的学术史，无论多大的规模，其实都不是太困难的事情，几乎是有了大额的经费就可以操作的，而从内部反思的学术史则总是巨大的挑战，需要实现思想上的真正进展。当下中国的学术评论受普遍功利主义、学术行政化评价体系、学术规范模糊、学术共同体功能缺失等因素的影响，处于扭曲状态，这是学术史研究，尤其是当代学术史研究深化的一个知识社会学意义上的障碍。在这种情况下，会有大量类似或者相互冲突的著述推出，其间的关系却少人理会。如要深化学术史研究，写出国际水平的、足以传世的学术史，必须建设活跃而且有序的学术评论生态。

由于同样原因，当学术史的撰写在所写学术经历时代变迁之后，当下学术，只能作为学术评论的对象，以高度针对性的方式加以讨论。积淀和距离是学术史的要素，能够使研究者获取深刻反思的能力与可能性。所以，学术史家固然应该研究以往所有的学术经验，但深刻的学术史著述，却只能产生于著述者能够界定自己与所研究的对象之时代、范式差异之后。

二、学术史应分领域而为

"学术"二字覆盖所有专门研究所获得的知识，如求名实相符，则学术史是一个庞大的知识系统，很难成为单一著作所覆盖的内容。宋人郑樵"以宏通之学，思欲极古今之变，会通于一"，所撰《通志》"包罗天人，错综政典，该括名物……而后人复历举其疏漏"。[1]古代学术范围尚狭小，重人事而轻科学，多综合而少分析，那时力图统贯于一书，尚且难免疏漏。现代知识彰明，学术门类繁复，统一的学术史其实已经不可能。如梁启超、

---

[1] 乾隆帝：《〈钦定四库全书〉御制重刻〈通志〉序》，《通志》，《景印文渊阁四库全书》第372册，台北：商务印书馆，1986年，第1页。

钱穆各自写作《中国近三百年学术史》，实际只就人文学术之一部分做提纲挈领的叙述，借以发挥一家之言，余不涉及，故能言之有物。两书旨意有别，又各能自立。前此的黄宗羲两学案，被看作学术史的典范，其范围只在儒学，故能鞭辟入里，流传后世。今日史学家谈论学术史，多半也只是指人文学与社会科学，原并无意于自然科学。然而今日的人文学和社会科学研究，也已经无个人能够通体把握，所以即使限于人文学与社会科学的学术史，只能作为集体工程，不能作为个人研究著述。而集体工程必然需要妥协，妥协牺牲反思的能力，这一点刘知幾在评论史馆修书利弊时已经看到。所以，大规模的学术史，当以文献梳理为目标，不可强求深刻；反思的学术史，则需是个人的著作，而且必须有专门领域的限制。由此看来，史家于学术史可做两方面的事情：一是作史学史，二是协助各专门领域的专家作各领域的学术史。各领域的专门学术史汇聚起来，可以成为学术史的汇编，各立其说，若强为通体一贯之书，弊大于利。若史学家强作通体一贯的学术史，则多半流于形式。

三、学术史的线索及其与思想史的区别

学术经验的反思必须在对以往学术经历进行系统梳理的基础上才有可能，所以"辨章学术，考镜源流"是学术史必须要做的事情，是基本的线索。精当周至的辨章考镜，应该已经包含了反思的取向和见地；简单的归类梳理，则可能不过是"断烂朝报"式的事情。至于以学术演变为线索，还是以学人、学派、著作为线索，都无不可。不过其中毕竟以学术演变线索最为径直。学人为线索，近于史书类传，人物行实夺学术本身考察之意境；学派为线索，无以处特立独行之学人，而且每每夸张差异，忽略通同交融之处；著作为线索，则易于流为文献目录之学，不易辨析学术内涵。此外，旧学者有时以承继"道统"为己任，以此为学术史的线索，则"道统"常超出学术之外，预设性毕竟太强，易于流为心理、伦理之学，甚至说教，今人多已不取。

如果同意把学术史看作本质上反思的，则学术史当被看作是以学术思想为核心内容的，是一种思想史。学术经历、成就、影响、争鸣等，也应围绕学术思想展开讨论。不过，这样说并不意味着主张将学术史直接等同于思想史。思想史过于宽泛，如不与之区分，学术史的分析就会成为一般社会观念、思想分析的附注。以学术思想为核心的学术史，应该主要涉及该门类学术在知识体系中的定位，关于该门类学术范围的看法，研究的预设、问题取向和范式，资料文献的观念和运用方法，对前人相关重要思想的评价、基本主张、独到成就，对后世学术思想的影响。学术史家在写作这样的学术史时，自己的观念与方法必定也是鲜明的。

如今学术昌明，优秀的学术史是可以期待的了。

关于中国史学研究国际化语境建构的几点看法*

《中国历史学前沿》(*Frontiers of History in China*)编辑部组织讨论该刊的建设以及推动中国史学研究国际化的问题,意义重大,这是大家的共识。在较具体的层面,我有以下几点看法。

第一,推动中国史学研究国际化的意义主要在于形成国际性交流的机制和话语环境,无须假定英语世界的史学研究就是国际规范或者标准。史学具有科学性质,也有艺术和文化的性质,因而其形态和发展演变的潜在可能性是多种多样的。用英语乃至其他语言出版中国史学成果,目的在于交流,交流中自然会有提高,也可能有执守,有融通。

第二,在选择中国史学成果用英语发表时,主要应选择中国史学界最优秀的成果,但不一定以接近国外英语刊物的面貌为主要标准。证据充分、论证清晰、原创性、选题和论点的学术价值是根本的。能够达到这些标准,就会逐渐得到关注。

第三,检索频率、量化评价体系等是衡量每个期刊乃至每个学者工作的一种方式,但这是带有行政性质的评价方式。学术成果的衡量,更根本的还在于学术共同体本身的更内涵化的评价,而后者需要较长的时间和更

---

* 原载于《四川大学学报(哲学社会科学版)》2008年第4期。

弹性化的尺度。所以,《中国历史学前沿》要想真正得到国际学术界的认可、注重,需要长时间的积累。因而该刊需要长时间的扶植。

第四,引起相互关注的一个重要途径是评论。有计划地和及时地刊登对英文史学著作和中国重要史学成果的评论文章,会推动中国史学研究的国际化。反过来,国内的史学评论常常缺少学术批评内涵的情况,也可能在这种工作中得到改善。

历史研究的新实证主义诉求[*]

20世纪80年代以来，伴随中国社会的快速变化、全球化发展，以及学术自身的推演，历史研究的社会环境、文化语境、资源条件和问题指向与先前时期相比，都发生了一些重要的变化。其中最明显的，是包括历史研究在内的人文、社会科学研究的国际化。

现代自然科学因为其先进与落后尺度的可明确衡量性，从来是国际性的，虽有人为对某些前沿成果的信息垄断，但并不影响研究者对相关资讯共享的愿望。人文、社会科学则因价值立场和语言表述的文化特质与复杂性，更易于被国家、民族乃至社会制度、意识形态区隔成为不同学术共同体单元。即使如此，中国新史学在20世纪初兴起的时候，颇得力于西方理论、方法乃至西方中国历史研究的促动。没有这种促动，中国现代历史学难以在那个时代迅速发展起来。20世纪50年代以后的大约30年间，中国史学研究与域外史学之间逐渐形成"竹幕"，虽未完全断绝沟通，但沟通交流中有很强的选择性。这种"竹幕"历时长久，使中国史学家了解域外史学研究的语言能力、资讯条件以及直接合作，比20世纪前半期反而弱化。到80年代初期，中国与域外的中国史研究，已经畛域分明，不仅分由不同的学术共同体进行，而且话语体系也已撕裂。80年代以后，中国社会趋于

---

[*] 此文为提交2017年长春"评论与反思——中国古代史研究的国际视野学术研讨会"论文，修改后载于《史学月刊》2018年2期。

开放，历史研究的国际性随之增强。历30余年之后，纯学术层面的中外历史学交流已经很少有制度上的限制，观念层面的壁垒也渐模糊。总体而言，21世纪以来的中国史学研究，已经是一个高度国际化的学术领域。这对于中国史研究的从业者究竟意味着什么，人见人殊。在这种情况下，需要重新思考国际化历史研究的共同语境，即中国史研究乃至整个历史研究工作理念与相互评价的共同尺度问题。缺乏共同的尺度，无论借鉴还是争鸣，都缺少深度理解的基础，借鉴易于流为模仿，争鸣则易于不知所以然地陷入僵局。

共同尺度诉求并不抵消差异的合理性，只是要寻求不同历史研究共同体和个人思考历史问题时的观念基础。这种基础不可能在意识形态层面，不可能在文化价值层面，也不大可能在具体工作方法层面，而应该在历史学作为一种普遍学术的基本信念层面。若只有多样化和差异而缺乏共同尺度意识，历史学作为一门普遍学术的根基就不坚实，二者同样重要。

思考这一问题的起点可以是这样的：历史认识为什么是可能的？我们依据什么来判断一种历史认识比另一种历史认识更可靠或者更值得进入公共知识领域？本文的相关回答很明确：因为历史是真实发生的事情并可能留下痕迹，我们依据真实历史遗留的痕迹，包括文本的和非文本的遗迹，来认识历史，与历史痕迹最吻合的历史认识最可靠并更值得进入公共知识领域。毋庸讳言，在实证主义与后现代主义之间，这是一种偏向实证主义更多些的回答，但并非旧实证主义的老调重弹，而是一种新实证主义历史学的诉求。

一、历史认识为什么是可能的？

在提出这个问题的时候，我们实际上已经跨过了另外两个更基础性的问题：什么是历史？历史认识是可能的吗？这两个问题经无数历史哲学家、历史学家反复争讼而又分歧不断，这里不拟回溯争鸣的具体说法，而是直接提出本文采取的基本看法作为讨论的切入点。[①]

[①] 本文所说"历史学家"指职业历史研究者，并非特指公认史学大家。

广义的历史是过去发生的事情。但历史学家研究的不是广义历史，而是广义历史中的一部分，可称为狭义历史，即人类文明兴起以来发生于人类社会的事情。宇宙起源是过去发生的事情，要由自然科学家来研究；人类起源是过去发生的事情，是人类学、考古学研究的对象；人类文明兴起以后太阳黑子有变化，也不是历史学家要直接研究的东西。文明兴起以来发生于人类社会的事情都可以是历史研究的对象，但究竟研究什么，取决于历史学家自己界定的意义和研究的条件，历史学家依据自己的价值观念选择某一领域、层面、时间范围的往事进行研究。

历史认识是可能的，这正如一个教师昨天上了一堂课这件事情是可以被判定的确发生了一样——这件事情会成为教师所在学校发给他工资的依据的一部分，没有什么特别深奥之处。所以历史知识是人类文明历程中最早的知识之一。数千年来，各个文明中出现了无数追求历史知识的人，没有他们的工作，今天的人类对于自己的了解就全无根系。只是晚近时代的一些哲学家利用个别历史学家声称要追求完全准确的历史真实的表述，把历史认识的可能性变换成历史学家可否实现对一切历史细节完全认识而又不带主观性的问题，进而推论出历史学家客观认识历史的不可能性，再进一步推论出历史学家所能呈现的不过是他自己建构的故事。

其实，声称历史认识不可能的人都不可能是历史学家。因为历史既然不可能被认识，他自己所叙述和解释的就不是历史，只是他的心灵，而没有历史本身，我们凭什么要对他的心灵感兴趣？主张历史不可能被认识却又要自称是历史学家的人其实是在借用历史的名义做自我表现。这种表现也可能有意义，但毕竟不在于认识历史。

说历史认识是可能的，只意味着历史学家可以通过自己的工作实现对往事的认知，并不意味着历史学家总是能够完整、准确、生动、透彻地认识过去发生的所有事情。历史学家不可能完全真切地认识历史的全部内容，只能凭借历史的痕迹和专业性的方法尽量了解他认为有意义的往事；历史学家也不可能纤毫毕具地呈现历史，因为他只能运用语言来描述和解析他能够了解的往事，即把多维、复杂的往事围绕他选择的意义呈现为更简单的故事——其中自然要融入他自己的观念，无论他是否刻意要那样做。

历史学家认识历史的有限性经常被夸大并作为主张历史不可知性的理由。这样做的人，在起点处误解了历史和历史学家工作的性质。流行的相关看法之一是，历史学家只能间接地通过文本认识历史，而文本无不渗透了原始书写者的主观意图，因而历史学家不可能真切地认识历史，只能提供他们所理解和描述的东西，进而历史学家的认识与哲学家、诗人关于过去的陈说在根本性质上是同样的。信服此类说法的人们于是就以为，既然如此与其去追求不可能达到的真实，不如去追求叙述的深刻或者美妙，历史因此就成了纯粹的思想或者艺术。

历史学家真的只能间接了解历史吗？只有在完全割断历史与现实之间的纽带后才是这样。只要我们不把历史想象为一幅幅单独的画面，而是活生生的历程，就只能承认历史是延伸到现实中的。历史延伸的形态就是通常所说的 impacts、consequences 或者"后果"。现实包含往事的后果，这使得历史学家可以通过观察现实而了解历史，甚至可以感受历史，即使不是历史的一切细节和全部内容。这就如同，一个人没有在黎明时分直接观察太阳升起的过程，但他沐浴着太阳的光芒就可以肯定地知道太阳曾经冲破黑暗，从地平线升起。一个人登上万里长城，虽然没有得见长城修建的过程，却可以直接感受到修建的规模、技术乃至意图。设若除非亲历就不能肯定地了解往事，那么所有刑事犯罪专家所做的事情就只能是捏造，人们也就没有尺度去查验他们的判断有何价值。如果日常生活中人们有可能凭借一些证据来确定一些事情，比如某两人之间存在婚姻关系、某人曾经在某学校毕业、某人曾经给另一人写过信、某书的版权归属于某人，等等，那么从逻辑上说，人们就有可能确定以往发生的一些事实。晚近的事实与早先的事实并没有本质的不同，只不过证实早先的事实比证实晚近的事实更复杂、困难一些而已。如果放弃真切了解往事即历史的可能性，现实中的人们，也就无须去签订被称为"合同""协议""条约"之类的东西，学位证、毕业证、结婚证之类，也就没有任何含义，诚信和背信弃义的现象也就归为不存在。最易于理解的历史后果其实就是每个人自己。任何人无法亲历其父母亲好时的情景，但可以查证自己的真实父母。在要查证这类问题时，纠缠子女无法完整准确地了解父母亲好时的细节是毫无意义的。其实，即使亲历的历史，在被用语言复述的时候，也会被简化、填充或者扭曲，这是由人类语言的性质决定的。历史并不是用语言方式展开的，而语言却是迄今为止历史学家呈现历史的首要方法，因而历史学家难以完整无误地再现历史。人类语言相对于历史的这种局限并不是历史的属性，而是语言的属性。

用"文本"来指称历史学家工作的依据很容易误导对历史学家工作性质的理解。诚然，迄今为止大多数历史学家的大多数工作是依据狭义文本即历史文献的，但逻辑上乃至事实上都不存在任何障碍阻止历史学家依据狭义文本以外的其他信息研究历史，也不存在什么东西肯定地阻止历史学家采用语言之外的手段呈现历史。人类其实正在愈来愈多地采用语言文本以外的方法记录和呈现历史，比如音像手段等。因而，依据狭义文本来研究历史不过是一种以往的习惯，而不是历史研究的本质。即使在古代，也早有历史学家通过采访故老、踏查遗迹的方式了解历史，所有严肃的历史学家都会把历史的延伸后果纳入其对历史文本的解读中。所以，历史学家其实是凭借包括广义文本和历史痕迹在内的综合历史信息来认识历史的。历史学家是一些掌握了将历史信息进行综合考察的专门能力即法国历史学家马克·布洛克（Marc Bloch）所谓"历史学家的技艺"的人。①

历史学家用作依据的文献在形成之初就融入记述者的主观性，所以历史学家并没有可靠的依据来呈现历史的原貌。这类推理的前提部分就错了，因为那是不一定的。有的记载可以混杂较多的记录者主观性而读者无可如何，有的记载则不为记载者留出主观随意性的空间。比如，明朝出现在清朝之前这个事实，没有哪个记述历史的人把它颠倒过来，却被认为与不颠倒具有同样的可靠性。在这里，事实表述显然没有被语言的建构性所

---

① 参看〔法〕马克·布洛克著，黄艳红译：《历史学家的技艺》（第二版），北京：中国人民大学出版社，2011年。按该书在1949年出版时书名为 *Apologie pour l'histoire ou Métier d'historien*，直译为《为历史学辩护——历史学家的技艺》。中文译本省略主标题，淡化了该书的基本目标。

干扰，历史学家的叙述并不总是因为语言的建构性而不能描述历史真实。这是因为，历史事实依赖历史学家的文本为人所知的程度，远不似那些否定历史可知并可被准确叙述的人所说得那样绝对。历史中有一些刚性的内容，有一些大板块事实，有一些为多重证据所支持的内容，是可以准确判定的，也是可以准确表述的。这种推理中的误解还涉及历史学家的职责根本就不是原原本本地、纤毫毕具地呈现往事。历史学家所做的，不过是将他认为重要的往事用他选择的方式概述出来，并通过这种概述告诉人们他的相关看法。人们期待于历史学家的，也根本不是纤毫毕具的完整真实，而是事情的基本原委和历史学家自己的透视，因而评论者无须刻薄地要求历史学家的每句话都没有主观性，而只要求其主观性不遮掩或者歪曲基本的原委。

有一百个历史学家就有一百种历史；人人都是自己的历史学家。这些貌似深刻的流行说法也经不住推敲。的确，如果一百个历史学家写出同样的历史，他们在抄袭，应该解除其中 99 位的学术职位。真正的问题是，这一百种历史在学术意义上是等价的吗？主张那种流行说法的人从来不提这个近在咫尺的问题。如果回答是肯定的，等于说历史书写是没有任何规定性的事情，这在实践意义上等于提示取消历史学作为一门学问的资格；如果回答是否定的，那就需要界定历史评价的公认尺度，而那可能不是提倡那种流行说法者的意图所在。他们最感兴趣的，是让人们相信历史评价的尺度全在评价者自己的心里。

可取的（valid）历史书写必然独具特色，但书写的合理差异并不能被用来否定书写内容符合事实的同一性。如果我们把针对同一历史对象的一百种历史书摆在一起，我们总会大致区分出其可取性的程度差别。而在做出这种区分的时候，虽然我们一定会考虑风格、文笔、视角因素，但底线一定是其符合历史事实的程度。也就是说，歪曲历史事实的书写，无论其风格如何优雅或雄浑，文笔如何流畅或奇幻，哲理如何深刻或玄微，都不会被视为可取的历史研究成果。当然，符合历史事实却风格鄙琐、沉闷而无新颖见识，或者附庸权威的书写，也不是好的历史著作。要点是，人们除了需要了解哲学、诗歌、戏剧、八卦之外，还需要了解往事，这样，他们才有历史书写符合基本事实的底线要求。

然而，连是否存在历史事实也已经被质疑了。执意把历史学做通体改造的哲学家们，用各种各样的雄辩告诉我们，历史只是历史学家想要告诉我们的那些东西，并不存在独立于历史学家言辞之外的所谓事实。把这类主张图上哲学色彩，就是"历史是记忆""除了记忆没有历史"之类的说法。在这种语境中，历史不是客观的，而是属于知识或者传说之类的精神现象。历史学家能够和应该去研究的，也就是某一特定时代的特定人物或人群心中相信以往曾经如何——这种信念与其所相信的往事是否真实存在没有什么关系。也就是说，一旦推翻了历史客观性，历史研究就变成了知识社会学。

知识社会学自然可以有历史的景深，也自有其价值，但历史学家不能致力于把历史学改造成知识社会学，因为历史知识的建构与流传无论怎样引人入胜，都只是可能关涉特定历史经验的后续精神历程，对这种历程的了解不能取代对那些实践经验本身的了解。历史学向知识社会学的倾斜迫使我们必须强调历史不能被包容在记忆之类看似高妙的概念之中的实在性。假设：阿甲不知其父，即没有关于其父的任何记忆。我们不能因而判定阿甲无父，而是依然确知其有父。假设：阿甲或者某些历史学家为弄清其父为何人而采访了所有可能知晓真相的人，结果获得了三种差别的说法：其父为张三说、李四说、王二说，也就是搜罗了三种"记忆"。这三种差别的"记忆"中至多有一个符合事实，所以一百个历史学家的叙述不可能是等价的。再假设：阿甲是个现代人，调查者动用强大的公权力和科技手段做 DNA 检验，结果发现其父为王老五，那么前三种记忆都要作废，真相不在记忆中。因而历史不是"记忆"，在很多情况下也不依赖记忆而被认识。设若查验之后依然没有找到阿甲生父，那也排除了所有被检查的人，因而距离真相更为接近。所以，历史研究的可取性在很多情况下要通过接近事实的程度来评价，而不是通过非此即彼的二元思维来评价。历史事实是存在的，可以被记忆，也可以被遗忘，即使被遗忘的历史，依然是历史。真实生活中，历史学家多半不会和他遭遇的阿甲死磕，但基本工作的性质并无二致，其实就是查证更复杂的阿甲身世。

哲学家还喜欢告诉人们，历史不止一个，而是两个或者多个。其中之一是客观的往事，另一个是历史学家笔下的故事，人们所能知道的只是后者。这种类似语言游戏的说法也是流行甚广。不过，历史一词在汉语中并没有这种两解含义，只是一解，即过去发生的事情——编词典的人尽可能地在此基础上把各种各样复杂的说明融入其中或赘系其后，但除非他要改变历史一词在汉语以往使用经历中已经约定俗成的内涵，否则就不可能把历史学家笔下的故事作为历史的本义。后一种含义，在汉语中主要用史书、史籍、历史记载之类词汇表示，用单一"史"字表示时只是史书、史学或史职的缩略，对于熟悉汉语的人不会造成误解。英语及其他一些欧洲语言中的对应词汇是可以两解的。History，既表示过去的事情，也表示记载过去事情的文本。而其差异，其实尽可以在语境（context）中把握——除非使用者故意或不慎使之表意模糊。History 的两解可能性为历史哲学家或者入侵历史学的哲学家们提供了驰骋雄辩的空间。他们前赴后继地论说，使瞠目结舌的实践历史学家终于默认，自己根本没有精准把握历史与历史记述两事关系的能力，最好把自己工作的性质问题呈交哲学家们来裁定。哲学家的处方则大体上是：承认你们是讲故事的人，承认历史学家在历史领域并不能提供比哲学家、诗人所能提供的更多的东西。于是，受其影响的一些人就把历史记述的种种特质，其类似记忆的属性、记录和书写时不能没有的选择性、语言的建构性、执笔者的伦理甚至情感倾向、叙述文本与所叙述对象必然的差异，等等，都当作历史固有的属性来讨论。其实，用汉语思考和讨论历史的含义时，无须刻意钻入西语特有的语言困境。

二、判断历史认识可取性的依据

因为历史是真实存在的，所以虽然历史学家的叙述会呈现出各种面貌，但历史本身并不因为其叙述的准确、完整、精彩与否而改变——改变的只是阅读那些历史叙述的人的知识和精神状态而已。历史学家工作的根本意义，毕竟还在于最大限度地接近于揭示和呈现历史事实。古人已经知道"尽信书，则不如无书"，受到历史专业训练的人除非被哲学家的纠缠弄昏了头脑，否则不会认为历史学家的叙述就是历史本身。他们肯定会发现，关于同一历史话题的史家叙述常常并不相同，他们如果不愿意停止在类似"有一百个历史学家就有一百种历史"的箴言前慨叹自己的浅薄，就只能用自己的专业知识和技能独立地做出判断。

判断的目标，肯定不是在面前一百种历史叙述文本中间选择出一种作为完美的历史。因为将要做出判断的历史学家知道所有这一百种文本都只是其作者的叙述而不是历史本身，所以哲学家们用不着在这时费力去告诉他被选择的文本无论如何也不可能与原初真实的历史没有差别——如果这些哲学家还承认存在真实历史的话。他判断的尺度，只能是可取性（validity）。这个概念的英语内涵包括妥当性、确实性、有效性、真确性、合法性等，综合这些含义，名之为可取性。在目前语境中，它的中心含义是，一种文本或陈说接近所要澄清的事实之真相与本质的程度。在把被评价的文本作为整体的情况下，它主要指被评价文本接近要澄清的事实之真相与本质的相对关系；在把被评价文本分析看待的情况下，则指所有文本中各种陈说接近要澄清的事实之真相与本质的相对关系。历史学家常常不能完全肯定地判断历史真相，不能完全透彻精准地解析历史真相的本质，但是他们必得有能力判断可见文本或陈说中哪些更为可取。没有或者拒绝这种能力，他就应该改行。

在讨论判断可取性的基准之前，我们先讨论哪些东西不是或不应该是评价的基准。

意识形态（ideology）不能成为评价历史判断可取性的基准。现代汉语中的意识形态常被用来泛指相对于社会存在而言的精神状态，囊括理论、观念、思想、心理等一切与物质世界相对应的现象。但在国际学术语境中，这一概念的主要含义则是指个人或群体所秉持的成体系的规范化信念，包括自觉的和不自觉的信念。这种东西之所以不构成历史判断可取性的基准，一是因为其虽然可能与具体历史事实有关，但也可能完全无关；二是因为所有个人或群体的社会存在都是具体的，其意识形态也是具体的，并且常常以信仰形态出现并与持有者自诩的政治正确(politically right)紧密纠缠，从而形成预设的排他性。如果以意识形态为尺度来衡量历史判断，就会在起点陷入历史学之外的预设纠结。20世纪是一个笼罩意识形态氛围的时代，其间，在学术层面秉持实证主义的学者的工作也常常受意识形态预设的支配。这其实是史家让渡实证原则性而向意识形态妥协造成的，并不是实证原则自身的问题。历史学家不能完全超脱于其所处时代文化精神之外，也有与其同时代人同样思考现实问题的责任，但其所有的现实考量都不能越过实证的底线。文化立场一般情况下比意识形态排斥性微弱些，但也不能成为评价历史判断可取性的基准。这种基于主体民族、阶层、职业社会经验形成的生活、思想、行为倾向都是特殊而难以通约的。

考察视角和技术手段可以成为评价历史判断的参考因素，但不能成为评价历史判断可取性的基准。历史的内容宏远无极，尽有足够的空间容纳各种层面、视角、取径、方法、技术的考察，各种考察方式本身是外在于历史的，是考察者自己选择的东西，不能把工具当作评价产品的尺度，历史学评价根本上说要依据结果来进行。进而，无论从上到下地看历史还是从下到上地看历史，无论是政治史还是社会史，无论是微观史学还是宏大叙事，都不直接决定其可取性，要看的是其究竟澄清、揭示出了什么。辞章文采可以是评价历史判断的从属性尺度，但因其主要表现在呈现技巧层面，并不构成根本尺度。

这里真正复杂的问题是，在意识形态、文化立场之中，都包含有价值意识。价值意识无疑是主观的。我们如果彻底排除价值意识在历史学评价中的角色，就会最终切断历史评价与人类理性之间的关联，历史学澄清以往事实的成绩也就失去了启迪人类心智的作用，从而历史学作为一门学术的价值本身也就消失了。历史学的评价既不能摆脱价值意识，又不接受意识形态和特殊文化立场作为尺度，中道何在？这里的关键，是价值意识本身的层次分剖。价值作为主体精神取向，永远存在差异，但也存在共性。

差异基于个体、人群的直接经验。每个人都生活在特定的文明、文化、社会、国家、种族、民族、阶级、职业、社团环境中，从具体的生活经验中形成关于事物意义的判断倾向。同时他们既然皆属人类，就有人类共同的属性。所以，即使在人类文明的早期，各个文明相对孤立地展开，所有文明中的人群中都发展起婚姻关系、信仰、社会组织性、公共权力、生产技术，等等——虽然其具体形态有所不同。随着历史的延伸，人类的相互关联性无疑持续强化，而不是日益疏远。他们相互交流、学习、模仿，逐渐建立共享的知识和秩序管理机制。所有这些，都需要对于意义的共识。推演至于当下，差异的价值意识自然存在，共同的价值意识也已形成。这种共同价值就是任何人虽然可以做出自己特殊的界定或者并不身体力行地实践但却不能公开否定其基本含义的一般意义判断，如和平、人道、自由、民主、法制、富庶、安全、科学等。在这些随意举出的一般价值尺度中，一个现代历史学家可以删去其中某项甚至多项，但如果他要删去所有类项从而宣称人类社会没有共同的价值追求，或者把专制、屠杀、歧视、兽性、贫穷、危险列为他的价值首选，那么他就会被视为人类公敌。这样的人自己的价值观也许不妨碍他理析和判定一些历史事实，但是他呈现那些历史事实的话语、方式以及他对事实的解读，必定是反人类的。

　　历史学的终极意义在于提供人类自身知性成长经验方面的资源，脱离一般价值就无法实现这种意义。一般价值的一般性，在于其不局限于文明、文化、社会、国家、种族、民族、阶级、职业、社团特殊经验的属性，因而也就并非与后者构成非此即彼的对立关系，只是基于经验特殊性的特殊价值意识，并不能如一般价值一样构成历史学评价的国际化的基础。在这种意义上，历史学家比其他人群更需要辨识人类价值的公约数。与此同时，即使是普世价值，依然不能被历史学家用来否认历史事实或者对事实进行扭曲的呈现。在历史学家的职业工作中，没有任何东西可以成为故意歪曲事实的理由。为了表示对后现代主义者解构一切确定性心理的安慰，这里还需要说明，前述关于普世价值的主张并不意味着将任何价值观或者相关的阐述视为终极真理，普世价值观本质上是共识，共识是开放并可以改进的。

我们终于到达了可以直接讨论历史学评价基准是事实这个命题的节点。

历史是过去发生的事情。人类需要记忆、了解过去发生的事情，作为当下行为的参照，也就是通过经验来提升自己行为选择的明智性和选择域度。这种能力其实是人类与地球上所有逐渐被人类统治的其他生物的主要区别。凭借历史知识建立起跨越无数代际而获取经验的能力，人类进化得以加速，尤其是知识的进步和传播获得巨大的空间，并逐渐汇聚成为一个切实关联而不仅是类属同一的共同体。如果获取历史知识没有成为人类在文明演进中的信念之一，今天的人类会面目全非，未来的人类也会失去方向感。历史知识对于人类发展所具有的巨大意义，皆基于这种知识以事实作为基础的特性。无论是谎言还是貌似深刻的思想，都不具有比对经验的切实了解更高的指导人类生存的意义。当下的思想家们常常鄙薄历史事实的枯燥，但是如果没有这些枯燥事实作为基础，思想家们高妙的言论早就把人类引到幻境去了。历史学不可替代的地位，就在于它是人类所建立的所有探索知识的学科中最能了解以往经验事实的一门学科。虽然哲学比历史学深刻，艺术比历史学飘逸，但它们都不如历史学更具有探询以往事实的能力。

迄今为止，历史家探询以往事实的主要介质是更早时代的文字记载，包括档案、史书，以及其他包含相关信息的著述——这并不等于历史学家永远只能如此，因为现代科技正在提供日益改进的手段，把正在发生的事情以远比目击者或事后编纂者的文字记述更完备的方式记录下来。[①] 历史学家的目标只是最大限度地接近并呈现以往的事实，而不是纤毫毕具、事无巨细地讲述那些事实。所以，在面对关于同一往事的不同文本时，历史学家要做的只是梳理出最接近于事实的新文本。这样做的时候，他必须首先判断作为资料的早先文本各自的可靠性。在这方面，欧洲兰克学派开创的客观主义史学和中国从司马光到乾嘉学派的考异、辨伪、考据、校勘方法，以及中国现代新史学的实证研究传统，已经提供了相当成熟的经验，

---

① 关于这个问题，请参看许兆昌：《当记忆成为常态，历史学何去何从》，《史学月刊》2017年第5期，第10—14页。

今人如能将之落实得更为精细、严谨，这些方法在具体工作层面就依然有效。晚近批评实证主义史学传统的理论，提醒历史学家要对包括原始文本在内的所有文本进行更严谨的审视，尽量透视出其中所含记述者的局限和主观选择意图，这是有意义的。通常说来，距离本事最近形成的文本比晚出的文本更可靠，但这只是一般可能性，并非必然。这不仅因为现存最早文本未必是原始文本，更因为即使是原始文本、目击记录，也会杂入记录者的选择和价值因素。传统实证主义史学并非无视史料批判，但其批判常常——并非总是——停止在判定文本原始性的节点上，具有不彻底性。后现代主义则在认定任何文本都杂有记述者的主观意图或倾向之后，便否定文本可能承载历史事实，或者判定即使其中存在历史事实也非历史学家所能辨识。在这种意义上说，后现代主义虽在形式上接近相对主义，却有绝对主义的性质。

文本未必一切尽实，但当文本是了解事实的唯一或重要信息载体的时候，历史学家必须对文本做穷尽的（exhaustive）解读，以求析出有助于了解事实的信息，做出关于真相最大可能性的判断。这样做的时候，除了要覆盖所有相关文本和前文所说的从整体上判定文本形成与衍生的序列关系和价值之外，还要从文本内部并综合可见的各种相关文本来分析个别事实的最大可能性，其核心方法其实是形式逻辑和常理（common sense）。历史学家运用形式逻辑的方式与自然科学家、社会科学家并无二致，归纳和演绎是其最基本的路径。量化统计的核心实际上是归纳法的数据化运用，假说则是演绎过程中不可缺少的环节。正因为如此，诸多社会科学的方法、手段可以被应用到历史研究中。除此之外，历史学家特别注重时间轴线上的次第关系。尽管相对论论证了物理学意义上的多维时间，但迄今为止的人类历史并没有在多维时间中展开，人类历史就是在一维时间轴线上展开的。各种流行的关于历史上不同时间的讨论，也没有超出一维时间范围，而是误把主体经验差异性含混表述为时间多元性。时间次第在历史学中的重要性主要是基于历史事件发生的关系永远是前因影响后果，而不是相反。这为历史学家梳理往事提供了一种有效的自然逻辑。常理是历史学家所处时代各种公认事理的统称,包括各门学术所达成的公认结论、公理,也包括日常生活反复昭示的高概率情形,比如子女一般对父母有超过对其他人更多的关联感、穷则思变、熟能生巧等。在涉及伦理的层面,常理也可以被称为良知。良知并非总是可以被简单评价,但因为需以普遍价值和科学为底线,所以并非总是不可评价。逻辑与证据结合可以直接落实判断;常理则通常帮助研究者思考,但不足以直接落实事实性判断。违反逻辑的判断不能成立;违反常理的事实概率不高,但也可能是事实,需要更充分证据的检验。若证据、逻辑、常理皆能吻合,判断就具有了高度可取性。三者皆不充备,不能做出判断;三者之一不充备,只能做出关于可能性的推断,即存疑。存疑推断也是一种判断,它是在排除若干可能性之后做出的,因而意味着离事实更近。

历史学家发表的著作中一定会包含对其所述往事的解释。解释可以借助于理论,或者不借助理论而直接从自己的价值立场而做出关于善恶得失的评价。评价都是解释。但不能因此认为历史学家除了解释就不能说话。比如一个研究明史的人依据《明史·高拱传》说:"高拱表字肃卿,家乡河南新郑。他在嘉靖二十年也就是公元1541年考中了进士。"这里面并没有什么解释。如果在这种语境中,仍有人要说这个研究明史的人的话语归根结底是建构的,他的事实是选择的,即使他所说的每句话都是事实,他也私吞了另外一些事实,我们只好敬谢不敏。要对这类没有解释性内容的陈述进行评价,唯一的方法是查考其他记载。看高拱的表字是不是肃卿,家乡是不是新郑,他是不是在嘉靖二十年考中进士,即查考是不是还存在更可靠的记载与《明史》记载不一致。若查无他说,则可以视之为可取的历史事实性判断——即使后来发现新的更可靠证据表明这种判断还需要修正也是如此。历史学家的脚步,并不一定要踩踏在一个连一个全真判断柱石上,而是要踩在一个个相对可靠的柱石上。这个例子表明,历史学家的叙述可以不含解释,他的性质意义上属于主观行为的分析在内容上可以是客观的。这种情况虽然在对单一事实的考订和叙述中表现最多,但将单一事实连贯起来,也可以构成相对完整的历史叙述或者历史著作,比如年谱。类似研究并不少见。当历史学家想要借助其历史事实叙述表达自己的评价时,或者当历史学家在行文中使用带有价值、立场、观念性的语汇时,解释就被融合到事实叙述之中了。然而这种解释性的成分真的不能从一个历史学家的事实叙述中剖离开吗?肯定不是。我们在日常生活中既然能够分辨言说者话语中的事实(fact)和观点(opinion),历史学家就能够在其工作中剖分事实和观点。对观点成分的评价,尺度常是多元的;对事实成分的评价,只需查证其证据,就可以判断其真伪或真伪程度。

无论如何,当解释渗入历史学家的陈述时,问题的确变得复杂了。历史学家除了要处理具体事实外,还要处理更复杂的事实,包括系列事实、结构性事实。"朱元璋少年时曾经剃发为僧"是个具体事实陈述,这种具体事实陈述可以被视为是客观的。"朱元璋在建立明朝时重构了国家制度"则是在一系列具体事实判断基础上归纳而成的系列事实陈述。做出这种陈述之前需要选择一种方式将个别事实连贯成为具有内在关联的系列,而内在关联需要主观界定,因而夹带的主观成分会增多。判断这种陈述是否可取,既要查核其所依据的具体事实,又要考量其连贯的方式。因为除非那位史学家故意,其连贯方式并非一定需要理论介入,因而评价的基准依然是其符合可见事实证据的程度,唯因其连贯多项事实证据,必须判断其连贯方式是否符合归纳的逻辑。"朱元璋建构了皇权高度集中的国家体制"则是一种结构性事实陈述。结构性事实陈述一定带有很强的主观成分,一定是事实与解释融合的,因为这种事实需要透视才能得见,透视的工具必须是比较复杂的概念甚至理论,需要陈述者自己做出明确的界定和说明。当一位历史学家说"唐代租庸调法具有国家对农民劳役征发和剥削性质"的时候,其中既包含事实性内容,也包含理论性内容,两者很难断然分开。对这种陈述的评价应分为两个层面,其一是依据证据判断作为基础的基本事实,即唐代租庸调法究竟是怎样的一种赋役制度,是否与陈述相符,如不相符,无论提供"国家对农民劳役征发""剥削性质"的理论如何高明,整个陈述不能成立;其二是对其中的理论性要素及其所依托的整个理论本身进行评价,后者通常延伸到历史学之外。

不存在评价理论的通用简单方法，但也并非凡理论皆不可评价。所有理论都需涉及事实，所有事实都具有历史性，如欲成立，必须符合可取性基准，即理论的事实基础必须成立。其次是逻辑，再次是常理，此外还有实践的检验。本文要讨论的是历史研究评价的底线，尤其是事实性判断的可取性问题，对于理论在史家叙述中的介入问题以及底线以上的诸多相关问题，不能深论。

三、关于实证主义的反思及对批评的批评

中国现代历史学家的工作方式，除了受到各种历史观、价值观的影响之外，在具体方法论层面，得益于广义实证主义甚著。中国历史学实证主义有两个渊源：一是传统史学中的直书、征信传统，尤其是乾嘉时期疑古、考据的传统；二是欧洲兰克学派史学的影响。德国历史学家兰克（Leopold von Ranke）奠定了世界范围内客观主义历史学的基础。他主张，历史著述的基本原则在于以过去事物发生本来的样子呈现过去，坚持具体经验立场。他认为，历史学的科学性基于其研究的客观性原则和严谨的方式，不在于使历史学成为普遍知识的属性。他特别强调原始档案的价值，引导了历史研究引述原始文献来论证问题或叙述史事的实践。因为这种客观主义史学是在科学与理性彰明的时代环境中发展起来的，很大程度上采取了与自然科学一致的意念考察和叙述人类以往经验，以根据证据发现和澄清事实为目标，以发现和叙述历史事实时保持客观性为追求。因为历史研究所使用的证据大多来自书写资料，文献学自然而然地成为历史研究的最重要基础。受兰克学派很大影响的中国史学家傅斯年即曾说道："近代的历史学只是史料学，利用自然科学供给我们的一切工具，整理一切可逢着的史料。所以近代史学所达到的范域，自地质学以至目下新闻纸，而史学外的达尔文论，正是历史方法之大成。""凡能直接研究材料，便进步；凡间接的研究前人所研究或前人所创造之系统，而不繁丰细密的参照所包含的事实，便退步……凡一种学问，能扩张他研究的材料便进步，不能的便退步……凡一

评史丛录

种学问能扩充他作研究时应用的工具的，则进步；不能的，则退步。"他认为，"我们只是要把材料整理好，则事实自然显明了。一分材料出一分货，十分材料出十分货，没有材料便不出货""材料之内，使他发见无遗；材料之外，我们一点也不越过去说"[1]。他以历史学为与自然科学无异的学问，以史料学为史学的核心，主张纯学术的历史研究。现代中国史学发展在各个阶段，都伴随着新史料的发现和历史文献学的扩展。梁启超在归纳清代汉学的实证精神时，指出此种精神的核心在于"实事求是""无征不信"[2]。具体而言：①凡立一义，必凭证据；②选择证据，以古为尚；③孤证不为定说；④以隐匿证据或曲解证据为不德；⑤喜罗列事项之同类者为比较研究；⑥采用旧说必明引之，以剿说为不德；⑦所见不合则相辩诘，虽弟子驳难本师不以为忤；⑧辩诘以本问题为范围，词旨务求笃实温厚；⑨喜专注一业，为"窄而深"的研究；⑩文体贵朴实简洁，忌"言有枝叶"。[3]这种方式，至今是中国史家工作的基本理路。

实证主义史学在 20 世纪受到来自哲学、语言学、后现代思潮、历史相对主义等各种来源的不断批评，也受到历史学意识形态化的干扰。到 20 世纪末，在世界范围内，颠覆实证主义已经成为新潮史家或历史哲学家彰显新意的一个标签。一些学者宣称历史学发生了语言学转向、文化转向；一些学者通过采用其他学科的理论方法改造历史学或者另辟蹊径；还有一些学者采用戏说的方式把历史学推往消遣的方向。英国历史学家理查德·艾文斯（Richard J. Evans）例举了许多从后现代主义立场对历史学的批评，并指出："后现代主义者对历史学的批判是如此具有威力且影响深远，以至于越来越多的历史学家停止了对真相的追寻，放弃了对客观性的信仰，而且不再以科学性的取径来探索过去。"[4] 对实证主义历史学的批评，显然

---

[1] 傅斯年：《历史语言研究所工作之旨趣》，原载《"中央研究院"历史语言研究所集刊》第一本第一分册，参看蒋大椿主编：《史学探渊——中国近代史学理论文编》，长春：吉林教育出版社，1991 年，第 493—503 页。
[2] 梁启超：《清代学术概论》，上海：商务印书馆，1922 年，第 9 页。
[3] 梁启超：《清代学术概论》，上海：商务印书馆，1922 年，第 77—78 页。
[4] 〔英〕理查德·艾文斯著，张仲民、潘玮琳、章可译：《捍卫历史》，桂林：广西师范大学出版社，2009 年，第 5 页。

对历史学家对待自己工作的观念和方式产生了深刻影响，实践历史学家头上，盘旋着愈来愈浓厚的疑云。与此同时，试图超越实证主义历史学的研究者所完成的历史研究著述虽然别开生面，但在关于历史事实澄清方面的严谨性并未超过实证主义史学家的优秀著作，证据不足和过度诠释的情况比比皆是。对实证主义的批评，并没有直接开出整体上更佳的历史研究范式。

由欧洲哲学家发动的对实证主义历史学的批评所针对的直接对象，当然不是现在中国实践史家所秉持的历史研究实证方式，而是欧洲的实证主义史学传统和一些实证主义哲学的命题。早在实证主义历史学兴起的时代，德国哲学家黑格尔（Hegel）就曾在讨论他归纳的三种历史——原始的历史、反省的历史、哲学的历史的时候，关注到历史学家本人意识向其著述的渗透。这种渗透在诸如古希腊历史学家希罗多德（Herodotus）、修昔底德（Thucydides）等代表的原始的历史，即以史家自己所关心的同时代历史为对象的历史著作中就已经难以避免。在反省的历史即超越历史学家自己时代范围的历史著作中，历史学家更是在整理资料的环节就需要运用"自己的精神"，而且在写作时"必须用抽象的观念来缩短他的叙述……由'思想'来概括一切，藉收言简意赅的效果"。在说到反省的历史中被称为"实验的历史"的一个分支时，黑格尔其实已经为后来意大利历史学家克罗齐（Croce）的那句名言预先做了注脚。他指出，当我们研究"过去"的时候，就会有一种"现在"涌上心头，这是史家自己精神活动的结果，"历史上的事变各各不同，但是普遍的、内在的东西和事变联系只有一个。这使发生的史迹不属于'过去'而属于'现在'。所以实验的反省……使'过去'的叙述赋有'现在'的生气"[①]。我们必须注意，黑格尔仅仅指出反省的历史家会将"现在"的意识投射到"过去"，并没有因此认为这是一切历史应该采取的做法——反省的历史本来就不是黑格尔心目中最理想的历史。在谈到第三种反省的历史即史学批评时，黑格尔在简单提到法国的这类批评曾

---

① 〔德〕黑格尔著，王造时译：《历史哲学》，上海：上海世纪出版集团、上海书店出版社，2001年，第4—6页。

经贡献许多深湛和精辟的东西之后马上指出,德国的学者则曾经假借批判之名"就荒诞的想象之所及,来推行一切反历史的妄想谬说……以主观的幻想来代替历史的纪录,幻想愈是大胆,根基愈是薄弱,愈是与确定的史实背道而驰,然而他们却认为愈是有价值"[1]。显然,黑格尔既已深刻察觉史家观念在其研究过程中不可避免的参与,又保持着对于历史记录作为底线的尊重。至于黑格尔理想的历史即哲学的历史,是思想充分展开的历史,因而容纳更多的主观性:"'历史哲学'只不过是历史的思想的考察罢了。"这种历史虽然被黑格尔称为历史,实际上仍是哲学。而"哲学的范围却是若干自生的观念,和实际的存在是无关的"。哲学关心本质,历史学关心存在。所以黑格尔要完成他的历史哲学,就要提醒自己:"我们必须审慎的一点,就是我们不要被职业历史家所左右。"[2]他理想的历史学家,其实是关照历史经验而以呈现永恒本质为己任的一种特殊的哲学家。然而,历史学家本无须以哲学家自处。

19世纪末,对倾向于模仿自然科学的欧洲实证主义历史学的反思已然深入,但其方向并不是解构历史学,而是探析其与自然科学之间的差异。德国哲学家文德尔班(W. Windelband)1894年发表的《历史学与自然科学》指出:"科学以认识普遍规律为目的,而历史学则以描述个别事实为其目的";自然科学是"合乎规律的"科学,历史学则是"个体叙述的"科学。他认为"历史学家对历史事件的知识是由价值判断——也就是,对它所研究的那些行动的精神价值的看法——组成的。因此,历史学家的思想乃是伦理的思想,而历史学则是伦理学的一个分支""历史学家对个体所做的工作并不是要了解它或思考它,而是以某种方式来直观它的价值;这种活动大体上有似于一个艺术家的活动"[3]。这种分析,解除了历史学家认识普遍

---

[1] 〔德〕黑格尔著,王造时译:《历史哲学》,上海:上海世纪出版集团、上海书店出版社,2001年,第7页。

[2] 〔德〕黑格尔著,王造时译:《历史哲学》,上海:上海世纪出版集团、上海书店出版社,2001年,第8—10页。

[3] 见〔英〕柯林武德著,何兆武、张文杰译:《历史的观念》,北京:中国社会科学出版社,1986年,第190—191页。

规律的义务，使得他们有理由不去模仿自然科学家和历史哲学家对本质的诉求，而获得一片个别事实的天地。但是，文德尔班夸大了历史研究的伦理性质。历史学家关于历史事件的知识可以融入价值判断，也可以不融入价值判断，或者虽然融入价值判断但那种价值判断并不至于歪曲事件真相。如果历史学家工作的意义全在于或主要在于以艺术方式表述自己的价值观，人们就尽可以抛弃历史学家，直接去读艺术家的作品。历史学家的工作不能不渗透思想，但除了思想也需有可取的事实。在这里，黑格尔告诉我们，历史学家的工作是追求本质，与哲学家并无二致；文德尔班告诉我们，历史学家的工作是表述价值。他们都把历史学家工作最为基础性的部分，即理析出具有高度可取性的事实，降格到非本质的地步。

稍后，克罗齐在《历史学的理论与实际》中主张：历史就是活着的心灵的自我认识，无论历史家所叙述的历史距离他的时代多远，唯当其被历史家所理解的时候才是真历史，并无例外地成为"当代史"，否则就是一种空洞的回声："假如真是一种历史，亦即，假如具有某种意义而不是一种空洞的回声，就也是当代的，和当代史没有任何区别。像当代史一样，它的存在条件是，它所述的事迹必须在历史家的心灵中回荡……"因而，"一切真历史都是当代史"。[①]他所说的这种"真历史"与编年史（chronicles）相对而言。"历史是活的编年史，编年史是死的历史；历史是当前的历史，编年史是过去的历史；历史主要是一种思想活动，编年史主要是一种意志活动。一切历史当其不再是思想而只是用抽象的字句记录下来时，它就变成了编年史……"[②]编年史是精神消逝了的历史，是历史的残骸。在这里我们不难看到，克罗齐的主张与黑格尔主义深度共鸣——虽然克罗齐曾经对黑格尔进行批判。他们都把历史学家视为思想者——如果不一定是哲学家。我们可以赞同他们把历史研究视为当下思想活动的主张，但是他们都过度强调历史作为历史学家行为的性质，偏爱心灵体验的真实性。历史学家如

[①]〔意〕克罗齐著，傅任敢译：《历史学的理论和实际》，北京：商务印书馆，1986年，第2页。
[②]〔意〕克罗齐著，傅任敢译：《历史学的理论和实际》，北京：商务印书馆，1986年，第8页。注意，克罗齐所说的编年史与中国史学史中的编年体史书完全不是一回事情，此事另议。

果确然依照这种定位来从业,那么后来的后现代主义对历史学实证基础的解构也就大致可以成立了。问题是,这些伟大哲学家对历史学家的定位,只是推崇了对历史的一类以思想探索为主旨的高妙研究,却远远没有界定实践历史学家的普遍工作方式,忽略了历史研究澄清以往事实本身的意义。思想探索为主旨的历史研究自然会多种多样,问题是思想的驰骋要不要受事实基础的规范。

柯林武德（R. G. Collingwood,今译科林伍德）1946 年出版的《历史的观念》也对实证主义进行批判。他的"一切历史都是思想史"的名言,和克罗齐的那句类似的话一样流行。他的全部史学思想当然有对整个欧洲历史思想进行系统梳理的根基,但他的这个最著名的主张却是以很简单的方式推论出来的:"自然的过程可以确切地被描述为单纯事件的序列,而历史的过程则不能。历史的过程不是单纯事件的过程而是行动的过程,它有一个由思想的过程所构成的内在方面;而历史学家所要寻求的正是这些思想过程。一切历史都是思想史。""思想史,并且因此一切历史,都是在历史学家自己的心灵中重演过去的思想。"[①]通过透视单纯事件背后的思想来理解作为过程的历史是可行的,但是这仅限于那些由人的思想所支配的行为导致的事件,而人类以往的经验中有许多并非由人的思想来决定。比如人口结构、经济状态等这些我们前面所说的历史上的结构性事实。如果承认经济是人类历史经验的一个侧面,就需要认真对待经济演变背后那只"看不见的手"——如果这只手是思想操作的,就不是看不见的了。所以,虽然柯林武德的确指出了历史学家实现历史通贯理解的一个途径,但他实际上也窄化了历史的范围。虽然他试图将历史学从"剪刀加糨糊"的技术性工作升华到思想追求境界的论述富有启发性,但他的实践方案却颇有局限。历史不仅是思想史,不仅人口增长的事实不是思想史,而且"史家著述"意义上的历史虽然必须用思想来组织,却也不能归结为思想史。柯林武德所说的"思想史"——对他而言是一切历史,只是历史学家据以呈现自己

[①] 〔英〕柯林武德著,何兆武、张文杰译:《历史的观念》,北京:中国社会科学出版社,1986年,第 244 页。

思想的历史著作。即使在"思想史"的一般意义上说,这也是十分狭隘的。果真如此,历史舞台就被大小思想家站满,其他人也就无地自容了。不过,柯林武德虽然过分地强调思想,但是却与历史不可知论划清了界限。他认为,"历史学是一种研究或探讨……总地说来它属于我们所称的科学,也就是我们提出问题并试图做出答案所依靠的那种思想形式……科学是要把事物弄明白;在这种意义上,历史是一门科学"[①]。根据他的论说,历史学是否具有科学性,不应该仅从其研究的对象和依据的性质角度看,也要从研究的方式和目标角度看。历史学的目标,就是把往事弄明白。既然如此,历史学家的工作方式,毕竟还是要查看证据,即使其呈现自己研究的结果时非常强调思想的意义也是如此。柯林武德如此强调思想意义的历史学,在很大程度上是针对法国哲学家奥古斯特·孔德(Auguste Comte)推崇的模仿自然科学的实证主义社会学和兰克的客观主义历史学的。孔德实证主义认为科学有两件事情:一是确定事实,二是构成规律。这种观念延伸到历史学领域,就引导大量优秀的历史学家努力去积累和考订自己认定的证据性资料,但是他们迟迟不能进入实证主义指引的第二阶段,即构成规律。于是,正视这种情况的历史学家如兰克,"终于认为,发现和陈述事实本身对于他们来说就够了……历史学作为若干个别事实的知识,就逐渐作为一项独立自主的研究而使自己脱离了作为普遍规律的知识的科学"[②]。于是,历史被分割、碎化、硬化,脱离思想而被诟病为"剪刀加糨糊"的历史证据搜集。柯林武德并不否认历史证据的存在和意义,也不否认历史事实,他是在努力通过倡导思想贯通而将流于碎化的历史学提升到高级水平。这样来看,我们从柯林武德那里获得的启示,就不应该仅仅来自他那句强调思想的名言的表面含义,而要注重他对历史学从自然科学化坠入机械、碎化的反省。尤其是,我们不应该把柯林武德视为解构历史可认知性的先驱。

[①] 〔英〕柯林武德著,何兆武、张文杰译:《历史的观念》,北京:中国社会科学出版社,1986年,第9—10页。

[②] 〔英〕柯林武德著,何兆武、张文杰译:《历史的观念》,北京:中国社会科学出版社,1986年,第148页。

评史丛录

英国哲学家卡尔·波普尔（Karl R. Popper）在《猜想与反驳》等论著中，对实证主义进行了逻辑层面的剖析。他认为：逻辑实证主义把可证实性看作科学区别于非科学的分界是不能成立的。如牛顿宣称自己的理论并非推测，而是对事实的真实描述，是通过归纳法建立起来的，然而牛顿理论虽然经过证实，后来却受到爱因斯坦理论的否证。从牛顿到爱因斯坦的发展意味着任何理论，不管它曾经受过何等严格的检验，都是可以被推翻的。可证实性不能构成科学与否的尺度，可以构成这种尺度的是可否证性，一项结论需在逻辑上或原则上有可能与一个或一组观察陈述相抵触，即可以接受逻辑的检验，方归于科学范畴；凡逻辑上不可否证的皆不属于科学范围。按照波普尔的论说，归纳逻辑并不能保证认识的科学性，可实证性也不是科学的基础，只有可否证性才是科学的逻辑基础。因为实证主义的主要逻辑路径是归纳逻辑，所以波普尔的这种论说通过对归纳逻辑本身作为达成科学认识的途径的质疑，进一步撼动了实证方法的权威性。[1]然而问题是，波普尔所讨论的科学认识，始终是作为理论的认识，如果不是一种复杂的理论，也是一种全称肯定的判断，如"凡天鹅皆白"之类。一个历史学家如果并未沉迷于孔德式的社会科学，对普遍性并没有那么大的兴致，他做出的大多数判断是诸如"某时某刻出现于某地的那只天鹅是白色的"，至于全天下的天鹅都是什么颜色，他并不一定要追究——虽然他也可能对之有些兴趣。换言之，历史学家的大量工作是把对象作为有限个体来认识，而不是把判定全世界所有同类个体的总体属性作为自己的任务——即使倡导通贯思想的历史学家也是如此。归纳逻辑可以证实历史学家所要弄清的大量事实，比如通过教会洗礼记录来判断某年某地受洗人数，或者通过统计明朝每个皇帝的生卒年来计算明朝皇帝在世的平均年。因为历史学处理的个体对象总是在特定时空框架之内，是有限对象，所以通过归纳个别来实现对一般的有效判断是可行的。演绎逻辑，基于已知普遍性推导个别之性征的方法，在历史学中的适用性小于在自然科学中的适用性。历

---

[1] 参看赵轶峰：《卡尔·波普尔的科学哲学思想与史学方法论的再思考》，《求是学刊》1988年第2期，第78—85页。

史学触及的普遍性是基于具体事实辨识、分析实现的依然有具体性的一般属性、特质、可能性，皆为假说，历史学也不以揭示绝对普遍性即放之四海而皆准的真理为目标。所以，波普尔所指出的归纳逻辑的局限，并不否定历史实证方法之成立，而他的否证方法，则完全可以作为一种探寻真实的逻辑纳入广义实证方法范畴之中。

英国历史学家爱德华·卡尔（Edward H. Carr）对被他称为历史经验主义（historical empiricism）的兰克学说以及其后的各种讨论进行批评，认为"历史是历史学家与历史事实之间连续不断的、互为作用的过程，就是现在与过去之间永无休止的对话"[1]。而"历史事实不可能是完全客观的，因为事实之所以变为历史事实，是要靠历史学家根据事实的重要性而决定。历史中的客观性——假如我们仍旧可以适用这一传统术语的话——不可能是事实的客观性，只能是事实与解释之间，只能是过去、现在和未来之间关系的客观性"[2]。然而历史事实完全可以是客观的，并非总是要靠历史学家的重要性尺度来决定，这在前面关于阿甲的讨论中已经说明。卡尔所说的作为现在与过去永无休止的对话的那个历史，只是作为史家思考内容和叙述文本的历史，而历史学家并没有资格因为自己以研究过去的事情为职业就断言任何往事，除非进入他们的视野就不算是过去的事情。卡尔之所以把事实的客观性着落在处于"事实与解释之间"的"过去、现在和未来之间关系"上面，就是因为他把"事实"与"历史事实"断然分为两种事，这样的"历史事实"当然就只存在于历史学家的心中。问题是，历史学家心中的历史只是作为映像和知识的历史，那些被他判定为不具备客观性的"事实"才是历史。卡尔所谓"历史事实"的客观性，只能是心灵事实之类的客观性，而如果历史学家仍以了解人类经验为职事，那么他们真正关注的就不可能是这类被称为历史学家的人各揣心腹事的心灵事实，而是过去发生的那些人类事务。

1973年，美国学者海登·怀特（Hayden White）出版的《元史学：十

---

[1] 〔英〕E. H. 卡尔著，陈恒译：《历史是什么？》，北京：商务印书馆，2007年，第115页。
[2] 〔英〕E. H. 卡尔著，陈恒译：《历史是什么？》，北京：商务印书馆，2007年，第224页。

九世纪欧洲的历史想象》，成为迄今为止解构实证主义历史学的旗帜。他在该书中选出"在构思历史的可能方式这一方面始终是公认的榜样"的历史学家米什莱、托克维尔、兰克、布克哈特和历史哲学家黑格尔、马克思、尼采、克罗齐进行比较，以探寻"哪一位的做法表现出历史研究最贴切的方式"。① 结果是："占主导地位的比喻方式以及与之相伴随的语言规则，构成了任何一部史学作品那种不可还原的'元史学'基础。"并且，19世纪欧洲史学大师著作中的这种元史学因素构成了种种暗中支撑其著作的历史哲学，如果没有这些历史哲学，那些大师们绝不可能写出这样的作品。② 因为怀特的"元史学"是指历史学家和历史哲学家论著中占主导地位的比喻方式以及相伴随的语言规则，而这种元史学又构成了那些历史学家写出典范著作之支撑的历史哲学，因而语言就是历史学家、历史哲学家乃至诗人著作的根基。从而，历史学家叙述的起点和终点是他们自己叙述策略所确定的故事起点和终点。换言之，历史学家的修辞系统事先决定了其叙述的形式乃至叙述的内容。在这样的语境中，语言是本质，语言所传达的内容是由语言派生出来的，历史的内容是构造的。

怀特的这项研究出版40多年来产生了巨大的影响，史学理论界流行的认为历史学发生了"语言学转向"的看法，主要是由这项研究推动的。但是人们很少注意到，怀特曾经申明，他的研究方法是"形式主义的"，即"我不会努力去确定某一个史学家的著作是不是更好，它记述历史过程中一组特殊事件或片段是不是比其他史学家做得更正确。相反，我会设法确认这些记述的结构构成"③。他所说的形式主义方法，指的是并非从内容角度而

---

① 〔美〕海登·怀特著，陈新译，彭刚校：《元史学：十九世纪欧洲的历史想象》，南京：译林出版社，2004年，第4页。怀特接下来说："作为历史表现或概念化可能的楷模，这些思想家获得的地位并不依赖于他们用来支撑其概括的'材料'的性质，或者用来说明这些'材料'的各种理论，它依赖的不如说是思想家们对历史领域相应的洞见中那种保持历史一致、连贯和富有启迪的能力。这就是为什么人们驳不倒他们，或者也无法'撼动'他们的普适性，即便求助于随后的研究中可能发现的新材料，抑或确立一种解释组成思想家们表述和分析之对象的各组事件的新理论，也都无助于此。作为历史叙述和概念化的楷模，他们的地位最终有赖于他们思考历史及其过程时，那种预构的而且是特别的诗意本性。"

② 〔美〕海登·怀特著，陈新译，彭刚校：《元史学：十九世纪欧洲的历史想象》，序言，第3页。

③ 〔美〕海登·怀特著，陈新译，彭刚校：《元史学：十九世纪欧洲的历史想象》，第3—4页。

从运用于叙述策略中的语言方式角度来分析选定的历史学家和历史哲学家的著作。他从一开始就把历史学家著作的内容符合事实的程度问题悬置一边，而把叙述或论证的形式作为核心问题。正是在这样选择之后，他才会说："选择某种有关历史的看法而非选择另一种，最终的根据是美学的或道德的，而非认识论的。"①概括地说，认识历史学家叙述中难以根本避免主观预设并不是怀特的发明，他的贡献在于从语言和修辞的层面揭示了历史学家预设在其叙事中展开的形式和难以察觉的程度。他的根本问题则是，从语言和修辞策略层面对历史学家著作的分析是过分"形式主义"的，仅仅指向叙述的语言学结构，而这种结构类型非常有限，使用这种方法来分析历史学家的著作，就如同分析音乐家的作品时仅仅将之归于若干"调"一样，根本不进入那些作品的内在品质问题。②而且，怀特分析的对象仅仅是19世纪欧洲的八位学者，与所有西方历史哲学家一样，他没有把欧洲以外的其他历史学传统纳入视野。③无论如何，怀特推动的所谓历史学的"语言学转向"④大幅度地把历史学从实证主义的基点拉开，成为话语建构的事情。但即使关于历史学家叙述受语言制约的所有分析都是正确的，也不过是指出了历史学家叙述受到人类语言的影响，而这种影响不仅波及历史学家，也波及自然科学家、哲学家。因而，这种看似高妙的论说不过是指出凡人用语言表述的东西都具有建构性。即使所有被使用的语言都具有

---

① 〔美〕海登·怀特著，陈新译，彭刚校：《元史学：十九世纪欧洲的历史想象》，序言，第4页。

② 《元史学：十九世纪欧洲的历史想像》的中文译者陈新用怀特分析历史学家和历史哲学家的逻辑分析怀特自己的论说，认为"怀特的理论注定不能自圆其说，它的严密性必须依赖于他人的阐释，这无异于使怀特提出的理论失去了自己的立足之地。就此而言，《元史学》及其阐述的理论的确更像是一种诗性想象的产物。"见陈新：《诗性预构与理性阐释——海登·怀特和他的〈元史学〉》，《河北学刊》2005年第2期，第192页。

③ 这种局限可以从怀特的下面这句话中略见端倪："历史学曾是一个普通的研究领域，它是由业余爱好者、外行以及好古者培育起来的。现在，由一个普通领域转变成一个专业学科……"海登·怀特著，陈新译：《元史学：十九世纪欧洲的历史想象》，第183页。如果怀特稍微关注一下中国史学传统，就不会笼统地认为历史学都是这样发生的。

④ 19世纪末20世纪初语言学家索绪尔（Ferdinand de Saussure）《普通语言学教程》中陈述的观点似乎启发了怀特的前述论证。索绪尔认为，语言构成封闭的自组织系统，它不是连接意义的手段和意义的单元；相反，意义是语言的功能；人无法用语言来传达其思想，反而是语言决定了人之所想。

预置的规定性和选择性，语言究竟还有没有可能表达准确的含义呢？如果不能，怀特的那些振聋发聩的言论都是荒诞的；如果能，为什么哲学家能而历史学家却不能？问题并不在于历史学家所使用的语言是否带有人类语言必然具有的选择、建构性，而在于历史学家如何运用人类语言梳理、表述更符合实际的人类往事。在这种意义上，历史著作不仅与哲学著作、诗歌不同，历史学家们的著作也各有符合历史事实程度的差别。况且，职业历史学家以与哲学家、诗人不同的方式使用语言。差别取决于其目标：历史学家的基本目标是尽量澄清择定范围人类往事的真实情况，包括澄清具体事实、具体事实系列和结构性事实；哲学家的目标是阐释关于界定主题终极意义的思想；诗人的目标是以优美感人的韵律语言抒发情感。由于目标不同，这三类人中，历史学家的语言以朴素、不易引起歧义和多解、接近常识为特色。比如历史学家说到明清时期太湖水利的时候，不需要表示其所说的水之每个分子由两个氢原子加一个氧原子构成，即使那是科学意义上更本质的东西。历史学家使用朴素语言表述的历史，从来就不是百分之百精确的往事——人类语言根本不能以百分之百精确的方式重现过去发生的任何复杂事实。他们讲述的只是择定视角下往事的某一部分，或者某些要素、某些关系或属性。历史学家叙述所根据的证据也并不限于语言信息或者文字书写的文本信息。正如犯罪学家并不仅仅依据口供来判断案情，而是要审查各种各样能够获得的语言或非语言的证据一样。生活在西汉时期的司马迁就已经知道踏访历史陈迹，今天的历史学家可能会凭借 DNA 鉴定来确定一具遗体的某些身体特征，可能根据全程录像来重构某次会议中发言的情况。而且，过去发生的事情并非一定在发生之后就无影无踪，只剩下某些人用语言留下的记录。历史会产生后果，其中一些会从上古投射到当今。哲学家谈论亚里士多德、孔子、黑格尔，并不仅仅因为他们看到前人著作中提到了这些人，还因为他们在现实生活中感受到了他们的影响，正如一些人的皮肤为白色而另一些人的皮肤为黑色并不依赖任何文本一样。

20 世纪后期以来，国际史学界关于记忆的研究颇为兴盛，在中国也有所发展。彭刚在 2016 年发表的一篇文章中指出："近年来，历史记忆、社会记忆、文化记忆这样一些概念，在学界和更加宽泛的文化生活中成为热点。在历史学界内，甚至有人称之为'记忆的转向'。"①这种"记忆的转向"与以前流行的"语言学转向"一样，虽然反映出历史研究乃至历史学观念的一些动向，但都是一些研究者把自己的兴趣、取向夸大为历史学基本趋势的说法。中国史学界关注记忆可能与三个背景因素有关：第一，对实证主义史学的批评弱化了对历史认知确定性的信心；第二，社会史、历史人类学主张的从下而上看历史的方法凸显了口述历史学的意义，而口述历史信息又凸显了历史信息的不确定性；第三，20世纪的一系列重大历史事件在被叙述者重述中发生的分歧，引发了保存这些历史事实可靠认知的焦虑。以记忆为关键词的历史研究体现历史研究者对历史信息复杂性的体认，有助于提示研究者更加缜密地探索如何从这种复杂性中求取可靠的记忆，也开拓了历史研究深入考察原始事实引发的后续事实的视野。但是如果过度强调历史作为记忆的性质，就把历史纯粹知识化，把历史研究变成了知识社会学或观念研究。②

记忆有两层含义：其一是所记忆往事的内容；其二是记忆作为一种行为发生的情境。前者指向记忆行为发生之前或当时所发生的事情，其意义取决于符合事实的程度；后者指向对记忆行为发生、再现的解读，其指向是记忆者的心理。近年流行的许多历史研究，采用文本流传历程取径，分析偏重流传情境，文本内容符合事实程度的问题反而止于扑朔迷离，研究

---

① 彭刚：《如何从历史记忆中了解过去》，《读书》2016年第4期，第71页。彭刚文中还说："简单地说，对于历史，人们可以有两种不同的看法。一种是过去不断累积变化，以至于现在，当下乃是过去的结果；另一种则可以借用克罗齐著名的命题'一切历史都是当代史'来表达，那就是，过往的历史是一片幽暗，只有当下的关切和兴趣，才有如探照灯一样，照亮那片幽暗中的某个部分、某些面相，过去在很大程度上是被当下建构出来的。对于记忆，也可作如是观。"第75—76页。

② 如有学者说："虽然大家坚信历史就是过去的真实，但是这种真实需要通过记忆才会存在于今天，并且需要通过将记忆用某种方式表达出来才成为'历史'。所以我们可以说，过去的一切，只有成为人们的记忆，才会成为历史，如果没有历史记忆，也就没有历史。反过来说，今天我们认定为历史的一切，其实都只是我们记忆中的真实……过去发生的事情，其实绝大部分都是会被忘记的，我们的历史从来不包括那些已经忘记了的事实。"见冯原、庞伟、冯江，等：《建筑·记忆"主题沙龙》，《城市建筑》2015年第34期，第10页。

者似乎用后继心态事实或思想事实替代了原本事实。事实具有唯一性，而对唯一的事实的记忆可以有多种，可以完全扭曲，因而对记忆的研究可能与原本的事实相关，也可能不相关。把历史直接地理解为记忆还会把大量不为人知的历史事实排除在历史概念之外，而不为人知的事实依然是事实，依然可能对人产生作用。我们迄今对夏代的历史知之甚少，然而因为商代文化已经达到相当复杂的水平，必然有深深的根源扎系在早先时代社会土壤和人类经验之中，因而我们有理由对商以前时代考古学保持密切关注，并且可以判定我们所了解的商代历史中的一些要素，可能从夏代而来。这正如前面说到的那个阿甲的DNA，他的某些性格要素，来自他的父母。每次新史料发现都扩展了人们所知历史的范围，但并不是因为发现了那些史料，相关的历史才发生过，相反，因为那些事实发生过，所以才可能有后来的史料发现。当历史研究的对象被缩小为思想、心态、知识时，历史会被大大压缩，不被意识察觉的作用关系、结构、因果皆被推到边缘。历史研究中许多当事人难以察觉的内容，如经济类型、政治文化、人口趋势等等，大多要由稍后或很久以后的研究者通过复杂的考察、比较、统计、分析呈现出来。

在语言建构性、诗性笼罩历史研究的语境中，历史研究与诗歌在揭示真相意义上的差别似乎只在于风格，其目标也就转移到以更优美的方式讲述自己的故事。在历史归结为记忆的语境中，历史学家的主要工作就是历史事实在后来人们心目中的印记，而不是历史事实本身。这种对于很多人说来因追随历史观念流变而无意识偏置的心态，逐渐把许多历史学家的工作旨趣从发现和解释事实，转移到建构心灵旅途中发生的故事。可能与此相关，当下，历史学家在澄清历史事实方面的能力比起更早时代并没有明显的增强，常常犹疑不定，但历史学家解释的兴趣和能力却大大增强，对于历史解释主观性的容忍度也大为扩张。在各种理论方法潮流中，如果不能坚守历史学以材料为根基的实证理路，面对各种被曲解或过度解释的历史说，就只能作壁上观。以南京大屠杀为例，其间被残害的人数尽可以依据证据加以反复衡量，有所争议也属正常。但根本否定这一事件的言论也能流行，却显示历史学家在澄清相关事实中的缺位或尺度混乱。公众降低了向历史学家求问历史真相的信心时，对各种差异记忆、言说、解释的分辨力也变得朦胧。证据能够发出的声音太弱，主观性述说的空间太大，这是围绕南京大屠杀事件认识分裂的学理原因之一。历史研究中诠释域度的放大在历史观念层面把历史学从发现事实、澄清往事真相的事情，转变为历史家展现思想和才华的事情。所以带有此种倾向的历史著作，或华美佻达，或哲理深奥，或跌宕起伏，皆以著述者本人的思想、文采，甚至想象来充实其作品，事实、真相则被降低为表达思想的材料。这在一定程度上，把历史研究变成了文学事业或思想事业。从实证的立场出发，历史学不过是发现事实、澄清真相的学问，历史学家的思想和文采，皆应以最大程度上澄清真相为目的，故其文尚简非繁，其义贵明不晦。超过此义，就超出了历史学的本义。

四、从传统实证主义到新实证主义

传统实证主义——这里指的广义的历史学实证主义而非特指孔德的实证主义哲学——所遭受的诟病是多方面的，其中有一些切中其主体要害，有一些揭示出某些服膺实证主义的历史学者自己学术实践中的弊病，也有一些是夸张或吹毛求疵的。如前所述，对于实证主义历史学的早期反省从欧洲思想界兴起，其对象也以兰克学派的历史研究方式为主。晚近对实证主义批评的主要声音来自美国学者，其对象针对整个西方的历史学传统。也就是说，西方思想界对实证主义历史学的批评，从来没有切实关照中国历史学的实践，而是沿着西方哲学和历史学交叉演变的路径思考下来的。那么，中国史学理论研究者在思考同一方向问题的时候，应该适当注意中西历史学实践的异同，以便区分关于实证主义历史学的反思，哪些是实证主义历史学的根本问题，哪些是狭义实证主义哲学的问题，哪些是个人具体实践方式中的特殊问题。然而，中国当下的历史学在一定程度上理论与实践脱节，或者至少没有形成常态化的密切关联。由此产生的局面是，研

评史丛录

究西方史学理论的学者大量介绍西方对实证主义的批评,却很少对中国史学的具体实践方式做出评论;中国史研究者则分化为新潮流与旧规范两途,奉新潮流者模仿晚近西方的史学流派,持旧规范者全不理会史学理论界的那些新说法,如前埋头实证。即使研究中国史学史与史学理论的学者与研究西方史学史与史学理论的学者,也很少交叉,各有语境。[①]要梳理传统实证主义应该扬弃的瑕疵,做出必要的修正,至少需要兼顾中西两大史学实践传统,同时还要区分根本问题与特殊问题。

传统实证主义历史学的根本问题之一,是在强调历史学家求取历史真实的目标时,没有同时对于历史学达到其目标的过程进行认识论层面的深入考究,因而在哲学家的审视下,显示出对历史学家能够达成其求真目标之信心的夸大和对历史研究主体与客体关系的割裂。传统实证主义并非不具备史料批判的意识,无论中西史学,都有辨析伪书的能力和成就,都有考据的手段,都有疑古的流派。这种史料批判的精神和方法,都以求真的宗旨为基础。因为求真,所以对文本可能含有编写者主观局限、意图产生警觉并做出查核的努力。实证主义者与后现代主义者的差别在于,前者因求真而做史料之批判,通过史料批判而求真;后者为证明史家求真之不可能而做史料批判,通过史料批判而论证史家与其求真不如求自我思想之艺术呈现。实证主义者的史料批判主要通过文献学意义上的考辨,因而结论总是具体的或信或疑;后现代主义者的史料批判则在语言本质和人类对未曾亲历往事的认知能力层面,结论却多是统一的无法确知。前者保持着对认识人类以往经验的追求;后者则把历史学转化为思想者的行为艺术。故如欲对两者进行中和,根基还在实证主义方面,后现代主义只能为针砭实证主义弊病的药石而非替代的方案。经过反思的新实证主义,需在认识论层面承认,即使文本为真,所记往事中依然经常渗透记述者的观念、意图,其迹象可在所记内容层面,也可在话语选择与建构层面。

传统实证主义所受诟病的另一问题是碎化而无思想。这种批评主要来

[①] 这种情况与近年学科分类变动中把中国史与世界史分作两个"一级学科",从而把史学理论分为中国史学理论与"世界"史学理论大有关系。此等作为全然不顾学理,贻害不浅。

自分析的历史哲学，而不是后现代主义。传统实证主义以类似自然界的概念理解历史，认定累积的片段最终可以组成整体的或完备的历史，与碎片化的研究之间存在一条通路，也实际上推演出了"剪刀加糨糊"式的琐细考察，不问整体，缺乏思想统摄的习惯。史家普遍如此，自然不可。但这一问题的弊端不需过分夸大。原因是，现代历史学是一种社会性的事业，即是有分工的。在此视角下，某些史家偏重具体问题，某些史家偏重以思想统摄，专家与通家互补，未必不可。柯林武德等批评者的心中，其实是以撰著鸿篇巨制的史家，类似英国历史学家爱德华·吉本（Edward Gibbon）者，作为正宗史家的，海登·怀特甚至把黑格尔等历史哲学家的构思与历史家的构思置于同一平面看待。然而在现代历史学中，史著通家与考据家、文献家皆有必要和空间。如果仅言史著通家，非如柯林武德所说有独到思想和洞察力及高超的语言艺术水平不能成其功；如言史学考据、文献家，则文献素养与逻辑分析能力最为根本。至于晚近中国史学界对历史学碎片化的担忧，虽与实证主义传统有关系，但更多是由于史学界对于"宏大叙事"的批判和中国史家对理论问题的规避，其实与欧洲学界所谈原委有别。

时或被与实证主义捆绑批评的"宏大叙事"渊源比实证主义更早，是被欧洲启蒙主义和思辨历史哲学推向顶峰的。实证主义历史学因为对于历史知识的客观主义理解，对历史学的宏大叙事没有批判的能力，并与之联姻。但历史学宏大叙事取向的弊端，其实不在历史学的实证取向方面，而在实证主义与启蒙主义和思辨历史哲学之间的复杂纠结。启蒙主义空前彻底地反省了人类历史经验中关于社会组织原则的观念，提出了人类社会合理性的原则，从而极大地推进了现代文明的发展。与此同时，也以绝对化的真理观影响了后来人类社会。黑格尔的历史哲学把绝对理性作为人类历史的目标，并主张历史学家以思想统摄一切，是这种思维倾向的巅峰体现。后来流行各国的各种形态的教条主义也是这种思维取径的表现，其余绪甚至可以在至今尚被很多人视为新思想的"历史终结"论中看到。在纯粹历史学意义上说，宏大叙事与碎片化初看是一个反悖，透视下去却在真理观层面合一。在这个层面，二者都构成实证主义历史学的缺陷。绝对化真理和绝对客观"历史事实"的观念结合,使得传统实证主义相信具体"客观"事实的一一解释最终可以达成统一宏阔的真理。没有这种信念,琐细事实考证、梳理的意义感就会消失。汲取各种相关反思中的合理要素,新实证主义历史学不避琐碎,即不小觑任何被研究者认定为有意义的具体事实的研究,亦不苛求历史研究当下之"有用"性,同时欣赏符合证据与逻辑基准的通贯研究。在基准以上的层面,新实证主义历史学主张对任何被视为真理的言说保持反省力,不因任何理论否定事实或曲解证据,保持对"公认""共识"历史知识的开放心态。在这个意义上,新实证主义立足于批判性思维的基点上,而其批判的尺度,以证据为优先。历史研究要最大限度地靠近历史事实,就要接受证据的不断检验。共识可以因证据而被证伪,忘记的往事可以因证据而被记起;历史学家要不断地思考历史经验提供给人们的启示,但从不将某人、某时、某刻体认的启示视为绝对真理。至于"宏大叙事"中的"宏大"作为一种叙事方式本身,其实并无大病。历史学是有社会分工,有人钻研琐细,就需要有人综合。篇幅有限而覆盖广大的历史叙述不仅为历史知识普及所需,也是透视历史长时段演变所不能少。

民族国家本位和政治史中心也是评论者对广义实证主义史学批判的要点之一。这种取向在兰克本人的研究中已经充分表现,并成为对他进行反讽式批评的主要破绽之一,在中国现代史学中也曾是不言而喻的基本方式。然而,与其说这是实证主义展开的逻辑结果,不如说是启蒙主义本身多种深远社会影响之一。实证的逻辑并非必然导出民族国家本位来,也并非仅仅指向政治史,主要是实证主义历史学与民族国家兴起的时代同步性为实证主义历史学打上了那种印记。正因为如此,一旦人们对民族国家本位和政治史的局限有所认识,就可以将研究的问题意识扩展到更广泛的领域,而并不因此必须放弃实证历史研究的方法,也并不一定会陷入严重的心理纠结之中。民族国家本位的历史研究本身只是特定时代意识的反映。问题在于历史学家不能仅以民族国家为研究的视域单元,还要研究比民族国家更大范围的历史和更小单元的历史;不仅要研究国家单位必然带来的政治史,还要研究国家单位视野会忽视的下层民众生活、文化心理现象、超国家视域的区域乃至全球史。这种研究，其实也并非在人们批判了实证主义史学之后才出现。古希腊历史学家希罗多德的《历史》就已经有超国家的视野，而中国的地方志也是国家单位以下的地方历史，实证主义历史学盛行的时代，也不乏女性史之类研究。所以，非民族国家本位的历史和非政治中心的历史背后，虽有一些理论观念的进步，但并非基于一些人想象的那样重大的理论突破。

新实证主义应在传统实证主义坚持历史可认知性、尊重证据、求真务实的基础上，汲取19世纪后期以来多种反思论说中的合理要素，实现新的整合。历史学家必须承认存在历史事实，且其基本工作在于尽量澄清历史事实，包括单一事实、结构性事实、趋势性事实、弥漫状态的事实、心理事实和文化事实，等等。宏观与微观、从上到下及从下而上地审视历史，皆为历史研究应有之义。在无数以人类事务为对象的学术门类中，历史学的特质是依据证据尽量厘清已然之事，由此构成与其他学术的区别。在此基础上，历史学家当以晓畅、朴素的语言方式讲述往事，无须追求奇幻。历史学家需凭借思想组织其叙述，但不以牺牲已知的相关重要证据和史实为条件，不以理论操控证据和事实，也不因现实价值立场而故意忽视或曲解历史事实。证据与理论冲突时，证据说话；证据不足时，判断存疑。历史学家解释事实也以不违背证据为底线，不崇尚对证据的过度解释。历史学家永远致力于扩充其证据范围，从文本资料到记忆资料，从文字资料到声相资料，从地上资料到地下资料。凡有助于认知事实的学科、学说、技术皆可应用于历史学，但历史学不以融入其他学科为目标；跨学科研究常为历史研究带来新思路，但历史学并不追求在跨学科研究中失去自我。历史学家承认其工作不可避免地受到自己时代和个人复杂因素的影响，因而对影响历史认知的非证据性因素永远保持警觉，但并不因此而将历史学视为文学、哲学性的工作。

史以经世

新人本主义的"人—自然"观
——《当代中国的"人—自然"观》代序*

在人类文明史上,从来没有一个时代像今天这样,人与自然的关系成为所有人群密切关注的共同话题。原因简单而严峻,这就是,人类在这个生活日益紧密地相互关联的时代不约而同地意识到,人类作为一个整体正在陷入可能与自然关系失衡的危机。而且,这种状况是人类在过去几百年间逐渐习以为常的主流制度、观念、行为所造成的,它还在继续发展。关于这种危机的多重复杂的表现,已经有大量的调查、统计、研究加以说明,其一般情况已经成为公众的常识,这里无须详细讨论。编辑这本论文集的主要目的,是展现过去十几年来中国人文、社会科学界对于人与自然关系问题思考的维度和深度,以便继续探索者参考,并为通过进一步的转译介绍将这类思考展现给中国以外的思想者,以促进交流做出准备。

为了这样的目的,我们在20世纪90年代以来公开发表的大量人文、社会科学类中文期刊论文中选择出57篇文章,分四组编排:①关于人与自然关系的哲学伦理学思考;②文明生态视角下的"人—自然"观;③关于人与自然关系的宗教伦理学思考;④对中国传统"人—自然"观的再思考。这些文章大致可以展现当代中国思想学术界关于人与自然关系问题思考的

---

* 该书由东北师范大学出版社于2008年出版,此序言核心部分曾以《新人本主义的"人—自然"观——对当代文明基本处境的一种思考》为题载于《山东社会科学》2011年第5期。

话语方式、基本概念、话题指向，以及大致的分析理路和结论倾向。所缺少的，主要是自然科学家的相关讨论，这类论文必须要由具有专门自然科学资质的学者来选择，此处只能付诸阙如。

　　前述四组的分类，是在集中了数百篇论文后，按其内容归类而后自然形成的大致局面。它们之间有所交叉，某些文章是从多个视角进行讨论的，故现在的分组只反映大致的归类，但内容基本不出这四组题目所表示的范围之外。这可以约略地看出当代中国思想界对于人与自然关系思考的视域。这四组题目之下所选的论文数量比例也基本能够反映原发表同类问题研究论文的数量关系。就问题的性质来说，当代全球范围内关于人与自然关系的思考，重心毕竟在于追求一种新的普遍伦理观建构，因此相关的研究数量既多，而且所采取的姿态也是反思和建构性的，选文尽量兼顾这类研究思考的深度和广度。从宗教角度的思考，大致是印证性的，即所论多是各个宗教思想传统与当代正在逐渐形成的新的"人—自然"和谐观念的可融通性，差异列为其次，故其选文偏重着眼于展现各个宗教传统关于"人—自然"关系的观念大旨，呈现中国传统宗教包含丰富的人与自然同体共生观念，是当代探索新的人与自然关系时重要的文化、语汇、思想参照系。此类文章中，涉及"天人合一"等独成体系的话语、思维之内涵的讨论多有争鸣，选文略多，关于中国历史上各代思想家的思想中如何包含环境、生态意识之类的文章，选入比例则较少。选择这组文章时曾考虑到，在全球性的新的"人—自然"观念的建构中，中国思想者的群体特殊性毕竟在于深切地了解中国思想传统本身，而中国思想传统以不同于当代思维方式的概念、逻辑累积而成为一种博大精深的智慧，它与当代人类关于"人—自然"关系的思考深层对接，很可能会别开洞天。中国以外的许多学者和思想者现在都特别注意在人文、社会的研究中克服西方中心主义，注意更切实具体地把中国经验纳入思想过程，所以关于中国思想传统的诠释如果能更切实地关照当代哲学伦理学的前沿探索，就会看到很大的深化空间。至于第二组的设立，多少有一点特别的用意。该组论文中有的包含自然科学意义上的生态学的一些分析——虽然仍然是从人文的角度着眼为主而不是纯粹科学式的,还有的从历史和文明的角度来展开讨论。它们大体上都是以某种意义上整体考量的方式,而不是分析的方式,来思考生态和人类社会问题的。人与自然的关系是需要从科学、哲学、历史学等学科角度共同探讨的话题,并非仅仅属于哲学和科学,而迄今为止,历史学在这个领域的思考基本是经验例证梳理或者印证式的。司马迁以"究天人之际"与"通古今之变"并为史家之能事,当代史家何以不能?"天人之际"的问题,其实不是单一文化经验能够回答的问题,是整个人类的问题。今人如能用批判的眼光看待文明史,用积极的态度对待生态史或者环境史,当能在思想的进取性方面不多落后于哲学。

  文集中的这些文章关注共同的主题,由多个学科的学者在过去十几年中相继完成,是这些学者各自贡献于当代思想和当代社会的心血。在这些文章已经发表之后将它们汇聚成集,只是为了展现单独的论文难以表现出来的群体和趋势性思潮特征,并通过对这种趋势性思潮的研读来品味当代中国思想的特色,既无掠美之意,也非自居通家。所以,在编辑成集的过程中,对各篇文章,只做文字和规范方面的统一、补充和歧义处的校对,未加任何内容方面的修改,即使前述的分组而列,亦不得不谢以冒昧。如此,则这本论文集展现的是关于共同关注问题的争鸣,而非一家的定论,正因为如此,它应该能够激发一些进一步的思考。同时,如果仔细揣摩这本论文集所收的文章,除了共同的总问题指向之外,还可以从总体思想趋势意义上看到一种可以姑且名之为"新人本主义"的"人—自然"观的约略气象。借助编辑之便,对这种在争鸣中略为凸显的倾向加以梳理,并进一步做必要的阐发,当可以使这本论文集超过汇编文献、提供信息的用途,而整体地接近于一种行进中的求索。

  当代关于人与自然关系的研究基本都是参照生态环境破坏的实际而针对主导了现代社会的西方启蒙时代兴起的人文主义价值观的反省,在很大程度上表现为对传统人文主义的批评。因为关注的主要是生态问题和环境问题,所以批评也主要指向人文主义在安顿人与自然关系时采用的"人类中心主义"。人类中心主义并不一般地否认自然价值,唯因人类是其价值推论的前提和绝对基点,自然价值便被表述为工具性的、依赖其对于人类的有用性而获得的、由人来判定的价值属性。这种价值观伴随着西方从神权观念统治下的思想解放,滋养了理性主义、科学进取和发展主义的文化精神。现代社会的诸多有目共睹的成就与这种价值观有内在的牵连。但是它有两方面的基本问题。

第一,人类中心不是一个经验的事实而是一种先验的判定。我们并不曾拥有任何证据表明人类是宇宙、自然、世界——任何表示整体意义上的客观实在概念——的中心,甚至没有证据表明人类是地球的中心,而人类的确支配了地球上所有的生物这一事实所表明的只是大约6000年的人类文明历史时期逐渐显现的现象。我们没有证据说明这是地球生物世界的本质和永恒属性。是人类中的一部分人自己判定了人类是中心,并从自己作为中心的预设基点上推导出用来说明和理解自己生存的价值体系。

第二,人类中心主义和所有其他用普遍法则形态表述的"主义"一样,其内容是具体的,其实践作用是历史的,即我们现在所讨论的人类中心主义其实只是在某个特定时期和语境下形成,并在某种特定条件下发生作用的一种理论主张。它包含属于历史的一些非普遍的内涵,并与一些具体的历史经验发生契合关系,如与西方中心、男性主导、科学主义、技术理性主义、消费主义纠缠等。因而,一些历史性的实践问题就会显现为人类中心主义本身的问题。人类中心主义最初得到表述的时候,我们现在看到的许多问题并没有构成问题;历史地与人类中心主义有关系的那些环境、生态、社会问题不一定是人类中心主义自己造成的。

第一个问题不存在化解的理路。实在意义上的"中心"如果存在,只可能在遥远的未来由科学来确定,但这种可能性十分遥远而使得任何其他推测都没有意义,而且可能根本没有"中心"。伦理价值的"中心"只是一种特定思想路径,它必定是以构建该种伦理价值体系的主体为出发点的。也就是说,任何人的价值判定都实际上以人为出发点,即使是关于自然价值主体性、动物权利、生态价值主体性等主张,也都是通过人类的"推己及人"的类比思维方式、依据人的已有的价值意识推演出来的，所以还是人本的。人没有资质为人以外的存在确立价值取向，即使有的时候这种做法看上去十分善良，它却比起人类确定自己是"中心"更具有先验和预设的性质。以推己及人的方式对待在生物属性上与人类似的存在，可以满足人类的生存体验，养育逐渐博大的类属认同，而且在许多情况下是对人有实际益处或者无害的，所以这种价值取向具有善和明智的属性；即使如此，它的内涵还是构建的，不是发现的。

  第二个问题可能存在化解的途径。因为，人类的所有理论都在具体的历史经验状态下形成，并为后来的经验所挑战，离开初创的实践经历愈长远，演化为思想参考的资源而不再成为直接现实性的指导观念的程度愈增加，只有宗教显示出较大程度的但也并非根本性的例外。但人类并不轻易地完全抛弃任何一种曾经发生巨大实践指导功用的思想，如果承认过去几百年间人类取得的成就与此一历史时期人类的"人—自然"观有关，那么，我们就不能干脆地判定"人类中心主义"是一种迷失，而宁可暂且把它看作一种随着历史经验的增长和处境的变迁而需要反省、修正的思想资源。依托近代启蒙思想而清晰起来的人类中心主义的"人—自然"观在当代人类处境衬托下显示出来的弊端在很大程度上是它的意识形态化，即在生活实践中的不假思索的绝对原则化导致的，同时也有许多弊端是人类中心主义合乎逻辑的推演结果。问题是，即使人类中心主义显示出了大量的弊端，如果必须在人类中心主义和自然中心主义之间做唯一的选择，人类最终还是会选择前者。这首先是因为人无法取消对自己的价值认同，子非鱼，何以为鱼言其苦乐？更重要的是，无论人们呼吁保护自然、不要破坏自然的声音多么急切，人实在并不能毁坏自然，人能够毁坏的只是自己的生存环境，人能够保护的也不过是自己的生存环境，而环境这个词本身就是人类中心的。设想人类中的某些能力巨大的人哪一天忽然发疯而把地球炸毁，人类当然毁灭，自然却只是发生了一些物理位移，比起宇宙爆炸、恒星熄灭，根本无关乎其存在之痛痒。人关心自然的话语背后难道不是关心自己吗？而且，归根结底，人类关于"自然"作为一种存在究竟是什么所知还太少，还不足以判定它是"中心"。如果像现在绝大多数人的话语所体现的那样，"自然"表示实在的一切之总和，那么它就绝不是"中心"，而是"整体"了。

走出这种艰窘境地的出路是，放弃"中心论"，这正如在历史学中不仅要放弃欧洲中心论，也要防止亚洲中心论，因为地球是圆的，盛衰是推移的。如前所说，判定"中心"的结论本来并无事实和经验依据，它是先验的，很可能是用演绎逻辑建构理论的思维取向不期然而然地造就出来的。中国古代的"人—自然"观不追求"中心"的判定，这并不说明中国古代的整体融通领悟的方式更高明——因为它缺乏走向分析和实验科学的通路——但说明不取"中心"论也能建构起"人—自然"观。这本论文集中有好几篇指出了东西方古代哲学中的非中心化、非决定论，或者整体主义的"人—自然"观建构，它们都为非中心主义的"人—自然"观提供思想资源。在放弃"中心论"思维方式的前提下，要保持伦理价值的"人性"，最切近的选择——所有价值论都具有选择性——是建构一种新人本主义的人—自然观。

从人类中心主义到人本主义，发生的并不仅仅是文字规避的游戏。这种用语方式最重要的意义是从语言符号意义上直接扬弃了把人类看作绝对"中心"的假定，扬弃了那种理论如果不是在所有哲学家那里至少是向普通公众传达的人为宇宙目的的暗示。同时，人本主义的人—自然观又显然护持着价值观的属人的本质，因而保持了"文明"的意义，而不是通过把人与至少在心智和感知发达程度上低于人的生物甚至环境本身等同起来而否定文明经历的价值。如果否定文明的价值，人类又为什么为保护环境和维持人与自然的和谐而忧心忡忡呢？

人本主义本身是一个由来已久的听上去有些陈旧的概念，除了宗教神学占据绝对统治地位的时代和地方以外，都有人本主义精神的雨露，无论是东方、西方，还是南方。因而它蕴含着古老普遍而自然的智慧。旧人本主义为等级的、神统的、拜物的观念和制度所干扰，并不能完全落实对人的平等完全的尊重。虽然在不同文明处境下以不同方式保持了人的一般价值地位，但缺乏对于人—自然关系的明确、明智的阐述，也不能落实人与自然的合理关系。新人本主义除了坚持平等、人文的传统以外，需要表明关于"人—自然"关系的修正立场。这种立场的陈述在主要意义上应该从特别切近地关照人与自然关系的角度重新界定人开始。在这样做的时候，它其实可以在人类中心主义与自然中心主义两极之间的许多当代思想探索中汲取基本要素。试陈其要点如下。

人不是自然的统治者，也不是宇宙的中心和目的，人是自然的一部分和一种自然现象；人需要以敬谨感恩的心态善待自然，因为人本是由自然养育的，也因为人在自然中十分渺小；人的延续的生存活动把自然界中最贴近人的一部分变成了对于人说来的"环境"，人不能不依赖环境，所以人不能把环境当作人本身，不能把环境当作"花瓶"只摆着看而不加利用，因为那样的话人就无法生存，但人可以直接利用的环境是有限的，如果在人的能力不能使环境扩展的时候对传统的环境利用过度，就会使人陷入资源匮乏和环境条件失序的境况，从而危及人的存在；环境是可以培养和应该尽量保护的；人干预自然过程的创造力有无限的潜能，但必须非常谨慎地把握这种创造力，不能轻易地改变自然状态，自然远比人类伟大，改变自然状态需要极度谨慎，因应自然是最明智的；人应该不休止地探索自然，合理地利用自然，但在根本上说征服自然却是狂妄和危险的；人的生存条件最为复杂，因而最为脆弱，自然本身拥有毁灭人的无数手段，避免把那些手段发动起来；多样性是生命的源泉，生态世界的任何一种生命都应该得到保护；越是接近于人类的生命形态，越应该得到人类的善待。

那么，为什么不径直地接受人与自然二元论或者生态主义的价值观呢？因为人与自然二元论如果被当作一种关于客观实在的解释，就一定是一种幻觉——稍微冷静一下就知道。在实在世界中，人与自然根本不相匹敌；而由于这样的事实，价值设定意义上的人与自然二元论如果不通过人类中心主义的催化就无法表述出来。生态主义价值观的论证，常从矫枉出发，现实问题的严重性总是构成对于先前价值观加以改造之必要性的支撑，但这种必要性为什么合乎逻辑地导向生态主义而非任何其他观念体系，却没有经过彻底的说明，而且忽略了大量反证。我们没有充分的理由判定生态本身是恒定的或者是"和谐"的，也没有充分理由判定自然是在总体上倾向于生命现象的。在自然界生存便随时受到自然的哺育恩惠，但获得这种恩惠从来都是一种斗争。人们现在多看到工业对环境和资源的改变，但农业也改变自然。以往的问题是曾经把斗争看得过于浪漫，崇尚斗争，现在应该更明确地意识到人是有局限的，但如逆水行舟。人类没有可能退出会改变自然环境的生存斗争，只是不要以改变自然为能事，不要在并不知道其长期后果的情况下贸然改变事物的自然状态，不要伤害自然生态本身的运行法则。把今日状态的人交还给自然，未必能够确保人的长存。冰河时代曾经来临过，未必一去不复返；无数生命物种曾在自然生态系统中灭绝，故自然能生万物也能死万物，未必有好生之德。人存在于一个生态世界之中，就已经属于这个生态世界，想逃也逃不出去，问题是如何体悟人类对于环境的依存关系，从而使自己的行为更明智，却不必把自己同生态环境中的其他存在等同看待。如前所说，人关心自然、环境、生态，毕竟是由于关心自己，或者说是由于自己良知的推衍。在关心生态环境的极其富有实践和精神价值的道路上走到无我，其实是规避了问题的本质，人类表述出来的伦理中，还是要以人为本。人要与自然界和谐相处，恢复对自然的敬畏，谨慎但又要积极地探索自然。但自从人站立起来行走，就不能真正"回归"自然了。

  以"自然共同体"为伦理基础的问题与前者相似。人类和广义的自然界不相匹敌，所以把人与广义大自然看作一个"共同体"是过分高置了人的地位，人只是大自然之中的一种微小存在或者现象。狭义的自然界，如"大地"，或者"生态"被视为价值主体，归根结底是因为人自己和它的关系，人类不去涉及月球伦理、火星伦理；"大地伦理学"的许多关键性的论证是通过大地生态现象与人的相似性和关联性做出的，其关注目标也还是人类命运。存在主义为当代新的人—自然伦理建构提供了深层的分析要素，其敬畏生命等主张也都是新人本主义人—自然观必须汲取的。但是，诸如

"所有的存在都有价值"这样的陈述,并没有证明所有的存在都有等同的价值,生命存在和无生命存在的价值不是相同的,否则一切价值论就都失去了意义,人的存在与非人的存在也不是等价的,否则人性作为价值就和兽性没有区别。真的那样,人类就受到了自己的威胁,至少,人类思维要改变的深度和广度就远不止于建构一种新的生态伦理。人类能够经受得住那样的颠覆性观念变迁吗?人类在社会经历中已经体会过整体激烈变革的代价常是难以估量的,故在一切有可能的情况下采用局部改造、逐步调整之类的方式来改进社会,在人与自然的关系上,人类也须如此。从这样认识的角度看,关于人对环境负有道德责任的理论还没有说得足够通透。伦理学不能规定自然,只能规定人如何看待自然。至于自然价值是工具价值还是内在价值的问题,新人本主义人—自然观的回答是:都是。自然工具价值说在过去的几百年中显示出巨大的弊端,现在是所有新的"人—自然"观探索批评的对象,这是合理的。但是,在人本主义的基点看,问题主要在于不能只看到自然具有的工具性价值,即对于人类的有用性价值——它对于人是须臾不可离开的,因而其"有用性"是无法否定的——而且要看到自然本身也具有自己的价值。后者的第一个根据在于人与自然界从来没有脱离,人如果有价值,接近于人的其他存在必定具有价值。所以杀死一个人一定是罪恶,杀死与人共同生活的宠物是一种带来罪恶感的事情并在许多国家被认为有罪,屠宰工人虽不被认为是职业犯罪但也并不因为屠宰动物而享受赞美,伐木工人却可能被赞美,开辟公路的人一般都被看作是建设者,打死叮在身体上的蚊子带来快感,消灭病毒则甚至被看作是神圣的事情。自然的内在价值其实是随其与人的关联性的削弱而递减的,原因是,即使是自然的"内在"价值也是用人心来衡量的,人是其尺度,而人类属于灵长类动物,灵长类动物属于动物,动物属于生物,生物属于有机物,有机物属于物,物属于存在。第二个根据是围绕人类的那部分自然,本身具有生命特征和系统性,而这之所以成立为内在价值的根据,仍然在于其与人的类似性和关联性。那么,难道只有人才具有理性和道德吗?除非对理性别做定义,否则只有人才具有理性。其他动物有情感,也可能有思维，却谈不到理性，证明在于，人类的理性是随着文明的发育而逐渐形成的，并非与生俱来的，动物世界虽然有社会现象，却没有文明现象。高等动物都可能有自己的"道德"，如动物的父母对于其子女的哺育、佑护、教育，以及在失去子女时的悲哀等，都有道德的性质，但这种道德属性与人的道德有一种巨大的差别，人的道德是感觉的和反省的，动物的道德只是感觉的，不是反省的。承认动物的道德就产生一种认同，残害被认同的存在就是残害残害者自身。因此，人类保护动物的自觉不能仅仅停留在动物对人类有用的水平上，还要提升到"恶伤其类"的自然良知水平上。看到动物道德与人类道德的差异，就不会因为某些动物也有道德而将人与动物看作等同的道德主体。

  价值原点是预设的，预设是形而上学的，不是实证的，在原点基础上的展开才可能是逻辑的甚至是实证的。如美国环境伦理学家罗尔斯顿（H. Rolston）说价值就是"创造"，这就是一个预设，而不是证明，人们可以在生活中反复看到创造体现为价值，却永远也无法证明只有"创造"才是价值或者"创造"才是最根本的价值。价值既然是预设的，预设者就是尺度，所以凡由人提出的价值，都由人的尺度衡量出来，并由人的话语陈述出来。如有学者提出："不承认非人类存在的道德地位就无法成立一种环境伦理学"。信然如此，但这样来承认非人类存在的道德地位却是以"需要"为根据的预设，为满足需要而采取的行动是功利的，其所追求的目标却是超越的，这里包含内在的矛盾。

  各种环境或者自然中心主义的一个严重问题是无法合理地解说人的基本权利保障和人的尊严。人在基本价值体系中的地位，不仅关乎人与自然的关系，而且关乎人的界定和社会制度构建，人类不能在改善与自然关系的时候恶化自己内部的关系。新人本主义的人—自然观肯定人在存在世界中的根本地位，捍卫基本人权，同时强调人作为整体类属的价值主体角色，因此能进入人与环境关系的语境中来梳理问题。在这种语境中，人的权利主要是作为一个共同体的权利，人的行为的合乎伦理性主要在于符合作为整体的人类的道德诉求。要天理也要人欲，取两者之中道。因此，它要求个人不为自己的需求而损毁群体生存所需的环境；小群体不为自己的需求而牺牲人类总体的生存条件；现实生活的人不为自己的需求而断送子孙后代的生存条件；掌握生存资源即各种意义上的财富的人不去暴殄天物，不为虚荣而浪费资源，不以穷奢极欲争雄夸耀，崇尚俭朴生活；要求同一时代的人在关乎人类生存的所有问题上求同存异，尽一切可能寻求合作。同时，这种人类整体需求的优先性并不构成任何人和任何势力依靠强力支配、控制或者消灭人类中他者的理由，保护生态环境不能以复活人类内部的相互奴役为代价。人的欲望常出于天性，因而常常合理，但人欲没有穷尽，以往人对人的奴役也是人欲所致，近代以来人对环境的许多伤害也是人欲所致，故人欲不是天然合理，如果达到违背自然法则的程度，会受到惩罚，人需对自己的欲望有所警觉，节制而不伤天害理。

新人本主义的人—自然观承认人的创造力，承认科学对于人类生存的巨大价值，并不将所有环境问题归罪于科学，并且期待科学能够从技术的层面解决人类当下所面临的绝大多数生态环境资源问题。同时，它扬弃对于科学的迷思，不再把科学当作宗教，科学是可错的，哥白尼日心说属于科学但却是错误的，今天的许多科学陈述明天就可能被证明是错误的，但那时它们还是属于科学的范畴，科学不是真理的代名词。科学可以解决大量环境生态资源问题，也可以毁灭人类生存的条件。必须防止科学的滥用，必须用人类的自觉来把握科学，防止科学异化。

所有晚近的"人—自然"观念都同对"现代"的批判性反思有关，从新人本主义的"人—自然"观出发，"现代"的许多观念、制度、方式不是最明智的维持人与自然和谐关系的选择，而是由历史过程中的复杂处境造就的利弊兼具的状态，但它已经成为一种文化，成为当下人思考问题的基础，所以根本没有可能整体地加以否定，只能因势利导，调节改进。

现代社会的观念要素源远流长，但其作为一种生活方式是在工业化时代形成的。工业化高度发展的时代，人们强烈感受到了生态危机的压力，故无论工业化曾经为人类带来多少福祉，毕竟不能推卸其与当代人类生态困境的干系。这个问题一半是技术性的，即通过充分关照生态环境代价的各种手段来调整工业的技术构成，达到保护生态环境的目的；另一半是价值性的，即必须放弃以国内生产总值（GDP）之类缺乏人文内涵的尺度衡量发展的经济观、发展观和社会观，GDP 数字必须与生态环境代价和人文代价加减之后才可以成为一种有意义的价值量数。

伴随工业化而形成的资本主义体制曾经在长期意识形态化的话语环境中有截然正、负的两种理解，在民族国家意识固化的时代甚至成为国家属性的标签。于是人们习惯了对资本主义整体采用或整体消灭的思维，这妨碍了对于资本主义的分析性解读。"现代"社会，无论东方的还是西方的，无论是老牌的还是新兴的，无不含有大量资本主义，却又都不是只有资本主义。这说明，资本主义可能在一个共同体中与其他关系形态并存，因而它也必定可以在不颠覆既有社会总安排的情况下加以改造或者控御。资本主义这种由资本支配经济进而支配社会关系的形态有三个基本支撑体系：资本、工业、市场。它通过肯定所有人追求财富的欲望和权利而解放了生产力，但过度肯定私人财富占有的合理性而忽略对于私人追求财富行为设限的必要，因而既不能落实社会公平，也导致对于生态环境代价的漠然。它在通过工业创造财富的长期经历中，培养起把生态环境机体看作上天赋予捷足先登者的原料的观念，造成人类对全球资源的争夺——人类则在争夺中强化了群体利益自觉而淡化了人类同属的自觉。它通过日益全球一体化的市场体系，最大限度地利用世界发展的不平衡和区域差异，把工业产品变换为集中到资本握有者手中的通货，使所有的人日益依赖市场，从而日益脱离直接的自然体验、疏离自然价值，并通过日益复杂的技术、艺术、财经手段煽惑起消费主义的热情，"引诱"甚至"绑架"人们去消费未来，包括未来的生存条件。当代世界经济的许多重大问题是消费未来的文化倾向、制度安排、权谋活动造成的。资本主义的最大优势是它的自发性，即肯定人对财富和享受的欲望而使所有的个人有获得财富的可能性，由此使得经济创造力可以不完全依赖政治权力主体而由"看不见的手"生生不息地来运行，从而使不良政治对于经济生活的影响小于在其他体系下会达到的程度。它的最大弊端是其内在的道德失聪，它的话语体系中道德根本不是基本要素，所以从其发展的最初时代直至如今，它都是各个时期征服、掠夺、奴役、剥削、控制的主要原因。由于它的迄今为止仍然保有的经济有效性和历史惯性，当代人难以回避或者摆脱资本主义，但是必须遏制资本主义，必须继续马克思就已经开始的对资本主义制度、文化的批判，必须探索其他的可能性。这种思潮其实从来没有停止过，当代人与自然关系新思想的各种形态都从这一思潮传统中汲取了养分。新人本主义的"人—自然"观主张摒除把资本主义等同于现代社会的误解，探索把资本主义限制在一定领域的新的现代社会形态，克服在资本主义弥漫世界的过程中滋长起来的拜物主义文化，培育关照人类整体、群体、未来的，有所节制的，可持续发展的，环境友好的制度安排和文化环境。如果我们距离实现这样的安排与环境还很远，我们至少需要提醒自己，现存的"现代"社会并不是这样的一种体系。

　　新人本主义的"人—自然"观并不把以往人类的经历看作是荒唐的，不因为对于环境的关注而否认或者贬低以往人类文明的意义，也不认为上古时代"人—自然"混合的思维直接意味着圆通澄明的"人—自然"关系论。当代的环境保护观念有古老文明时代的思想资源来养育，但更重要的是，这种环境保护观念是在面对了现代生态问题的情境时才形成的，并且直接深入到价值、制度和生活实践的层面。这里应该注意到，吴国盛在《自然的发现》一文中所指出的一个关键性的问题："自然"在古典时代的主要欧洲语言中的更为原始的基本义项是"本质"，而不是今天通常指称的"自然界"。中国上古时代所说的"自然"也指"自己如此，不假外力"，"道法自然"中的"自然"原不是指自然界，是从形容词转义为名词的。"即使魏晋时期'自然'已有'自然物'之意，一个独立的、区别于制作物的自然物世界，对古代中国人而言，也是闻所未闻"。[①] 曹孟勤的《自然与自然界》一文也对古希腊指称"涌现"或"本性"的自然如何逐渐演变成近代以来的"自然界"或"自然物"，从而使人类从宇宙世界中抽身出来成为与自然

---

① 吴国盛：《自然的发现》《北京大学学报（哲学社会科学版）》2008年第2期，第65页。

对立的存在，进行了深入的考察。这两位学者提示我们，在回溯和评论古代"人—自然"思想传统的时候需要考察当时的语境。这就需要申明，这里陈述的新人本主义的"人—自然"观中的自然，仍旧相当于"自然界"，而不是指"本质"或者"自然而然"。这样做的着眼点是，当代全球范围内关于人与自然关系的焦虑，其实是由人与自然界，甚至是与更具体的"人类生存的自然环境"的关系紧张而发生的，不是由于对形而上学的"本质"的关注而发生的。新人本主义"人—自然"观肯定文明经历的价值，不主张简单地回归自然。文明其实就是在自然基础上创造人文状态的事情，它在自然许可的范围内组建、展现出原本只是作为因素包含于自然中但没有经过人的努力就不可能自行涌现出来的可能性。所以文明必然改变自然的表象，如城市决然不会自己出现，但其可能性全在自然之中，因而文明不是自然的对立物，而是自然展开自己的一种方式。文明的历程永远是对人性和人的心智能力的考验，人改变自然的程度超过自然许可的范围就会碰壁，而教训常常在人体验到成功之后才累积爆发，所以人需要远见、智慧和一些原则。在当下的语境中，特别应该指出的是，文明不能走入发展主义的轨道。发展本身不能成为一种不证自明的价值，对于发展，要总是考虑其代价，要永远追问其对于人类整体的含义。

虽然本集所收论文只是当代中国关于"人—自然"关系新探索中很小的一部分，但足以显示出这个时代中国思想者深切的人文情怀、严谨的学术素养和宽广的学术视野。这里探讨的大量问题触及当代思想逐步展开的嬗变迹象，也关乎人类在当下需要做出的许多重大抉择的取向。所有关心这些事情的人们都会在阅读这些文章中有所收获。归根结底，这些学者在专门领域所展开的深度讨究必须由读者的亲自阅读来体悟和评价，过多的介绍恐将导致简化作者的主张。最后的说明是，新人本主义的"人—自然"观的粗略勾画是在阅读了本集论文的几十位作者的研究成果而后，揣摩推敲，然后做出的。所以，无论上述说法得失如何，无论各位作者的观点在这篇序言中以哪种方式得到参考，本集所收的文章是滋生这篇序言的母液。

感谢这些学者慨然支持本论文集的编辑出版，感谢他们贡献给当代人类的杰出的思想探索。至于序言中的舛误，由序作者本人负责。

查理·梅耶人类进步基金会长期资助全球范围内关于环境保护、伦理建设、社会公正的研究与实践，本集得到该基金会的资助才得以出版。通过与该基金会的合作，我们有可能将本集以合适的方式介绍给中国以外的学者、思想者和其他生活着的人们，但无论是否能够实现，也请视为自然。

责任文化的苏醒
——《当代中国思想探索中的"责任"观》*代序言

大抵自 20 世纪 90 年代以来，国内学术界各个专业领域乃至社会新闻领域，逐渐出现了一个以"责任"概念为核心的探讨潮流。至于近年，这种探讨已经累积成为一个庞大的文献系统。这本文集分类收录了 57 篇文章，是在大约 600 篇公开发表的相关期刊论文中选择出来的，其目的是反映当代中国"责任"问题研究所涉及的基本学术领域、思考的维度、探索的深度、现实社会问题关照的指向，以及这种探讨与国际思想话语环境的关系。这种普查选编的方式，有便于思想者和学术研究者跨越学科分界的畛域，从更普遍的意义上看到从各种视角对责任问题进行探讨的深度共性和可互补性，从而可能将对这一话题的讨论推向更深的层次。为此，文章的选择，尽量兼顾研究视角的代表性、学术和思想深度、动态信息价值。不过，篇幅限制而拟定的上述选编思路，使得许多优秀的论文由于所出发的视角、覆盖的领域发表的文章较多，不能尽皆选入；还有个别文章，主要由于反映某一特定视角探索的动态面貌而选入，研究的内容则尚可进一步深入。[①]

---

* 该书由东北师范大学出版社于 2010 年出版。

① 《当代中国思想探索中的"责任"观》一书编辑过程中，尽量保持原文面貌，不做内容上的修改，但统一了小标题书写和注释的体例，补充了原文注释中缺失的一些义项，对一些引文、注释做了核对，改正了原行文中少量错字，删除了极个别表意不清、引文查无出处且与全文主旨关系不大的句、段。此外，全书的英文目录是根据各篇论文的中文标题重新翻译的，并未采用原发刊物英文提要所译文字。

读者翻开这部论文集,会马上感觉到当代中国有关责任问题所做探讨的学术、思想和现实参考价值的分量。这些文章覆盖了以下 10 个领域的探讨:①责任伦理的基本视域,主要回答当代世界性的责任伦理讨论的思想基点和现实需求。②西方责任伦理诸流派,对当代西方主要责任伦理研究的思想学术谱系加以追溯和评价。③儒家传统与责任伦理,从中国文化传统和儒家思想的视角考察当代责任伦理再思考的学理和现实相关性。④经济伦理视野中的责任,对现代经济社会行为的社会责任进行跨伦理、法律、社会角度的追问。⑤"社会责任"与"政府责任",考察作为现代社会公共权力强势握有者的各类政府对于公共社会所负责任的性质、制度框架和伦理基础。⑥环境保护和可持续发展视野中的"责任",讨论个人、国家、国际组织关于人类共同生存环境的责任意识。⑦社会问题对策中的"责任",参照当代中国社会快速发展、社会生态快速变动的现实探讨社会生活中的责任伦理和责任归属问题。⑧科技伦理视野中的"责任",反思科学技术进步所触发的人类责任观念。⑨国际关系视野中的"责任",讨论民族国家在国际社会所担负责任的意识。⑩学术责任,反思学者因其职业而需要思考的特殊责任。这 10 个领域的分类,大体反映出当代中国责任伦理反思的向度,其中既涉及伦理学的学理追问、中外学术思想的交叉互动、当代人类面临的新处境,更直接触及当下中国特有社会问题的应对等等。责任,显然不仅是一个学究书斋里的话题,而且还是一个当代人类需要梳理清楚的具有直接现实性的根本性问题。

人类文明史上的不同文化传统中,都有内涵接近但又不尽相同的表达"责任"意识的语汇。这类语汇在现代化的世界性潮流中沉浮,从来也没有被遗忘,但它们如果与自由、权利、独立、民主、科学、平等、利益等主流语汇相比,却是边缘化的。至少,责任并没有在现代化发展过程中与前述的几种主流语汇一起作为现代社会的基本思想价值特征而凸显起来,而是作为从属、衍生或者工具性的价值而存在。这正是近半个世纪以来关于责任的研究在世界范围内引起极大关注的基本背景。

"现代社会"为什么对于责任会相对淡漠呢?所谓现代社会无非就是晚

近的、当下的社会，将来的人们还会把自己时代的社会称为"现代社会"。不过，语汇的内涵有历史和经验的介入，我们这个时代的人们在使用"现代"这个语汇的时候，是把当下的社会与先前的社会在特质意义上加以区分的。在这种语境中，"现代"不仅是一个线性推移的相对时间段概念，而且是一个属性概念，这种属性就是"现代性"（modernity）。现代性的基本内涵——无论是明晰定义的还是朦胧认同的——都是参照工业资本主义世界性发展的历史经验而形成的。也就是说，从历史经验的实际而言，现代社会的基本特征是欧洲主导的近400年的世界历史所塑造的。因此，责任意识的淡漠，与现代社会演进的经历有内在的关联。近400年世界现代化过程最突出的特点是发展和进步。推动这种发展和进步的主要因素是科学发现、技术进步、工业革命、世界市场、民主政治、世俗文化和社会自由。这些相关的文明现象在一个不太长的时间段中相互推动，形成了人类社会不断有所进步的事实，同时也塑造了自由竞争的意识形态。这种自由竞争意识形态的基本逻辑是从个人的充分自由和权利保障推演出集体、社会、人类世界的合理性，因而个人权利和自由竞争就成了现代精神的集中体现。相比之下，以对他者所承担的义务为核心的责任作为一种价值的意义，就相形失色了。这时责任当然没有从话语和制度体系中消失，在有些领域中——如法律领域——还要比先前的时代更为凸显，但是这时的责任主要从属于个人的集团归属认同，因而是高度具体化的，责任的普世伦理价值则是浅淡的。相比之下，以往时代的一些伟大的哲人，则在其人生中践行了更为深沉的普遍责任意识，如孔子的汲汲救世，范仲淹的先天下之忧，佛的慈悲为怀、普度众生，等等。

　　责任作为一种文化价值在现代社会的浅淡带来了许多后果。其中，最突出的就是对于环境的忽略。环境之所以会在整个现代化的过程中被忽略，部分上由于对自然资源有限性认识的滞后，部分上是因为环境的归属常常是不具体的。领土一旦划定归属，拥有领土的人群就把捍卫领土当作自己的神圣责任——这其实是对自己所属共同体利益的责任意识。大气层从来不曾被划分归属，对大气层的责任就被相互推诿——这反衬出现代社会的责任意识其实已经被利己主义和功利主义的逻辑严重扭曲。责任意识浅淡后果的另一个晚近的事例是我们至今还没有彻底摆脱其阴影的最近一次国际金融危机（2007—2008年金融危机）。无论这次金融危机背后隐藏着多少难以理析的因果关系，整个现代国际金融体系本身缺乏对于世界的责任担当和责任保障机制是肯定的，而之所以如此，是因为这个体系是服从于市场逻辑——也就是自由竞争和谋取个人和集团利益的逻辑的。虽然市场是一种有活力而且必要的体系，但是国际市场没有责任主体，因而对任何结果都不承担责任。人们在具体情景下似乎是"自愿"地参与到市场体系中，所以要自己对后果负责，但是在市场体系覆盖了整个人类社会的情况下，难道个人有可能不卷入这个体系吗？迄今对于金融危机的问责其实只限于民族国家和公司实体从自身利益出发而对个别人的一些具体行为的追究，受到巨大伤害甚至故意伤害的遍布全球的普通人却没有问责的对象。只要人类仍然对市场机制的责任机制缺失熟视无睹，这样的金融危机就还会发生——这反映的深层问题是，责任价值边缘化了的现代思维对市场经济只有无可奈何地去承受甚至崇拜，缺乏克制市场经济缺陷的内在欲望和探索的概念工具。这种情况难道真的没有任何可能加以改变，就是"现代人"的宿命吗？责任意识浅淡的另一个切近的后果是严重的信用败坏。以中国当下的学术信用败坏为例，在中国历史上，学者作为一种职业的信誉从来也没有遭到社会如此普遍的质疑，也从来没有同一个时代出现这样普遍密集的学术造假、剽窃行为。无论存在多少体制、社会氛围方面的原因，过于功利化的评价体系等问题毕竟还没有到强迫那些学者去造假、剽窃的地步。在同样的社会环境下，毕竟还有许多学者拒绝造假，所以这种现象毕竟是学者中大批人丧失责任自觉的表现。学者以求真为职业，学者不求真，社会诚信危机一定是非常严重的了。学者责任自觉的丧失绝不可能是学者群体自己的事情，而是一种更普遍意义上的文化性责任价值缺失状态的表现——这表明责任自觉并不可能单纯地依赖利益鼓励机制而建立起来。至于商业领域中的信用败坏甚至故意欺诈，本来不是晚近才出现的新鲜事物，但问题是，这种现象并没有随着现代化的进程而减少，反而有泛滥的迹象。人们自然而然地希望法制可以遏制这种现象，但是如果人们普遍缺乏责任自觉，法律就会因为面对太多的需要究治的人而变得无能为力。

这样的事例不胜枚举，它们都表明，责任价值的边缘化是现代社会的人们面临的许多重大问题的深层根源之一。这种深层根源并不仅仅是由于某些个别因素的不足，而且是一种文化缺陷；它不是个别社会的问题，而是整个现代社会的问题。正是由于在全世界范围内都存在责任价值缺失的问题，对于责任的思考才终于成为当下世界性和时代性的话题。这种思潮的意义，在于调适400年来的现代化历程逐渐沉积从而恶化起来的价值意识失衡。

在20世纪以来的中国，"责任"这个语汇一直是大量使用的。但是，作为一般伦理概念的责任之终极意义及其与社会体制关系的追问，却从来没有彻底地清晰起来，这时的"责任"是个一般词汇，而非内在的文化精神。而且，近年特别地运用了经济利益驱动机制来推进经济发展和技术进步，责任更密切地与利益关联，形成利益衍生责任，无直接利益就无责任的意识倾向，这就进一步抵消了责任价值的超越取向。于是我们会看到大量这样的情形：掌握公共权力、资源的人，在履行自己的公职责任时，还要附加上私人、小团体利益条件，从而在公共事务流程中掺进私人关系机制，"公"的价值从公共关系中蒸发，沉淀下来的都是私利。关于这个问题，应该特别注意本集中贺来先生的《现代人的价值处境与"责任伦理"的自觉》一文。该文指出："随着市场经济的发展，'物化'的逻辑不可避免地侵入人们之间的社会关系与个体、群体的心性结构，并对人们的价值观念产生深远的影响。在这样一个时代，人们究竟应该如何进行价值判断和价值选择？生命个体如何为自己的生活意义寻求阐释和决断？这已越来越成为人文学者乃至普通人关心的重大问题。"要回答这些问题，需要切实澄清现代社会和现代人所面临的特殊的"价值处境"。他认为，现代社会与传统社会的根本区别在于"理性化"和"理性化"导致的"世界的祛魅"。这两点在很大程度上塑造了现代社会的面貌，支配了现代人的生存品性。这种所谓"理性"指的是"工具理性"而非"价值理性"，意为"将特定目的、为达成特定目的所采取的可能手段、这种手段可能产生的结果等都一一纳入考虑和计算的态度,为了达到某种实际的经验性的目标而寻求和选择最有效手段,是其关注的中心"。在现代性展开的历程中,工具理性逐渐远离、遮蔽、消解和否定了价值理性,"效率"成为任何事物唯一的价值标准。"工具理性"的全面统治与"价值理性"的消退带来的后果是意义的消解,人生价值和目的这类"超验"的问题,由于不具有"工具"的意义而变成"非理性"的。贺来先生的结论是,解决现代人意义缺失感的出路就在于建立责任伦理的自觉。这篇文章的特殊意义是表明,意义感和责任价值的缺失并不是现代社会发展不充分带来的临时性问题,而是所谓现代社会的文化特质,因而它并不会随着现代化的推进而自然地消失,它需要无可避免地身处现代社会的人们做出主动的、新的努力来化解。当代中国思想界显然已经在做出这种努力。本集第一栏"责任伦理的基本视域"所收入的 5 篇文章,都具有尝试从基本概念意义上重新界定责任概念和责任伦理范畴的意义。这种工作是非常必要的。

无可否认,当代中国对于责任问题的深入思考受到近年西方责任伦理学思潮兴起,以及责任价值诉求为主旨的公民社会运动的影响。本集的"西方责任伦理诸流派"栏就收录了 10 篇介绍和评论当代西方责任伦理思潮的代表性文章,包括综述和专论。这组文章,有助于我们了解和梳理当代西方责任伦理探索的思想渊源、社会关注、文化语境、概念内涵和推论逻辑。这里还缺少的是一种对于责任伦理思潮与体现西方现代性主流思想关系的深入研究,期待今后学界会有这类文章发表。现代社会的大多基本结构和观念是从西方推演开的,随后具有了世界性,这是一个事实——正是因为这样,所以现代社会的演变不尽意味着进步,也包含大量的偏见和国际不公正。由于这个事实,进入了世界性现代化过程的社会、文化、人民共同体无法根本摆脱现代西方的一些基本思想的影响。对于现代社会的反思以及对于责任价值本身的探索就是这样。所以,正视和严肃地研究西方责任伦理各流派,是深化责任伦理思考的必要环节。可喜的是,近年来的中国学术思想界,已经罕有在评介西方思想的时候采取简单拿来主义方式的做法。

评史丛录

"儒家传统与责任伦理"栏的设立，本意在于梳理责任伦理这一话题在中国主流文化传统中的相关性。我们在选编过程中发现，虽然对于中国传统文化的研究涉及"责任"这一语汇的成果堪称丰厚，但是假定"责任"内涵不言自明者多，对"责任"内涵详明推究者少，所以收入文章数量不多。其中，特别应该注意陈来先生从儒家伦理视角对《世界伦理宣言》的评价文章，这是从儒家伦理本位角度对当代西方伦理改造运动的一次直接回应。这种回应提醒我们必须充分注意责任伦理的普世性诉求和当代世界文化传统差异性之间的复杂关系。

接下来的各组文章，是从不同的实践领域对责任问题的探讨，其中既涉及伦理问题，也涉及制度安排和策略问题。如果读者在阅读此前各组文章时还会有对于责任问题的研究是纯粹书斋里的话题甚至杞人忧天之事的印象，那么下面的各组就会将责任问题与当代中国的社会建设、民生处境、安邦立国联系到一起。

"经济伦理视野中的责任概念"一组9篇文章，以企业社会责任为中心，涉及国外企业伦理学兴起情况的介绍、企业社会责任的基本伦理问题、国际社会出现的SA8000[①]企业社会责任公约的解读、跨国公司社会责任界定、落实企业社会责任中的博弈关系，等等。这些都是当代中国经济和伦理学界共同集中探讨的话题。这表明，当中国的持续经济发展达到一般繁荣程度的时候，资本和资本关系促进经济发展的作用相对于资本力量影响社会生活的程度而言触发了普遍的焦虑，对于资本负载社会责任的要求从而凸现出来。经济发达国家先期遇到了这种情况，所以国内的相关思考，可将发达国家已有研究动态作为参照。企业社会责任或者企业伦理这类命题本身的合理性还在争议中，其间的基本问题是，企业是否构成道德主体？许多人在这个问题上把经济从社会中抽象出来看，主张企业以运用资本实现股东利益最大化为目标，因而是道德盲视的。但是谁也无法否认，市场经济时代，企业具有巨大的社会行为能力，其所有盈利行为都是针对社会的

---

① 即，社会道德责任标准。

行动,所有这种行动都造成后果,企业如果只对内部承担盈利的责任,不对其所由以盈利的社会承担责任,企业就成了真正意义上的社会掠夺者。这其实是马克思时代就提出的老问题,马克思曾经说过,"资本来到世间,就从毛孔里滴着血和肮脏的东西"。马克思虽然承认这是当时的一种事实,但是他却并不承认这种事实的永恒性。马克思以后,人类探索了各种革除或者弱化资本罪恶的途径,对于企业社会责任的诉求,也在这一探索的链条中。经济只是社会的一个面相,没有超社会的经济,构成社会共同体的所有单元,小到个人,大到政府和跨国公司,都通过参与社会共同体的运作而获得自己的权益,因而都有相应的责任。对企业做纯粹经济体的定义,从一开始就漠视了企业的社会本质。资本是一种社会关系,它从来不能独立地存在,从资本的非人属性推导出资本运作的非道德本质的逻辑,其实只是公开屈服于人的资本异化。企业为股东盈利、对员工提供报酬和对政府纳税主要只是企业作为经济体的基本功能,却不直接体现企业的社会责任,企业守法经营也不体现企业的社会责任,因为那是社会强制性的框架。伦理意义上的企业社会责任应是指企业就其所有行为对公共社会所造成的后果负责。比如,企业对其生产过程对环境造成的危害负有责任;企业对自己的产品在消费者正常使用情况下不造成健康危害及其他权益损害负有责任;企业对生产过程中保障劳动者人身安全负有责任;企业对劳工在企业运作中享有人权负有责任;企业对防止自身经济活动直接或者间接导致公共社会混乱负有责任,等等。至于这类责任中哪些需要通过制度、法规来强调并落实问责机制,哪些应该作为公共期待来做道义上的提倡,是另外的问题。企业承担社会责任不应当仅仅被当作企业战略问题来考虑,而应当被作为企业社会角色本质定义问题来考虑。资本和以资本运作为基础的企业在当代中国社会中已经成为巨大的强势存在,企业社会责任的冷静思考关系到中国社会能否与如何保持社会合理性问题,也关系到当代中国人价值精神的根本倾向与生存方式问题。

接下来的一组文章以"'社会责任'与'政府责任'"为标题,也收录了9篇文章,内容分为公民责任与政府责任两个相关的部分,思考的其实都是责任价值与公共社会治理的关系。所有生存于公共社会中的人都对共同体以及同一共同体内的他者负有责任。这种责任关系构成社会秩序的基础。同时，承担责任的方式与角色和所承担角色带来的权益相关。社会上的绝大多数人在公共生活领域以社会合法成员的角色对社会负有责任，这就是由公民构成的相对于政府的公民社会的责任。公共生活中履行公共权力的直接主体是政府，政府通过合法实施公共社会治理、推进公民福祉而履行其对于公民的责任。这些看法虽然都是在现代社会发展的早期就已经为人熟知，但是在东西方社会中都曾经被淡化。在西方社会，掩蔽公民责任意识的主要是自由主义。自由虽然并不与责任直接对立，但是在无限强调个人自由和市场自由的文化氛围中，责任文化的苍白和对于公共权力运作的缺乏效率性、不合理性问题的干预无力状况激发了对于公民责任的新思考。这是西方公民社会运动日益活跃，俨然成为当代公共领域一大崛起力量的基本背景。在这方面，中国的情形并非相同。中国的个人自由主义从来没有发展到西方社会中的那种地步，各种各样的群团主义在伦理语汇中长期占据上风地位。但是近年以来出现的情况是，在自由的价值没有彻底讨究的情况下，群团价值意识却发生了变异——以往的群团意识以大共同体即整个社会为基础，近年的群团意识却在很大程度上转移到以小利益集团为基础。这种情况下，公民个人对于社会的责任意识就变得扑朔迷离。所以西方与东方的语境虽然不同，却都在这个时代发生了对于公民责任问题的反省。公民责任还不限于作为公民这种共同身份所带来的责任，公民个体所从事的职业不同，各种合法职业都附有相应的责任和相应的禁忌，如歌唱演员不应当假唱，医生不应当卖假药，学者不应当剽窃等，这些其实都已经是当代中国各界广泛讨论的问题，许多行业也都自发地制定了行业公约，这是非常积极、理性的动向。当代中国关于政府责任的讨论是因应国家体制改革和公民社会建设等深刻变化的。在和平建设的时代，政府不仅要领导公民为实现共同体的长久目标持续努力，而且要服务于公民的社会需求，从而政府对于社会的责任就变得非常具体化、日常化，革命或危机时代用长久目标需要来取消对当下事务责任的做法就失去了合理性。

法制社会的形成，也要求更明晰地界定政府机关与经济实体、公民组织、公民个人之间的责、权、利关系。正如魏吉华在《试论"责任性权力"及其建构》一文中指出的那样，"随着我国法治进程的推进，权力在经历了漫长的迷途后，正在不断恢复曾经被掩盖的本来面目，正在积极回归一度失却的真实位置"，正在形成一种契合现代法治国家需要的崭新权力范式——"责任性权力"。没有无责任的权力，有多大的权力，就有多大的责任。在配置任何权力时，都必须为其预设相应的责任。责任需要监督，不履行责任需要追究。政府只有在保障社会利益，即履行其责任时才是合法的。公民责任与政府责任并不能相互替代，关于两种责任关系的探讨还有待深入。这里其实还有一个问题需要深入探讨，就是自由与责任的关系。人们不会责备一个被绑架的人或者瘫痪的人没有履行养家糊口的责任，自由意志和自由权益是履行责任的前提，所以，要建设责任文化，就要维护自由。但是同时，自由并不直接导致负责任的行为，享有自由的人可能做出不负责任的事情——历史上的暴君享有的自由可能超过其他人。这样，如何在保障个人自由与通过公共权力一定程度地制约个人行为，从而保障公共道德秩序之间形成一种适度的关系，即责任意识与公共制度之间的关系，就成为非常复杂的问题。

如前所述，由于此前已经专门编辑出版了以人与自然关系为主题的文集，"环境保护和可持续发展视野中的责任"一组此次只收录了3篇文章，以展现在责任探讨语境中环境问题的相关性。同时，此集所收入的3篇文章偏重于国家对于国际环境的责任，这既是先前所出版的文集中所欠缺的，也是责任伦理复兴的特殊时代出发点之一。西方现代伦理学的逻辑，大致由个人为原点推导展开，依次及于他者、集体、社会、国家、人类。故而其涉及责任的时候，与个人愈切近者，阐述愈充分，与个人较远者，则愈是语焉不详。环境是人类直接生活于其中的最大的公共领域，所以对环境的责任到晚近时期才得到充分关注。也正因为如此，环境意识的觉醒——也是人类共同命运意识的觉醒，对先前的伦理学乃至社会理念具有更强的颠覆性。由于环境的非私属的性质，个人和小群团的环境责任意识和即使是

评 史 丛 录

最细小的环境保护行为，也具有"天下为公"的超越性的伦理价值。然而，由于同样的原因，环境责任需要大共同体——国家承担更多的责任。分散的个人行为，无论如何不足以导致阻止气候变暖的趋势，也不足以改变人类生存大量依赖高碳经济的现实。

"社会问题对策中的责任"一组中的5篇文章，针对当代中国的一些社会问题讨论责任伦理建构的意义和途径。这些问题包括全球化导致的个人社会存在状态、个人自我意识及相互影响能力与方式的改变，已经来临的老龄化社会的赡养责任，市场诚信危机背景下的消费者责任，以及网络虚拟社会触发的相关责任，等等。沈湘平指出：全球化深刻地改变了个人生存的时空框架，个人和企业的大量行为突破了国家的界限，整个世界都成为每个人活动的舞台，远距离、即时的人际交往方式日益顺畅起来，"个人成为世界性的、普遍的个人，在世界的意义上获得了自己的独立性与自由"。个人影响世界的能力扩大，个人被没有直接关系的他者行为影响的可能也增加了。个体自由的扩大与丧失成为一种悖论式的现实。基于这种现实，个体主体层面的全球伦理，即"个体层面领悟人类生存状态后的类的责任意识"变得更为必要了。[1] 杨善华、贺常梅在对北京市老年人需求进行调查基础上提出，中国人"未富先老"，传统的家庭养老仍将是养老的基本方式之一。当代中国，尤其是在大城市中，"家庭养老的现实可能性则是建立在老年人对其下一代的'责任伦理'的基础上的"。[2] 周中之《论消费者的社会责任行动》触及一个人们多少忽略的问题，即在对商业、企业诚信败坏提出大量批评的同时，不应该忽略消费者自身的责任。这种责任除了自觉地依法监护自己作为消费者的权益之外，还包括监督商品和服务的"清白"，不为低价格而接受血汗工厂的产品，等等。[3]

---

[1] 沈湘萍：《全球化时代的个人自由、危机与责任》，载赵轶峰主编：《当代中国思想探索中的"责任"观（2001—2009）》，长春：东北师范大学出版社，2010年，第355—362页。

[2] 杨善华、贺常梅：《责任伦理与城市居民的家庭养老——以"北京市老年人需求调查"为例》，载赵轶峰主编：《当代中国思想探索中的"责任"观（2001—2009）》，第363—385页。

[3] 周中之：《论消费者的社会责任行动》，载赵轶峰主编：《当代中国思想探索中的"责任"观（2001—2009）》，第386—394页。

"科技伦理视野中的责任"收录 9 篇文章,所讨论的科技伦理是第二次世界大战以来日益突出的一个具有伦理学和社会观根本意义的话题。科学研究曾被认为是价值中立的,但是愈来愈多的事实表明,科学家研究的工作过程可能价值中立,也可能并不中立,如关于克隆人的研究从一开始就触及人类的根本价值观念。至于科学研究的成果如何运用于社会,则大量涉及价值问题。科学家没有理由彻底地无视研究成果的社会后果,如在参与美国研发核武器的"曼哈顿计划"的科学家中,很多人长期限于伦理困境。大量科学研究成果被运用到军事、政治竞争中,促使人类内部冲突的潜在和现实破坏性不断升级。科学家不仅是科学家,他们还是公民,还是与任何其他人一样的人,所以即使科学本身价值中立,还是不能合理地推导出科学家对于他们研究的东西不承担社会责任。还有一些科学研究,暂时看不到其是否可能导致对人类的伤害,但潜在的可能性却不能排除,如转基因植物食品对人类身体的长期影响尚不明确,然而却被大力推广。科学的快速发展在增进人类福祉的同时,增加了人类自身的破坏力和人类社会的风险性。在这种背景下,"科学家的社会责任"成为严峻的问题,科学家已经对其专业角色与社会道德义务之间的冲突展开了深入的思考,"对科学的社会后果的关注是科学家的伦理责任"成为一种强烈的呼声。对科学家社会责任的诉求不应也不会导致对科学的贬低,问题的核心是,人类要掌握科学,但不能被科学所左右。

近年来,中国学术界在繁荣起来的同时,学术腐败也达到触目惊心的地步,海内海外都对此给予了强烈关注。因而,当代中国关于学术责任的讨论既是责任文化兴起的表现,也是针对学术腐败而提出的解决意见。这里收入的几篇文章,限于在期刊论文中选出的一少部分,还有大量相关主题的文献是通过互联网、报纸、学位论文公布的。各种意义上的学术腐败古已有之,中外皆同,不足为怪,但是近年来中国包括大学在内的学术界所出现的腐败程度和普遍性是人类历史上从来没有出现过的。这既分外令人担忧,也促使人去思考是什么变化使得学术界在很短的时间内卷入了如此严重失范的漩涡。这种问题虽然复杂,但其基本范围无非出在制度安排和文化风气两个领域。制度安排中最突出的新变化也很明显，就是量化学术评价体系的推行。学术需要评价，但是这些年实际建立起来的学术评价是以行政管理机构为评价主体的，通过经济报酬和行政机关颁布的名誉来激励学者尽量快速地产出成果的体系。以市场经济加官僚主义的理念管理学术，是从根本上反学术的。所以，制度安排上的缺失，既不难认识，也不难克服，取消上述特征的学术评价体制，还学术评价于学术界本身，由学术评价而催化的学术腐败趋势就会延缓下来。学者安身立命的生存条件改善一些，邪念对于学者的诱惑力就小一些。然而文化风气既然已经变化，要扭转趋势却不容易。所谓文化风气指逐渐积淀而成为学术界普遍价值取向和行为方式的社会氛围。中国的学者与西方的学者在很多方面气质不同，西方的学者受更长时期的大学传统的熏陶，自由精神更强，中国的学者受科举制度的影响，庙堂之思更切，然而他们都是富有求真、求实、济世和探求新知精神的，抄袭、剽窃、造假、出卖功名从来都是为人不齿的。鸦片战争以后百年社会震荡，中国知识分子的道德意识不仅没有消泯，反而益发昂扬，社会压力未必一定导致学术责任意识的沦丧。"文化大革命"时期，知识分子人格遭受严重的政治扭曲，"文化大革命"结束后不久，尚没有完全调整恢复其被弱化了的天下关怀和自我尊重精神的知识分子，迅速遭遇经济结构的大改造，所有人的生存体验都与经济效益直接对应，知识分子便在很大程度上被经济现实主义席卷而去。与此同时，投机官场、商场、江湖中的人们看到了学术领域其实包含大量"经济资源"，于是他们便以自己的方式去开发，导致本来就心志游移的知识分子便随风飘远了。这个历程提醒我们，文化风气的流变是何等严峻的事情！从这个意义上说，当代中国的学术文化的风气很难由学者们自身的净化来扭转，它必与社会文化风气的改善而一起改善。不过，学者既然身处这种文化流变的中心，又不断地在那里启发别人的心智，认真思考自身的社会角色，自身的独立价值，承担自律的责任，更是应有之义。这一组中收入的文章，主要不是在讨论如何克制学术腐败的问题，而是在讨论大学学者的自我意识和社会定位，后者是前者的基础。

"国际关系视野中的责任"一栏收录两篇文章，讨论当代国际关系领域出现的"中国责任"论。其中一篇重点在于分析国外人士提出的"中国责任论"的背景、含义；另一篇讨论中国在快速发展的情况下如何承担对国际社会的责任。从这两篇文章中可以看出，国际关系语境中的"责任"并不是伦理中心的，关于责任问题的研究有不同的视角。

作为附录，本集最后收入本序作者在 2007 年所写的关于 2000—2007 年中国学界有关责任问题研究的一篇综述。其中所提到的一些文章，收入本集之中，还提及多篇博士、硕士学位论文，此集无法收录，故有独立参考价值。

重建责任伦理是面对实践中遇到的临时问题而做出的多少有些夸大的反应，还是对现代人类社会处境的一种更本质性的、深层的审视的结果？责任伦理在何种意义上是普世的，在何种意义上是与文化特质相应的？普世性的责任伦理是可能的吗？对于责任伦理的反思，会在哪些维度挑战我们关于生存、社会关系、价值体系、信仰、国际秩序的现有意识？无论关于这类问题的答案如何，可以肯定的是，"责任"不是一个简单的词汇或者概念，而是一个需要认真思考的问题。

感谢本集所收录文章的作者们慨然允许在此汇集他们杰出的思想成果，感谢查理·梅耶人类进步基金会为本集的编辑出版提供资金，感谢东北师范大学出版社贾国祥社长一直支持《亚洲文化研究丛刊》的出版。东北师范大学亚洲文明研究院研究生陈玉芳为协助选编本论文集付出了大量的时间和精力，在此一并致以谢意。此集所收论文及本序，作于不同时间，虽然都以责任问题为核心，但视角和观点都有各自的特点，故当申明，文责自负。

文明时代的困惑与追求

——《当代文明的困惑与追求——解读〈人类责任宪章〉》*序

人们有时把历史比作河流，感叹它的浩荡汹涌，曲折婉转，不止不息。然而河流有它从源头到终点的床道，虽然偶尔泛滥横行，却在大多数时候重复着自己的轨迹。人类从自己的往日走来，每一天都是前所未有，每一步都踩出新鲜的脚印。人们可以根据对过去的记忆和思索，推测和设想前边的处境与道路，但现成的河道却总是没有的。当人类走到一个地方，或者说是一个时刻的时候，会发现自己的同类，正如涓涓细流汇聚成汪洋恣肆、横无际涯的秋水，奔腾浩淼而莫问其所之。"全球化"的当下就是这样的一个时代。

曾经发生了两次世界大战和经久不息的意识形态、种族对抗的20世纪结束的时候，人们刚刚开始为平静的迹象庆幸，新的战争、新一轮人类生存资源争夺、新的不安全感就和一大堆表示冲突与威胁的新词汇一起进入我们的生活了。这时候我们仍然可以乐观地推断，21世纪将是一个发展的世纪，但是我们无法同样乐观地推断21世纪也将是一个和平、和谐、合理的时代。这个世界可能变得更好，也可能变得更糟。对一些人来说会变得

---

* 该书由团结出版社于2006年出版。

更好，对另一些人来说会变得更糟。当前景中包含不确定性的时候，人类最少需要有一部分成员保持对可能带来糟糕结果的人类行为、制度、状况的特殊警觉。《人类责任宪章》就是在这样的时候产生的。

中文里的"宪章"两个字可能带有较强的强制规范的寓意，在英文和法文中，它都意味着一种言简意赅的约定，它的规范意义是以承认它的人们的自由意志为前提的。《人类责任宪章》就是一份倡导全人类和人类的每一个成员对他们的行为、处境和命运一起担负起责任来的约定的草案。提出这样一个草案的一个认识前提是，人类的进步和这种进步所遭遇到的新的挑战已经达到了这样一个临界点：如果不能在彻底反思现存人类社会的基本观念的基础上构建一种得到世界上大多数人认同的伦理价值体系，那么人类就有可能无可挽回地毁坏自己生存的条件。这种内在的自觉不能等待任何权威的赐予，必须要由普通的人们自己来探求，因为它的意义就在于克服普通的人类成员在种种人造的支配体系中的无能为力、冷漠和盲目性。这样的一个文本不能不由少数人来起草，但在得到大多数人的认同之前，它并没有任何实践的意义。于是它不能不体现为一个运动，体现为当代世界公民运动的一个组成部分。它的传播、研讨和修正使它日益成为当代这个紧密联系起来的世界中生活着的人们自己的诉求。

这项努力是1995年由查理·梅耶人类进步基金会发起的。[①]经过欧洲、非洲、亚洲、拉丁美洲许多国家各界人士的多次讨论，1999年形成了《人类责任宪章》的第一个文本。1999年和2000年，这个文本被呈交到在世界各地举行的各专门领域、各社会文化的代表人士参加的无数次会议上加以研讨。在不计其数的反馈意见乃至全新方案的基础上，2001年，形成了大致能够包容各种建议的新的文本。2001年秋，来自世界多个主要文化体系背景并擅长语言、文字、措辞的一个审议小组在希腊塞洛斯岛对新的文

[①] 查理·梅耶人类进步基金会（Foundation Charles Léopold Mayer for Human Progress）是根据已故瑞士科学家、实业家查理·梅耶（Charles Léopold Mayer）先生的遗嘱，基于他捐献给公众事业的遗产组建起来的。作为一个资金来源单一的基金会，这个机构多年来完全独立，不受任何利益或者权力机构支配，按照自己的宗旨服务于以促进全球人类相互理解为中心的进步事业。

本从文化、语言差异的角度进行了推敲和修改。2001年12月，修改后的文本被提交到在法国里尔召开的"世界公民大会"，与会600名多来自世界各地的代表再次审查了这个宪章的多种语言文本，原则通过，并在宪章上签署了自己的名字。在那之后，宪章开始在世界范围广泛传播，并被提交到了联合国。与此同时，世界各地的人们，继续着对这个文本在自己文化中的具体含义的推敲，每个文化体系中关心这件事情的人都希望知道，这样一个文件对于自己具体地从属的人群和传统说来，究竟意味着什么？

这个过程可能要继续很长一段时间，然后应该是对它的进一步修改。也可能，若干年以后，人们发觉这个"宪章"所针对的问题已经变化了，因而它不再是需要特别关注和求得明确结论的事情。或者，人们发觉了更好的能够包容这个"宪章"思想的方式来解决自己面临的问题。就是到了那个时候，"宪章"的倡导、讨论和传播所曾经发生的作用仍然是有意义的——因为当人们把这部宪章当作历史而不再是现实的对策的时候，仍然会想到，它曾经提出了关于人类所面临的问题的一种认识，也提出了一种建设性的方案，成了人类最终做出明智选择过程中的一个环节。

我是在1998年到法国东北部的一个小镇——克林根塔尔（Klingenthal），参加一个关于各文明、文化、传统关于土地的观念的研讨会时，开始接触到后来成为这个宪章思想来源的一些思想者的。当时我只是被邀请去谈谈中国的儒家关于土地的传统观念。[①]那时我最强烈的感受是，这些人中有一种在当代中国的一般人群，甚至学者中，久违了的理想主义情怀和全球性的人文关注。在那次会议上，来自世界各地的人依次把家乡的一捧土壤放到一个高高的玻璃圆筒中，于是世界土壤质地与颜色的差异就与作为人类生息源泉的"土地"一起呈现在我们面前了。与会的人们，即使是对于中国了解不多也从来没有到过中国的人，都很恳切地希望了解中国人如何看待土地，了解中国价值和中国哲学中的人—自然关系，因为他们相信，

[①] 我提交该会议的论文发表在 Rabah Lahmar 和 Jean Pierre Ribaut 主编的 *sols et societes regards pluriculturels*（Paris：Editions Charles Leopold Mayer，2001）。后以《土德：儒家土地观念的现代诠释》为题，收入《学史丛录》（中华书局2005年版）。

中国的传统中，应该包含有值得今天的人们重新思索和借鉴的东西。我说到朱熹并不像今天的人们那样担心人类的活动会在根本上破坏自然，因为人的渺小，人只能破坏人自己在自然中的生存条件，归根结底只能破坏自己。①他们的回应让我感受到了一种振奋。

1999 年，我再次应邀到在日内瓦举行的一次关于各文化、宗教、哲学的价值体系比较的会议上谈谈儒家的思想，并对正在讨论中的《人类责任宪章》最初的草稿提出一些意见。当时的初稿，更多地关注环境问题和人与自然的关系，后来才更多地关注普遍伦理的建构。在那次会议期间，我对"宪章"的主要倡导者之一法国思想家皮埃尔·卡蓝默（Pierre Calame）先生做了一次访谈，力图理解其思想的大纹理。我觉得他的思想的主要特色是对现代西方社会的批判性反思。与我们比较熟悉的许多思想家不同的是，皮埃尔·卡蓝默的反思不是学究式的和纯粹思辨的，而是实践的，是基于他本人长期在欧洲国家管理机构中担任高级职务的经验的。这种理路与我这样以历史学为生涯的人的思想习惯很有相通之处。而且，这接近于承认，在任何意义上都不能被称为思想家的普通人的生活正是思想，尤其是伦理哲学和社会哲学的源泉，思想的权利属于每一个实践中的人。此外，皮埃尔·卡蓝默的思想还有两个特点：一是他的反思是整体性地对构成所谓"现代"社会基础的西方哲学、伦理学、国家行政管理和国际体系的综合反省；二是他对于世界文化的价值多元性具有强烈的认同。前者意味着走向超越"现代"社会理念的一种可能性，这对于中国有特别重要的意义，因为中国的许多思想者并没有充分注意"现代性"所受到的来自实践的质疑，很少保留地倡导着启蒙时代到 20 世纪中期形成的工业化现代社会观念，而当代人类社会面临的种种困难也正是那种观念促成了种种发展的同时带来的后果。后者则不仅是一种思想，也是一种方案——很可能是人类避免在对"发展"的追求中成为精神、文化完全齐一的同构体，从而使

---

① 朱熹的学生曾问他："天地会坏否？"他回答说："不会坏。只是相将人无道极了，便一齐打合，混沌一番，人物都尽，又重新起"。见黎靖德编，王星贤点校：《朱子语类》卷 1《理气上·太极天地上》，北京：中华书局，1986 年，第 7 页。

精神创造的基因退化的一条道路。这本文集多处讨论了皮埃尔·卡蓝默的近著《破碎的民主》。[①]读者在注意他关于社会治理的思想的同时，不妨揣摩一下上面所说思想的痕迹。

后来的几年中，我参加了关于"宪章"修改的多次会议，包括2001年塞洛斯岛审议小组的工作和同年年底的世界公民大会。在介入具体文本修订过程的时候，我们关注的核心问题并不是这个"宪章"的基本思想，而是这个思想体系在世界范围各个文化、社会、语言体系中可能的共同合理性之基础。这个"宪章"最初是用欧洲语言起草的，不可避免地带着欧洲语言、文化特殊的色彩，这在多文化视角的审视下，显现出许多价值取向冲突、语义模糊、无法对译等问题。比如，许多民族语言中没有相当于"责任"的词汇，需要借助已有的语言要素将它"创造"出来；在一些文化中，责任不如"自由"，或者"尊严"，或者"平等"更具有根本性的意义；一些国家或者地区的人们更关注生存或者发展，责任远不是他们心中的当务之急；还有许多人提出与"责任"交融的种种彼此不同的表述，如"爱""宽容""和平"等。在这种情况下，任何一种语言的"宪章"实际都已经向人类文化的多样性做出了一些"让步"。这样形成的实际是多个被认为是最大限度地体现《人类责任宪章》的思想内核，同时又不与各文化的基本价值冲突的文本。我觉得，这个过程很可能正是"全球化"时代的人类在更紧密地走到一起时保持文化多样性的模式缩影。值得注意的是，目前的中文文本，基本上仍然是欧洲语言文本的对译本，并没有做特别的改动。所以如此的主要原因是，中国文化自古以来就有强烈的"责"的概念，也早就有以"天下"为个体责任的伦理，并且从来注重人与自然的和谐统一。这个产生于20世纪末的宪章参照于西方现代观念的主要是一种关于最近传统的反思，而参照于中国的却很大程度上体现着对更早传统中某些精神与智慧的重新诠释甚至回归。

当然，正如读过这个文本的人大多感觉到的那样，它的表述方式是跳

[①] 〔法〕皮埃尔·卡蓝默著，高凌瀚译，庄晨燕、戴捷校：《破碎的民主》，北京：生活·读书·新知三联书店，2005年。

跃性的，对于对它背后的思想没有足够了解的人说来，很多地方有些模糊，也有很多地方很平淡，还有一些说法会引起进一步的疑问。另外，更多的人习惯于接受或者批评各种意义上的权力主体提出来的文件，质疑这种由普通人提出来的文件的权威性和实际意义。其实，这个文本从一开始就不是一个"要求"人们直接接受的文件。它的意义和制定与修改的方式都在于提出问题和引起参与。所以根本不必从是否整体地接受它的意义上来评价它，人们在阅读和讨论的过程中自己可能达到的认识是更重要的。而且，这个"宪章"是探求人类共同价值的文件，伦理价值本来不是需要权威来给予的。这本文集收入的就是世界各地关于《人类责任宪章》思想讨论的大量文献中的一小部分。它们应该有助于实现对这个"宪章"思想的具体解读，从而引起更多的普通人对人类共同事务进行积极的思考。作为编者和读者，我在阅读这些文章的时候想到最多的问题是：人类主流社会观念和制度体系究竟在哪些方面和多大程度上是不合时宜的？

这里所说的主流社会观念和制度体系，是指16世纪以来，在全球性"现代化"过程中日益占据主导地位的社会观念和体制。众所周知，这种观念和体制是起源于欧洲的，后来以加速度和逐渐变异的方式普及于全球。民族国家、资本主义、工业化和市场经济体制、民主政治、自由主义价值观，等等，都是它的主要特征。这个体系在形成的过程中曾经带来人类巨大进步，也伴随着巨大的冲突和灾难。当这个框架的外部挑战淡化下来的时候，框架内部的竞争却大大增强了。即使这样，到20世纪末，当"全球化"成为谈论全人类事务最常使用的词汇的时候，许多人觉得当下比以往任何时候都更不需要质疑这种框架的合理性问题了——需要的是如何在这个体系中分得自己的份额；而份额的划分根据，依照这个框架自己创造出来并日益被看作理所当然的逻辑，仍然是实力。不过，20世纪末全球化时代的实力竞争与以往时代的实力竞争相比已经悄悄地发生了变化。正像"地球村"这个概念所谕示的那样，人类生活的舞台相对于人的能力已经极大地缩小，人操纵这个舞台的能力达到了足够摧毁这个舞台的程度。这就如同一个人原来是在旷野中纵情地拳打脚踢，现在却是在一个玻璃房子里边做同样的事情一样。人类的科学技术、武器、工业污染和能源消耗、"看不见的手"操纵的市场体系和全球金融体系，加上人的相互关联密切程度增强导致的传染病传播的新规模与新速度，使得人类如果纵情地竞争，迟早会伤害到自己。人类必须找到一种和谐地——包括人与人和谐、人与自然和谐——生存和发展的道路，而在伴随"现代"社会逐渐确立起来的"主流"观念中，和谐并不是一个基本原则。所以，现有的观念是应该加以整理的。

这本书中的几篇文章是不同程度地体现着这种反思的。法国哲学家埃德加·莫兰（Edgar Morin）的《超越全球化与发展：社会世界还是帝国世界？》在讨论了"全球化"的历史和复杂性之后提出，一个全球性的"世界文明"正在不可避免地形成，而人类并没有把握这样的文明的思想体系和组织架构。他还反省了欧洲现代化过程中主导了人类思想的"发展"观，认为"发展"的概念总是含有经济技术的成分，"可以用增长指数或收入指数加以衡量。它暗含着这样一种假设，即经济技术的发展自然是带动'人类发展'的火车头，其成功的模式便是所谓高度发达的西方国家。""这一表面看来具有普遍价值的概念，构建的却是一个西方中心主义的典型神话。""发展"本身带着所有西方文明中可疑的、有害的、消极的因素，虽然也包含着少量的积极概念：如人权、个体责任、人道主义精神、民主等，它给人们带来了科学的、技术的、医学的和社会的进步，同时也带来了对环境、对文化的破坏，造成了新的不平等，结果是新的奴役取代了老式的奴役。而且，"以西方文明的模式、理想和目的为参照的'发展'逻辑，忽视了西方文明自身正在危机当中。西方文明的福祉刚好包藏了它的祸根，它的个人主义包含了自我中心的闭锁与孤独，它集中于城市的技术与工业的兴旺给人们带来了紧张与危害……"在西方式的发展逻辑支配下形成的全球化世界，可能会走向某种全球帝国体制，在那种体制中，"人"仍然会处于强大的——虽然可能是更隐蔽的——控制权力支配之下。对于莫兰说来，当前"最可怕的威胁和最宏大的许诺同时来到这个世纪。一方面，科技的进步使得人们在许多领域获得解放，包括突破一些不可想象的物质的、机器的、官僚体制运作中的限制，以及疾病与死亡的生物限制；另一方面，核武器、化学武器和生物武器以及环境恶化制造的集体死亡给人类投下阴影。未来展示给我们的既是黄金时代，也是恶魔时代。也许它们在继往开来的路上会一直并肩走下去，从某个新的社会学水平看，这只是全球的铁器时代和人类精神的史前时代……"也许，真的如莫兰所说的那样，人类还没有资格过分地自信，还应该保持谦卑和谨慎。

本书收入的皮埃尔·卡蓝默的《破碎的民主》一文是从他的同名著作中节选出来的。他在这部著作中提出：今天，在世界的范围内，"民主高奏凯歌，但这是破碎的民主"。他对当代民族国家的嬗变和局限做了批判性的反省。当代国家由于把一些公共职能重新分配给更小的机构、私有机构或者非政府组织，或者呈交到更大的同盟机构和参加国际公约，已经不能成为把握公共生活的完全可靠的基础。通过控制财富而实际上掌握着对于人类命运巨大支配权力的大跨国公司的行为实际脱离了公众的监督。在这样的时代，人们必须重新探索公共权力的基础和新的公共生活"治理"的机制问题。"我们的机构体制完全像最后阶段的托勒密体系。在地方和地区，我们堆积了各种机构，以及相互竞争、相互抵消的中间机构。在国家一级，我们每年都要增设新的横向机构，但又无法改变行政机构的分块运行模式。在世界范围内，我们不断增加目标和负责达到这些目标的机构，但没有一个机构真正拥有必要的手段，也没有标准和规则的层次。因此必须进行一次哥白尼式的革命，改变视角，改变观点，对体制进行重新组合。"他所提出的治理革命的方案未必对于每个社会中的人们都具有直接实践的意义，但是他关于对人类公共生活的组织体系必须彻底反省并谋求改革的思想，却的确是"哥白尼式"的。

在皮埃尔·卡蓝默的思想中，治理革命并不是纯技术性的，它需要有一种新的共同伦理作为自觉行为的基础，"二十一世纪的首要问题既不是科学技术的发展，至少不是我们今天所看到的发展，也不是商品关系扩张的继续。首要问题是建立一个共同的伦理基础，在这个基础上，全世界各国人民可以管理他们的相互依存关系，制定、展开和落实新的规则，为我们必须共同居住的地球村提供一种灵魂、一种意义、一些规则、一种公平和一种前途。"

　　这是与治理革命同样复杂，或者更为复杂的事情。人们要问：我们现在的伦理究竟出了哪些问题呢？世界性的共同伦理是可能的吗？如果是可能的，它与承认文化和价值的多元性是怎样的关系呢？这样的问题并没有现成、完整的答案，不过，尝试性的许多探索还是提供了一些思路。比如"破碎的民主"这样的一个命题就意味着，"民主"在20世纪后期的社会实践中，作为抽象的价值，得到了空前普遍的认同，作为人类组织体系的实践方式，却已经扭曲、工具化、支离破碎了。因而人们普遍地认同了一个无法完美实践的价值。况且，民主从来只是在民族国家内部来实践的，迄今为止的国际事务从来没有按照与民族国家内部的同样的民主法则来运行——实际的法则在观念的层面是"公正"，在实践的层面是"实力"。人们也并不知道，民主应该、能够、可能成为"一体化"世界运作的根本原则吗？民主不再是一个抽象的原则，而是一个具体的实践体系。其他如"自由"，曾经是不证自明的价值准则，但是自由从来是以"权利"和"权力"为条件并与后者成正比的。各种意义上的支配力——社会权利和政治权力、财富、名誉、战争手段、知识等都可以扩大自己的自由，限制他者的自由。比如，在"自由"贸易中受益最大的，从来都是拥有支配力的人群。世界性的共同伦理应该是可能的，但它绝对不能成为一种新的霸权，也不能囊括人类的各种行为。它应该是一种高度概括性的，只限于人类针对共同生存的最根本性问题而达成的关于人类行为规范的自觉共识。

　　关于共同价值与文化多样性的关系，可以参看荷兰的伊迪丝·悉佐（Edith Sizoo）博士专门为本书撰写的《文化与责任》一文。她认为：文化是"人们对他们的社会和自然环境带来的挑战所做回应的复杂的整体"。人们对挑战做出回应的方式来自传统、借鉴和创造。因为挑战总是处于变化中，文化也就成为一种有活力的过程。人们被他们的文化所塑造，同时也塑造着文化。文化提供给人们归属感和相互认同的基础与条件，它帮助人们在必须做选择时做出抉择，并确定组织起来的个人应对冲突的战略。"各个文化/宗教关于自我、他人以及两者之间关系，还有人类和他们周围的生命世界的关系的观念是不同的。注重这种差异可能会更深刻地达到对世界各地人类群体责任观念的基本理解。"这就是说,只能在承认并尊重文化差异的前提下思考人类在共同的领域能够达成怎样的伦理共识。文化交流主要是通过语言来实现的,伊迪丝·悉佐在过去的许多年间,一直孜孜不倦地奔波于世界各地,从事关于语言差异与文化沟通之间关系的研究。这种工作,显然是探求人类共同伦理的一个基础。

尊重文化多样性逻辑上与尊重公民社会和普通大众是一致的。从前的社会理念是通过"精英"的启蒙和事实的胁迫而普及起来的,那是在普通民众大多是文盲的时代发生的过程。21世纪,人们可能不需要重复同样的过程。正因为如此,《人类责任宪章》的讨论一直注重普通的人们,在关于"宪章"的讨论会上,中国和非洲的农民及欧洲的哲学家有同样的发言权。

说到这里,我们应该关注一下新西兰的蓓塔森·马丁(Betsan Martin)博士应邀为本书撰写的《责任:生命的守护者》一文。她的文章在特别关注现代社会的弱势群体——土著人和女性的前提下讨论人与自然的关系以及人类责任问题。她不赞成通过"平等"来实现弱势群体的合理地位,因为"平等是一种错误的景象,因为它是一种被大众所同化的形式。""如果女性和男性的"差异"得到支持,而不是把女性纳入到男性的价值观中,便有可能为新生命观念的产生和传播奠定基础。"从对于女性和与自然更为和谐的土著人的传统智慧的关注出发,蓓塔森·马丁倾向于一种以有生命的地球为中心的人——自然生态哲学。在这种哲学中,"不同文化间的相互作用由于欣赏以及尊重不同的知识而得以改进。""单一文化的思想与旧式的科学压制了多样性——知识多样性和生物多样性。多样性通过对差异的尊重才能得到维持和成长。对我们直接经验之外的思想和行为的热情一定会让我们了解各种社会的组织形式。""把一种分开、隔离和过度开发的世界转变成一种体现现存生命体系原则的世界观就相当于把文化从单一性推向生态性和多样性。"毋庸讳言,蓓塔森·马丁的文章中显露出西方女权主义特有的一些倾向。不过我们知道,现代西方女权主义本身就是对工业社会"现代性"的一种逆反和质疑,它是批判性的,因而有时是激烈的。在殖民化过程中被消灭或者边缘化、客体化的西方国家内的"土著人"是祭献在现代社会面前的最大的牺牲。他们至今被主流社会乃至大多数人看作是欠"发展"和欠"文明"的。相信进化论的历史学家们——我自己的职业上的一些同侪——认为为了"进步",土著人的牺牲是不可避免的,略表遗憾之后就转而去赞叹那场进化带来的奇观了。然而我们丝毫不比那些土著人更有资格被称为人类。

  本书中的其他文章,也各自探讨了一些与《人类责任宪章》的思想有关的问题。第一组主要反映与"宪章"思想背景大体一致的有关当前世界问题的一些讨论。第二组主要是关于生活·读书·新知三联书店2005年出版的"法国思想家新论"丛书的评论与介绍,可以被看作是解读《人类责任宪章》思想的参考文献,它们与"宪章"思想关联的程度各自不同,但都具有对现代社会进行批判性反思的取向。感谢这些文章的作者和三联书店同意我们将这些文章收入这本文集。第三组关于2001年世界公民大会的几篇短文都是作者们在该大会之后不久写作的。它们可以帮助读者了解"宪章"的背景和当代世界公民运动的一些侧面。另外的文章,则主要是在对"宪章"的研讨会议中形成的思考。所有这些文献集结在这里,都为着同一个目的,即表达人们对当代全球性问题所做的一些思考。

中欧论坛与中欧知识共同体[*]

第二届中欧论坛于 2007 年 10 月 4—7 日在欧洲分两个阶段举行。第一阶段为分布在欧洲各地的 42 个专题讨论小组会议；第二阶段为在布鲁塞尔自由大学进行的全体大会。这种方式使得任何人都不可能直接经历会议的全部过程，只能从自己的角度去体会或者根据他人的介绍来总结这次论坛的意义。也因为如此，普通的与会者可以不必过分谦卑地等待"权威"者来公布什么总结论。在我看来，论坛的意义，根本就不在于达成一个涵盖一切的总结论，而在于对话过程的展开，在于通过这样的过程来引发公共社会的一些思考与行动。会议期间，我在里斯本小组会议和布鲁塞尔的全体大会上都谈到了建设"中欧知识共同体"的说法。关于这个说法，我还想继续说说，期待它会成为一个话题，在公共领域的思想空间自己去成长。

中国知识界现在说到"知识共同体"的时候，有不同的含义。其中一种情况指同一职业的共同知识基础，如国际内部审计师协会于 2006 年开始一项对该行业"知识共同体"（CBOK）的调查，这里的知识主要指同行从业者认同的信仰、观念、思想、行业规范、解决问题的技巧等。另一种含义在东亚思想学术研究界流行，大致是指中日两国或者扩大到东亚范围的知识分子在一定共识基础上形成的区域性学术群体，其英文表达方式为 community of knowledge。这个概念与一些西方科学哲学著作所说的"范

---

[*] 原载于《文景》2007 年第 12 期。

式""学术共同体"等含义接近。不过,"东亚学术共同体"的提出有很具体的历史背景和用意。一些东亚地区的学者认为,东亚各国的历史是"彼此内在的、不能分开的",因此试图超越国别化知识限制和民族主义意识形态,通过"知识共同体"这样的概念框架,"达成可以共享的知识"。这样来考虑的"知识",其实主要指的是"共识",因而是在思想领域通向某种区域性"一体化"的取径。此外,最近还出现了一些在知识社会学、传播学意义上使用"知识共同体"概念的探讨,这里不作推敲了。无论如何,"知识共同体"这个概念,并非约定俗成,是需要讨论者各自去定义的。

我在里斯本会议中提出"中欧知识共同体"概念时是用英语表达的,当时用的是 commonwealth of knowledge,而不是 community of knowledge。欧洲与会者的理解和反应,也沿用了 commonwealth of knowledge 这个语汇。通过 commonwealth 这个词,我想表达的是关于一个"空间"或者"平台"的关注,而不是关于一个"人群"或者集团的关注。因为,类似共识者群体这类概念在逻辑上含有对他者的排斥倾向,而"中欧知识共同体"恰恰是在对于文化开放性和兼容性的思考中提出来的。换句话说,虽然一定的共识是任何"共同体"的必要基础,但我不把"知识共同体"设想为在具体问题层面看法一致的同志群体,而希望它成为一种扩大和改善的信息共享的平台。

在今天被称作欧洲和中国的这两个地方生活的人们在很久以前就有接触,汉代就形成了"丝绸之路",唐代中国就有信仰"景教"的人群生活,造纸术和火药在唐宋时期传播到欧洲,意大利旅行家、商人马可·波罗(Marco Polo)在元代中国生活并担任公职。但在 16 世纪中叶以后的大约 100 年间,也就是中国的明朝末年,才发生了第一次欧洲人与中国人之间群体性的直接"对话",是带社会性的直接语言、思想、知识互动,而非孤立的、个人性的或者是间接的、物质交换。如果大致把明朝末年的中欧对话定格到 17 世纪前期的话,那么到"中欧论坛"这类活动所体现的 21 世纪初中欧之间的对话,中间经历了将近 400 年的时间。在这大约 400 年间,中国和欧洲都在曲折的经历中发生了重大的转变,相互关系也发生了重大转变。中国从一个以王朝自身稳定性为关注核心的体系转变为一个逐步开放的体系；欧洲从一个发动殖民扩张的体系转变为一个推动世界公民社会关系的体系。17世纪中欧对话的主动者是耶稣会士，主题是从宗教到文化的；21世纪的中欧对话主动者是中国和欧洲两个社会体系中诸多社会阶层和群体，主题是世俗的和文化、经济、政治、社会、环境多元的。17世纪的中欧对话考虑的是"双边"的关系，21世纪的中欧对话中的双边关系问题已经纳入全球关系体系的思考框架之内。

即使发生了这样深刻的变化，过去的400年这样一段漫长的经历并没有改变这样一个事实，这就是中国与欧洲还在"对话"，而且对话所讨论的话题在许多方面仍然是关于如何相互理解这样古老的问题。中国驻比利时大使章启月在主持布鲁塞尔大会时说过大意如下的一段话："有欧洲的朋友问我，中国会履行其关于国际事务的承诺吗？我想跟大家说，这样的问题等于是在问中国是不是一个正常的国家。中国和你们所在的国家一样，差别不过是她的人口多一些。"这很生动地反映出，中国与欧洲的对话在某种稍微苛刻的意义上看仍然在"寒暄"中。其实，如果我们进行一次社会调查，把从事中欧交往的各类专业人士除外，看看普通的欧洲人和普通的中国人相互知道多少，其结果会支持这种"寒暄"中的印象。假定事实就是如此，那么，为什么400年的接触和对话还没有跨过相互认识的门槛呢？无论有多少原因，其中之一是中国人与欧洲人的知识分裂状态。他们关于宇宙、世界、生命、社会的知识各有源流，虽然中间有牵连，但是直到大约500年前，欧洲人要把世界上有人类的地方都纳入自己的体系的时候，中国人和欧洲人的知识基本是各自建立起来的。他们走到面对面的时候，其利益就已经关联起来了，但后来的历史表明，知识的差异成了中欧之间最深刻的鸿沟，也是双方关系变迁的枢机。

17世纪的耶稣会士到中国来，重要的目的是要把中国基督教化。为什么要这样？因为欧洲的一部分人觉得只有把中国人的信仰变得和自己的一样了，中国人才是同类。于是就到中国来，讲"天主"一类的故事，要用那种知识置换中国人信仰世界的其他知识。虽然中国人的反应不一样，但总体上是不愿意，因为原来的知识根深蒂固，成了思想和信仰的基础。于是那次"对话"在信仰的层面深入不下去，但在技术的层面却开展得很有成效，两个社会的关系没有沟通起来，很多个人之间则走得很近。当时欧洲人是自我中心的，是以改造对方为目的的。中国人也是自我中心的，是拿自己的尺度和需求来衡量他者的。所以中欧之间的了解，一直简单而且停留在表层。到19世纪中叶，欧洲人大举来叩中国的大门了，中国还有人以为那些欧洲的"蛮夷"如果没有中国的大黄、茶叶就会憋死。这是一个象征性的误解，误解的原因是缺乏知识。后来中国人在与欧洲人的抗衡中吃了大亏，才痛切地意识到对欧洲的情况知道得太少，有太多误解。但当时要直接向欧洲学习的知识基础都不够，要跨过许多障碍，于是中国人便走捷径，向先学了欧洲的日本学习，这样才使日本人一段时间中成了中国人的先生。这个先生因为知道西方的事情多了些，就觉得有资格支配身边的中国，后来就有多次战争。中国人在东、西两边来的"现代"知识多些又都要支配中国的势力中间挣扎，终于还是学了欧洲产生的马克思主义，知道现代社会虽然"先进"，但并不合理，还可以革命，才实现了独立，用中西合璧的方式重组了国家和社会。欧洲人在19世纪中叶大举来华以后在中国搞了100年，还是被赶出了中国，说明他们当初也没有看明白中国。中国的革命既然是马克思主义式的，那么先学了马克思主义的苏联就又成了中国人的先生，而这个先生也一样要支配中国。中国人对那些摆着先生模样的人就警觉得很了，和他们打交道时警惕百倍，和"第三世界"的人才做亲密的朋友。但这样却耽误了自身发展。解决上述问题的最终的办法是开放，让各种知识自由地出入，也就没有谁能声称是中国的先生了，中国知识界也终于超越了到"先进思想"中去"抓药治病"的心态，开始思考当代中国思想在世界知识界的话语权问题，开始直接思考全球性的和人类层面的普世性问题。没有足够的普世关照，知识的成长要受巨大的局限。

这种关系心态转变至关重要。从19世纪中叶说起，中国的知识界对欧洲知识的认真介绍又已经有了100多年的历史，但直到最近才有可能认真地对话，因为此前几乎总是把欧洲的知识当作一个"药铺"，要从中间选出那味"真理"来治病养身。这就不是对话,而是采购了。现在能对话了,是因为中国人开始有了知识方面的信心,而其原因其实不在别处。第一在于中国最近的发展是有"中国特色"的。否则,就是经济上发展了些,在创造性上也无法自信,对将来如何发展也就会目光游移,文化心理也就不能健全。第二在于欧洲思想、知识界形成了"现代社会"批判的思想,要"礼失求诸野"了,在非西方文化中找寻思想、智慧的参照,来保持思想探索的生命力。第三是无论在中国还是在欧洲,关于人类相互依赖的"共同体"意识从少数人的激进思想变成了多数人的普遍知识。因为这样,才有"中欧论坛"这样的事情。

"中欧论坛"不是两个政府之间的"外交"事务,而是两大公民社会体系自发的对话,它不以解决任何一个具体问题为目标,而以增进普遍理解为目标。这种形式和取向,创造了一个在广大的层面而不仅仅是决策者或者知识精英之间驱散雾障的契机,所以它是人类文化史上的一个大步骤。我们这些年常说的"开放",多数情形下是指一个国家政策的开放,如英国哲学家卡尔·波普尔(Karl Popper)所说的"开放社会及其敌人"就是把一些社会列为开放的,把另一些社会列为不开放的。那是有些意识形态化的分类。而现在这个世界其实正在成为一个社会,在文化意义上在成为一个"共同体"。这并不是说民族国家在消失,而是说人与人之间的关联已经不能完全以国民意识作为原点推导出来。这个时代的知识,因而也增强了普世关照。因为中国和欧洲的思想者都比上一世纪的思想者们更多地超越将对方看作他者的意识,于是中国和欧洲知识会通的意义就更凸显出来。18世纪以后的知识建设,特别关照民族国家间的生存竞争,全球化发展到现在的程度以后,则要更多地在人类共同命运的基础上看待知识。在这种视角下,任何"知识共同体"都不应该是意识形态化的,不应该是一种同盟,而应该是一种环境。这样的知识共同体,要以信息为基础,不以观点为基础。这其实是正在形成中的国际公民社会的一种存在方式。

以信息为基础的知识共同体首先是实现知识共享的共同空间,它不依赖关于具体问题的一致意见,需要的是关于扩大知识共享范围的普遍价值意识。比如相信自由主义的人和相信国家主义的人只要认同知识开放的意义，就都可以参与这样的共同体；对立的思想作为知识都是共同体交流和知晓的内容。其次，它也不妨用某种双方协议来推进，如中国与欧洲联盟（简称欧盟）可以就比目前更广大的领域实现知识共享达成承诺，提供体制性的条件。在这种情况下，知识共同体就具有了类似区域性经济共同体，如欧洲经济共同体、北美自由贸易区、东南亚国家联盟之类的协约关系。表面上看，第二种定义更具体、实际，但第一种定义是根本的，第二种是策略性的。否则"知识"就可能被简单地包容在"经济"关系中，作为一个财富问题来对待，而"知识共同体"概念的特殊意义之一，就在于它要挑战一下在财富、财产框架下来安排"知识"问题的思想方式。知识是力量，但不应该是用来旨在支配同类中的他者的资本；知识是财富，但只有共享时而不是独占时其价值才充分体现出来。

那么，建设中欧知识共同体除了是一种观念以外，还可以成为一种实践的计划吗？只要看到现在中国和欧洲的知识世界的大致情况就知道答案是肯定的。首先是语言问题，这是知识的基本要素，其差异不能也无须消除，但是要改善到基本不妨碍知识信息流通的程度，而现在却远不是这样。比如中国大陆的文学还没有实际获得诺贝尔文学奖的[①]，原因之一是欧洲人难以领悟中国文学作品的内在魅力。那么，语言教育的事情就显然是可以从实践层面设计的工作了。又如知识版权的问题，这是把知识作为财产的观念制度化的产物，它在一定意义上保护知识创造的积极性，但也在许多方面阻碍人类的相互理解和知识增进。所有的学术论文一旦发表，都应该被看作公共知识，应使所有人都可以不付费用地使用，只需要注明出处即可。相应地要鼓励学术作品的有效公布，而二次买卖学术作品的行为应被看作知识垄断，是不合理的事情。著作版权的时间也应该缩短，知识产品经营中的暴利要有所限制。总之在涉及知识的所有领域，都应该充分考虑其公共资源性质而扩大共享的范围。在这种意义上，互联网显然已经在带

---

① 今按，这是当时的情况。后来有莫言获得诺贝尔文学奖。

来一些突破，它使得每个人都拥有了公共知识贡献者的资格，并且扩大了共享领域，拓宽了共享的渠道。再如，大学是一个知识传播和共享的桥梁，这个桥梁还可以加宽、加长。这都是知识共同体建设中可以落实到实践的事项。

中国和欧洲在最近的人类历史上都创造了奇迹。中国的奇迹是正在摸索出一种与西方社会有差别的、有本土文化根基的、有发达前景的文化社会模式。欧洲的奇迹则是"欧盟"本身。这两个奇迹都是当代人不至于凝固在启蒙主义以来逐渐形成的"现代"思维框架中的最有力的事实支点。这两大奇迹应该使得人们思考两大知识体系中究竟有哪些资源和潜力在改变这个世界，如果它们进一步契合会激发出怎样的景观？所有跨文化交流都生发新的知识。而就目前而言，中欧跨文化交流有特别重要的意义，中欧知识共同体的话题也就特别地值得讨论。

和平对我们意味着什么？*

2009年在法国巴黎城市大学参加一次国际会议期间，北京大学徐勇教授和我与欧洲一些学者和社会思想者、社会活动家就人类的和平理想、观念，以及当代人类的和平诉求等问题交换了一些看法。稍后，法国"埃伦尼斯和平文献研究所"（Irenees Institut de Ressources pour la Paix）以提问的方式对我进行了一次书面采访。这次采访的结果已经用法文刊登在该研究所出版的文集中，并可见于该研究所的网站。[①] 这些交流都很简短扼要，在长春举行的这次"20世纪的和平观念、挑战与经验研讨会暨第三次中欧社会论坛'和平'组讨论会"将"和平"列为主要的讨论议题，使得我们有机会就这一问题做进一步的讨论。

埃伦尼斯和平文献研究所的采访实际提出了四个问题：第一，中国有自己对待和平的特殊方式吗？如果有，中国能够为当代世界现存的和平观念贡献什么？第二，在当代世界上，什么构成对于和平的最主要冲突和威胁？第三，你怎样描绘中国在世界和平建构中所扮演的角色？第四，"和平"对于你意味什么？我当时就这四个问题都做了回答，不过，作为一个普通的人文社会科学学者，我一向认为，我们虽然对所有这类问题都能表述一

---

* 原载于《北华大学学报（社会科学版）》2010年第6期。

[①] See Henri Bauer and Nathalie Cooren ed., *Visages de Paix*, Paris: Irenees Institut de Ressources pour la Paix, 2009, pp.41-43.

些看法，但由于缺乏对于当下国际事务实践的具体了解，我们的思考之重心不在于对当下国际事务提出具体行动性质的直接建议，而在于对这类事务之本质和长时段景深下之含义提出尽量冷静深入的解析。所以在这里，我想把第四个问题作为核心，再谈谈自己的看法。

一、谁是"我们"？

埃伦尼斯和平文献研究所的提问显示出，提问者清晰地意识到，即使对于像和平这样关涉全人类和每一个个人因而具有最大普遍共识基础的问题，属于不同文化传统或者利益群体的人的回答也会有重要的差异。这种差异是由于，关于和平的观念是与具体的历史经验、具体的文化背景乃至具体的利益关切联系在一起的。但是，所有这些差异又都没有达到使得和平不再成为一个构成人类共同生活基础的与所有的人类成员都发生直接关系的普遍性问题的程度，所以，和平是需要从普世和具体两个层面来审视的问题。

从普世的层面来说，"和平对于我们意味着什么"这样的问题是提给"人类"的，这是所有个人最大的类群归属，在这种意义上说，和平指的是人类作为一个共同体之内部的和谐相处关系状态。正是因为具有对于全人类的普遍性，"我们"不仅关心自己所属国家、民族、区域的和平问题，也关心地球上任何一个地方的和平问题，关心所有的人对于和平持有的观念和可能的行动。如果地球上任何一个地方发生了战争，我们都会认为人类内部的和平是不完美或者残破的。当然，任何一个个人乃至任何一个群体都不能代表"人类"，否则就会出现打着人类利益旗号来规定他者的暴君，但是任何一个个人或者群体，都可以站在人类的立场上来说话，通过对话来寻找人类的共识。所以从人类的立场来思考和平恰是每个个人的责任。由于和平的普世性，任何个人都不比其他个人有更大或者更小的发言权——即使在实践中个人的实际影响力常常与身份相关。

在比较具体的层面，"我们"是指言说者自己所属的文化、利益群体——这在现代社会通常是指言说者自己的民族国家，我这里则是指广义的中国人。从这个层面，可以将作为人类普遍、永恒诉求的和平放置在中国历史、传统、文化，以及现实处境的场域中来做充分注意文化差异性的思考。

至少现代战争的参与者乃至发起者，都声称自己是承认和平价值、追求和平的，但是又说由于某种具体的理由，必须投入战争。所以，作为一般价值的和平与文化、利益场域中的和平之间，常常发生错位甚至冲突。因而，深刻体认和平的价值，寻找和落实作为作为一般价值的和平与具体文化、利益角度所追求的和平之间的一致性，是两个同样艰难、同样重要的任务。

二、什么是和平？

在回答埃伦尼斯和平文献研究所采访的时候，我曾就我所理解的和平做出简短的界定，现在用稍为详明的方式对这个问题再做说明。

在我看来，和平是一种宁静的状态。它对于一个个人的精神世界说来，是一种对于目前存在和自己的终极关怀都心安理得的境界；在小社会范围内，是人们相互交往中体现出来的平等、安静、秩序状态；在一个较大的社会共同体内部，和平意味着一种由社会基本民生条件和公共秩序公平所保障的无大规模暴力冲突的状态；在世界范围，和平意味着各国家、地区、民族、势力集团之间的非暴力冲突状态。无论从社会内部还是从世界范围看，和平都是最根本的人类价值，体现最大多数人的利益，体现人珍视、尊重同类的基本良知和人同类依存需要的本质。所以，和平应该是一切公共关系、秩序的最高原则。这是一般意义上的基本定义式的看法，下面再做稍为详细的说明。

个人内心的和平与否虽然并不直接表现为公共生活的状态，但却是公共生活深层的真实状态。个人内心的和平是社会和平的基础，个人内心的不平则是社会动荡乃至战争的源泉——所有的战争，都从个人内心世界的"不平"感开始。所以，真正的、持久的和平必须建立在一种珍视和平价值的文化基础上。而要保持和养育这样的文化，必须实现基本的社会公正、公平，以及生存需求保障，同时，又必须养成对于所有人类成员的作为与自己同类者的认可和尊重。这就扩展到和平的社会条件。任何社会共同体都需要具有保障社会公正、公平、社会成员符合人道的生存条件的功能，所有的不公正、剥削、压迫、奴役、排斥、歧视都破坏社会成员内心的宁静，都会养育破坏社会和平的因素。

个人内心的和平、文化意义上的和平都是广义的和平，而人们通常在更为狭义的意义上讨论和平问题。狭义的和平是民族、国家、同盟等共同体之间和谐共处的状态，其直接的对立现象就是战争。战争是结成共同体的人类群体之间的武装对抗和相互屠杀。所有发动战争的人都会提出自己的理由，虽然理由千差万别，但是都可以归为恩怨、利益争夺、宗教或意识形态冲突这三个基本范畴。人类始终没有找到彻底避免恩怨、利益争夺、宗教和意识形态冲突的途径，所以和平不断地被打破，战争经常发生。虽然人类已经体验和创造了种种不同的社会形态，但是还没有哪一种形态具有从根本上保障和平的功能。现代社会在其发展的历程中，实际上空前地扩大了战争的规模、破坏力和复杂程度。事实上，现代人对于战争技术的探讨，以及为了从事战争而进行的财富投入常常超过为了和平而进行的思考和投入。战争早就已经被落实成为一门"学问"，和平却只是一种理想。18 世纪后期的德国哲学家康德（Kant）还曾严肃地探讨了"永久和平"的问题，20 世纪发生了两次世界大战，却没有堪与康德的《永久和平》媲美的关于和平的思想成就。这主要是因为，20 世纪，以民族国家为主的社会共同体变得比以往任何时候都具有刚性的特征，比以往任何时候都更为强大——绝大多数人都在这种共同体中落实自己的具体利益。同时也因为，20 世纪是一个高度意识形态化的时代——在这个时代，人类对于普遍真理的憧憬异化成为对于某些特定思想、观念的具有排他性的思维方式——因而，共同体之间的冲突更多地以"你死我活"的方式展开，变得空前激烈。在这个时代，人们仿佛觉得，战争是求得正义、尊严并保护自己利益的首要手段。然而，人类真正需要的是和平，战争永远不是人类的目的。

在把和平作为普世性的基本价值的时候，人们立即面临了这样的问题：

人类是否在任何情况下都要优先选择和平，在遭受暴力侵害或者侵略的时候不应该选择抗争吗？没有正义的战争吗？所有战争都是伦理意义上等价的吗？要彻底地论证这些问题并不容易，如果简单地回答，则：人类应该在任何可能的情况下优先选择和平，战争是所有解决问题的途径中最后的一种选择；为捍卫合法、合理的权利在不得已的情况下最后选择战争是合理的，但这种战争应该以捍卫合法、合理权利为界限，如果将之扩大，则失去其正当性；存在正义的战争，但"正义"常常被滥用，即使具有正当目的而不得已卷入的战争，也不提供给参与者滥杀无辜的权利，这仍然是人类之间的屠杀，是人类自己带给自己的苦难；至于具有种族歧视或仇恨、宗教冲突、意识形态冲突、利益扩张、社会排斥、霸权统治等特征的战争，都是反人类的罪恶。问题是，人们会围绕具体某次战争的伦理属性做无休无止的争论，而通常由战争的胜利方掌握判断的主流话语。所以，当面临战争的时候，人类通常极难在战争的伦理属性上达成共识，这个时候，崇尚和平的良知是人类避免自我伤害的最终基础。

所以，人类必须建设一种浓郁的和平文化，使之成为比竞争文化更为基础性的自觉。

三、当代世界和平面临的主要威胁及和平的前景

20世纪发生了两次世界大战，这使得这个刚刚过去的世纪成为人类历史上最为血腥的时代——即使我们毫不犹豫地承认这个世纪同时也是人类文明创造力辉煌展示的时代。可以庆幸的是，20世纪40年代中叶以来，并没有发生世界性战争，也形成了一些遏制战争的国际机制。但是，局部战争屡屡发生，军备竞赛不断升级，联合国维持和平的功能经常受到严重挑战，半个世纪以来的无大战局面主要是建立在势力集团实力均衡的基础上，而人类不可能仅仅依赖实力均衡实现长久和平。

当代世界上对于和平的威胁，主要来自以下方面：①国家间发展的不平衡；②资源争夺；③意识形态和宗教分野；④历史恩怨；⑤霸权主义、

单边主义；⑥国际秩序保障机制的软弱、缺乏；⑦全球化带来的局部问题放大为全球突发事件的可能，如金融体系崩溃、传染病传播、灾荒带来经济危机等；⑧各个社会内部的严重社会冲突和生存困境可能导致革命、暴乱，从而经由全球依赖关系导致多国干涉或者经济动荡；⑨合法公共体制长期无法消解的私人、集团武装力量过度膨胀；⑩核武器扩散和其他大规模杀伤性武器的出现与流行。以上这些问题都极其复杂，对其中的任何一个都很难提出解决的方案。但是我们可以进一步追问，这些问题有没有共同的基础或者相互关联的节点？如果有，那么就可能找到思考弱化战争威胁的入手处。

所有的战争都在对立的利益共同体之间进行，现代战争之所以比传统的战争更为可怕，是由于现代的利益共同体比以往强大。普遍强大起来的利益共同体就是民族国家。民族国家吸引了现代人的归属神圣感，经常使参与战争被理解为正义的使命、职责。这扩大了现代战争的动员力。现代战争的主要物质标的是：疆域、资源。为疆域而发生的战争威胁大多与民族国家形成时期遗留下来的疆域分割问题有关——民族国家要求清晰明确的疆域界限，而民族国家常常是在较长的时间中经由争夺和妥协而相互分离开的，这就会留下一些争议区。为资源而发生的战争部分上也基于民族国家疆域划分遗留问题，部分则属于对公共空间——如公海资源的获取权争夺。所以，围绕物质标的而形成的战争威胁大多可以被看作是民族国家发育遗弊类根源的。民族国家作为基本社会共同体单位已经成为现实，在这种情况下，过度指责民族国家本身的局限已经缺乏建设性的意义。这时人类所能做的，应该是尊重由历史造就的基本事实，尊重民族国家主权和领土完整，不去纠缠历史的旧账，不做凭借自己的价值观而试图分解主权国家的事情。

意识形态冲突导致的战争威胁曾经在20世纪非常凸显，但是在20世纪末趋于消减，这是这个世纪最值得记忆的一种转折。意识形态对立的最大弊端是把人类生硬地分割成善恶、敌我阵营。超越意识形态对立，人类就在文化层面获得了相互接近的愿望和基础。这一进步，恰恰是我们对于人类和平的前景保持乐观的基点。所以，当面临重要的冲突的时候，我们需要特别警惕将具体利益冲突意识形态化的说法和做法，特别警惕用普世伦理的语言来陈说采取战争行动的正当性的做法，那会把历史拖回到20世纪去。在这种意义上说，美国学者亨廷顿（Huntington）的"文明冲突论"的思想导向是令人担忧的。文明和文化间的差异毕竟是同类内部的差异，人类的文化交流与生存融合会使这种差异成为人类精神多样性和创造活力的基础，而不是不可克服的冲突根源。

世界和平是世界人民的诉求，如同自由、民主、社会公正一样，世界和平不可能是由任何一个力量带来的，不可能是赐予的，必须由世界人民通过对话、交流、融合建设起来。赐予的和平是靠不住的和平，或者说不是真正的和平。所以，单边主义（unilateralism）和霸权主义（hegemonism）、国际警察秩序的构想是虚妄的。基于20世纪的历史基础和经验，人类必须支持而不是削弱诸如联合国这样的国际机构，以增强国际对话协商制约的机制。除了联合国以外，国际公民社会是另一种和平保障力量。其原因之一就在于，国际公民社会比较自觉地注意到过度激烈的国家主义会"脆化"人类内部的分野，比较注重从人的类属的意义上思考和平共处的问题。国家或者同盟势力间的实力均衡被很多人看作防止战争的有效手段，但这种均衡可能达到暂时的平静，却绝对不是和平的根本保障——国家共同体的经济和军事实力不停地变化，对比也不停地变化，所以没有永久的均衡，也就没有建立在实力均衡基础上的永久和平。而且，实力均衡的理论正是世界范围内军备竞赛的思想基础——这种竞赛在不停地增强未来可能发生的战争的破坏性。战争破坏性的快速增强使得人类社会迟早到达这样的临界点——要么永久和平，要么毁灭。

20世纪的经验和变迁告诉我们，和平是所有人类的根本需求，是最值得珍视的人类社会状态。保持和平，需要建设和平的文化，也需要国际秩序保障机制的改革建设。

民族国家与近代化
——20世纪东亚历史解释的两个症结[*]

1895年，中日《马关条约》签订，中国部分地区成为日本殖民地，朝鲜和中国东北地区逐渐成为日本国势力范围。日本又因其将支配范围扩大到整个亚洲的企图，发动了对中国的全面侵略战争。战争期间，中国和朝鲜人民，尸骨盈野，饱受荼毒。战争末期，人类历史上第一次核武器屠杀又被用于日本广岛、长崎，使大批日本人民失去了生命。1945年，日本战败投降，势力退回本土。将这半个世纪腥风血雨的一幕置于东亚地区文明、社会、文化变迁的长时段历史中去看，惨烈空前。

东亚地区在以往的时代，各民族共同体乃至国家政权之间，和平交往为主流。虽然也曾发生过局部的冲突，如明朝万历时期中朝联合抵抗日本侵略朝鲜的战争，但是在相当于今天的中国、朝鲜半岛、日本的广大空间，并未发生持久战争和大共同体对抗。东亚各国人民的信仰、思想、习俗、制度，相互渗透，虽然保持差别，也显示出诸多共性。为什么在1895—1945年的半个世纪里会风云突变呢？这半个世纪的历史在多大程度上扭转了东亚和平的轨迹，关于这半个世纪曲折、痛苦经历的记忆会在多大程度上左右东亚人民对于比邻相处之未来的设想？为什么直到今天，人们关于这段

---

[*] 此文为2009年9月提交的吉林"近代东亚的接触空间——以中国东北地域为中心（1895—1945）国际学术研讨会"论文。

经历乃至东亚现状与未来的解释还会有巨大的分歧？关于这些问题，已经有数量繁多的历史追溯性的解释，此文的目的，则是暂且把具体的经验性回溯和具体事件的因果关系检讨搁置一边，尝试从文明史的视角提出另外一种看法。

所谓文明史的视角，这里指从文明演进的宏观历程角度来叙述和解读历史经验的视角。从这样的视角出发，半个世纪是一个短暂的瞬间，因而其本身的意义不能自明，需要被放置到更长时段的过程中。从这样的一个视角出发，我们马上就会提出 20 世纪前半叶在文明史上究竟有怎样的特殊性这样一个问题，进而会发现，这半个世纪东亚历史变迁的新异性特征就是民族国家的兴起和"近代化"转变。[①] 也就是说，这个时期的巨大冲突，都是围绕着民族国家在东亚的兴起和东亚地区原有社会形态的近代化而展开的。这两者，对于东亚各国说来，皆具有根本性的时代意义。正是民族国家兴起的驱动和民族共同体近代化的诉求，以及由此而形成的民族主义的强化和国家发展的绝对正当性观念，使得"近代"东亚被笼罩在一种极其强劲的意识形态氛围和史无前例地尖锐化的冲突之中。这种思维、情绪的基调，至今也没有完全转变，至今关于 20 世纪前半叶历史的大量解释，仍然受到民族主义、近代化神圣意识的影响。职此之由，其间各种具体的冲突，难以彻底化解。民族主义和近代化是 20 世纪东亚历史解释的两个相互纠缠的症结。

我们并不能期望仅仅通过指出这一点，就使前面的那些问题都能得到彻底地解决，但是我们可以通过解析这两个症结，来加深对于这些问题的理解。理解的愿望，永远是化解问题的前提。

一、民族国家近代化诉求与近代东亚政治格局变迁

19 世纪中叶以前的东亚政治格局的轴心是以中国为核心的"宗藩——

---

① 本文所用"近代化"概念与"现代化"概念并无根本区别，两者在英语中皆用 modernization 来表示。

朝贡体系"。这种区域政治结构早已经历了各种现代历史学流派参照近代国家和国际关系尺度而进行的批判，其弊端也是无可否认的。但是我们还是应该注意到，这种结构曾经在很长的历史时期中维系了东亚，乃至亚洲的基本和平。之所以能够具有此种功能，主要是因为，当时主导东亚地区的力量，把自己生息的地方，看作从祖先继承而来的生存空间，而非必须永恒分割、持续扩张并且神圣化的财富。那时相当于今天所说的"世界"这个语汇的概念是"天下"，"天下"人各安其生理，符合天道。那时人们对人类生存空间有限性的意识浅淡，虽然也有疆土之欲，但疆土的价值很大程度上取决于其上生活着的人，而无关乎地下资源，故不以控制尽量多的领土为神圣目标。当时东亚的军事实力并不一直保持平衡，但并不因为不平衡就发生战争。

殖民主义兴起，西方人首先发现了生存地域空间的有限性，率先在殖民国家内部形成了将地球表面作为民族国家的财富加以精密分割的观念和实践，并且赋予这种分割永恒的正当属性——其名目就是"领土主权"。对于殖民主义者说来，所有尚未以民族国家方式澄清"领土主权"的地域空间，都可以由他者"自由"地获取（claim），而先前在那些地域世代生息的人们，并不天然地拥有对于其生存空间的"主权"（sovereignty）。近代化带来的巨大进步，使很多人忘记，地表的存在并不依赖于人，它山河错落，却又紧密地连在一起，那些人为的切割，并不能真正把地表空间分离，只能把地表上生活着的人相互分离。

19世纪，正是西方殖民主义将地球表面——除了两极和东亚以外，基本重新瓜分完毕的时代。然而，他们在距离自己本土最遥远的东亚地区，遭遇到的是具有悠久文化和内聚力的若干文化共同体，他们试图运用传教、贸易、攻略并施的方法，将东亚彻底融化到自己的世界秩序体系中。在这样的时代，目睹了西方之强大的东亚各个共同体，深受适者生存观念的影响，开始自觉地借用西方的观念、技术、制度来进行自我改造，以争取保持共同体的存续。于是，产生于西方近代早期的民族国家观、近代化诉求便成为东亚各民族自强、变革运动的思想动力。刻意模仿西方事物的东亚思想家，把鼓吹民族国家观和近代化作为启蒙的使命，在极大地推动了亚洲社会变迁的同时，基本搁置了对于近代化本身的人文价值审视。

日本长期吸纳外来文化、思想，其近代启蒙思想家西化的热情也最高。借助于在近代化路程上的捷足先登，日本思想家在19世纪70年代开始用新殖民者的目光看待东亚的邻邦。这时的东亚，维系区域"宗藩—朝贡体系"平衡的清朝已经处于朝代气运的末路，对西方殖民者的进逼应接不暇，也丧失了维护朝鲜现实地位的能力。于是，甲午战争，彻底改变了东亚的区域政治格局和大文化意识主流。

1894年作为东亚区域政治格局的一个转折点，其最突出的含义并不在于日本战败了中国，而在于东亚内部开始爆发了以民族国家利益为核心，以近代化诉求为旗帜的殖民主义战争。民族国家精神和近代化诉求这些前所未有的东西，使得日本在东亚地区展开的这场侵夺表现为一种前所未有的全民总体战，发动起了全民族投入的狂热，又披上了历史进步的外衣。在这种语境中，东亚人民的灾难被肇事者轻易地看作为了"进步"而不能不被送上祭坛的牺牲。

1895—1945年这50年，西方殖民者从来没有放弃扩大在中国和朝鲜殖民利益的企图和行动，但是并没有哪个西方国家认真策划彻底灭亡中国和朝鲜，只有东亚的日本日益明确了以此为国策。这不仅由于地缘接近，而且由于日本思想界营造了一个理论——日本具有主导东亚各个民族命运的资格，因为它既是唯一近代化的东亚国家，又是东亚文化传统本身的合法继承人。近代化的旗号使日本对东亚相邻民族的侵略披上了"进步"的外衣，同文同种同区域的渊源也成为日本要求东亚人民归顺到大和民族主义旗帜下的口实。所谓"大东亚共荣圈"正是日本将大和民族的军事实力优势，转化为大和民族在整个东亚的文化、经济、政治全息支配地位的近代化梦想。

中国和朝鲜也在同一个时代接受并逐渐强化了民族国家意识和近代化诉求意识。不同的是，中国和朝鲜是在自存的目标和意义上经历这种观念变革的。因而，民族主义和近代化诉求成为中国和朝鲜抵御外来侵略的观念武器，但没有成为他们对外侵夺的观念武器。然而，长期的民族危机、屈辱、丧亡，逐渐孕育出非常敏感的民族意识。即使在1945年日本战败投降以后，东亚各族人民对于日本侵略的戒备也从来没有消失，对于外部干预自己事务仍然保持高度的敏感。在这种历史文化背景下，东亚地区的历史学家，常常以情绪化的方式来介入历史学的争论。东亚各国之间对于在近代化总过程中重新界定的领土界线，也始终留有没有彻底解决的局部争端。而疆域界线，无论具有何等神圣的意义，都毕竟是把人区分为自我和他者的鸿沟。从这个意义上说，民族国家和近代化的诉求、演进，深化了东亚的内部分野。而这种分野，又积淀下来，成为直至当下人们思考东亚问题的基本话语和思维架构。

二、民族国家近代化诉求在当下东亚历史解释中的投影

1895—1945年，东亚的历史被用现代史学的名义重新叙述和解释。现代史学本身浸透着民族国家意识和近代化必然性、正当性的意识，因而整个东亚的过去，都在历史学家的笔下，成为东亚近代化变迁的前奏和背景，各种故事，都参照着近代化东亚的合理性而重新界定并被安置到新的历史叙事中。在这个过程中，近代东亚人民之间分裂的影子，就投射到他们关于更长久的往事的意念中。

于是，就出现了把历史上的往事、历史上的空间、历史上的人群，参照今天的民族国家分野加以区分的尝试。世界历史上，跨越今天民族国家疆界的人类活动经验林林总总，大多无法合乎逻辑地归属于任何一个单一现代民族国家独自的历史范围。原因是，当初的那些往事，并不是为了今日民族国家的界定而发生的。在几千年的人类文明史上，许多人群有多次迁移，游牧民族的迁徙更覆盖广大的空间地域。如果将他们所到之处都加以现实的分割，那么永远也找不到合理的尺度。而且，今天的民族国家如美国、新西兰、澳大利亚等，都建立在其他民族历史活动的区域里，如果依照前述的方式，岂不都应该解体？这里的关键是，民族国家以及由于民

族国家的形成而高度强化起来的国家疆域，在很多例证中是近代的新事物，它们不能合乎逻辑地被用来划分历史的往事和空间。用民族国家做尺度来讲述的通贯的历史，在一定程度上，是想象或倒叙的历史。

以近代化为尺度叙述东亚历史的最有影响力的学者是美国历史学家费正清（John King Fairbank）。这与近代化历史叙述这种方式本身的西方起源恰好巧合。费正清和他领导的哈佛学派在20世纪中后期发表的多部关于东亚历史的叙述都贯穿了著名的西方刺激、亚洲反应的理论，并且用走向近代化的速度、程度为尺度来评论东亚三国晚近历史各自的意义。在这种视野下，日本无疑是最有效的近代化者，而中国的近代化速度不及日本，因而同一时期中国历史的意义就比较浅淡。但是费正清的早期东亚历史叙述，没有认真地追问，日本的近代化经历为什么会伴随着东亚的战争、分裂和持久难以排解的纠纷。他也没有意识到，近代化程度不能成为历史叙述的万能价值尺度。

三、超越民族国家和近代化诉求的可能性

所有上述之要点，既不在于批评民族国家，也不在于指责近代化，而在于指出我们现在历史叙述所凭依的基本概念具有特异性——以民族国家观和近代化作为历史必然目标的观念，是在人类文明史上的一个特殊时期，是由许多复杂的机缘演变出来的。因而，它们和我们现在分析历史时使用的所有其他概念一样，都既会澄清历史分析的许多线索，也会屏蔽历史思考的一些思路，会歪曲历史的一些本来情状，会造成一些并非必要的紧张。

如果在文明史角度追问民族国家的意义，并不会得出进化主义历史学通常所持的目的论式的答案——它既不是历史的终极目标，也不是历史上必然经历的过程。

如前所说，民族国家是随着欧洲近代化过程中的国家关系、国际关系重构而明晰起来的概念。它使得先前外延相对模糊的国家、文化、社会共同体在各种意义上固化起来，从而把内、外清晰地分开，进而强化所有这

样的共同体的内部认同与整体行为能力。所以，民族国家形态在充满竞争的殖民主义时代为率先发展的国家提供了巨大的扩展殖民领域、财富的能量。对于后发展的国家，民族国家形态则提供了自我保护的框架。但是，在民族国家发展的过程中，无数没有能够及时组成民族国家的政治、文化、社会共同体永远地沦亡、湮没了。为了形成民族国家，许多长久和平共处和混居的共同体解体，其间往往伴随着战争。到了20世纪末，全球化成为日益醒目的现象，这个现象其实包含着解构民族国家和基于民族国家单位而形成的国际关系体系的因素。其中包括：跨国公司和跨国财团、国际金融一体化机制、国际性非政府组织、互联网带来的国际信息共享平台、大规模的人口跨国流动。这类现象似乎已经意味着一种趋势：人类不再满足于一切通过民族国家的网格过滤才能够交往的情况，而要尽量地追求直接的人际交往，这种追求已经促成了许多方兴未艾的制度设置。这又进一步意味着，民族国家在其出现大约400年之际，已经不再构成唯一天经地义的人类组织结构。因而，它当然也就不是历史的目的——如果历史果然有目的的话。

人们很少充分注意到，民族国家从来不是现代国家组织的唯一方式。另外的一种方式就是族群国家。中国就是一个典型的族群国家，其国家框架内部，包含着多个民族，有多种语言文字，多种宗教信仰，但是又形成了整体认同。奉行多元文化主义的加拿大也是一个族群国家，英裔、法裔、印第安裔为其建国时期的基本民族，后来的长期移民政策又使乌克兰、德、华、印度、阿拉伯等族裔成为加拿大民族大家庭中的主要成员。即使是一直在观念上主张民族国家（nation state）指单一民族国家的美国，也早就包含了世界上几乎所有族裔的成员。这些非主体族裔的人群，在美国社会构成诸多"社区"（community），并依托于社区而保持本族裔的认同。在现代国家中，其实找不到哪个国家是纯粹的单一民族国家，推究起来，其实都是不同程度的族群国家。族群国家实际体现国家构成形态的主流趋势，而未来人类世界的组织方式，还会发生改变。在这种情况下，把历史上的跨越现代国界生存的民族判定为某一个现代国家的先祖是缺乏实际意义的。

评史丛录

  近代化是人类文明史上最伟大的变革之一，但是没有必要将之看作一种绝对无可置疑的理想状态。在这个问题上，有许多关于现代性反省的著作已经提出了相当深刻的思考。在民族国家意识和民族国家本身的功能仍然具有现实性、近代化诉求仍然强劲的情况下，东亚历史的叙述还必然地要参照民族国家和近代化诉求的背景。但是，历史学应该同时注意防止民族国家意识和近代化诉求成为衡量历史现象、评价历史事件和人物的唯一或者最终尺度，应该不再继续将近代以前历史的所有内容都强硬地塞入民族国家的框架中，应该不以民族国家近代化发展诉求的名义来把近代东亚历史上的那些泯灭人性、残害生灵的行为正当化或者淡化。历史不仅是宿债，也是经验，面对真实的历史才能使人更为明智。

中华传统文化中的"天下为公"及其现代回响[*]

中国传统文化探究中最值得关注的内容应该是在中国传统文化中产生深远影响并具有恒久价值的内核，探求这样的内核的时候，应该特别注意中华人民所构成的大社会共同体在其历史生活中蕴含和表现出来的价值追求。其中，最要紧的当是关于公共社会的价值观及其相关的经验。从这个角度看，中国传统文化中最重要的莫过于"天下为公"的思想。

"天下为公"出自《礼记》，表达的本是中国古人的一种社会追求，到孙中山发动民主革命的时候，再次把这种追求作为新社会理想的要旨。到了今天，现实的文化面貌与中国文化传统之间已经发生许多断裂，其中的一些断裂是现代化转变中自觉追求的结果。但是，当代中国社会建设所展现的独到特征却表明，"天下为公"的诉求仍然在延续。这说明，人类就是人类，在比较超越的层面，古人和今人的理想有深层的共鸣，传统和现代之间，并非全面断裂，也存在通路。这就使我们不得不去追问，"天下为公"到底是怎样的一种理想？如何体现于中华文明的经验、历程当中？它在中国历史上有何种表现？如何在文化承继和断裂经历中发生变异？这种源远流长的传统和今天中国的文化及社会生活又有怎样的联系？

---

[*] 原载于《东北师大学报（哲学社会科学版）》2011年第5期。

一、中华古典思想中的"天下为公"

"天下为公"思想最为经典化的表述出于《礼记·礼运》。《隋书·经籍志》称,汉朝初年,河间献王得孔子弟子及其后学所记131篇,献给朝廷。到刘向考校经籍的时候,检得130篇,又搜集《明堂阴阳记》33篇,《孔子三朝记》7篇,《王史氏记》21篇,《乐记》23篇,凡5种,合为214篇。后来西汉人戴德删其繁重,约为85篇,是为《大戴礼记》,其侄戴圣又将《大戴礼记》节略为46篇,称为《小戴礼记》。汉人郑玄所注,唐孔颖达作疏的《礼记正义》则为63卷。清代编纂的《四库全书总目提要》称,《隋书·经籍志》所述礼记版本及传承源流和卷次未必完全准确,故《四库全书》采用的是郑玄注孔颖达疏本。该本《礼记·礼运》篇中讲,孔子在鲁国参加了腊月的祭祀,觉得鲁国尚能持礼,但已不能完备,喟然长叹:

> 大道之行也,天下为公。选贤与能,讲信修睦,故人不独亲其亲,不独子其子,使老有所终,壮有所用,幼有所长,矜【鳏】寡孤独废疾者,皆有所养。男有分,女有归。货恶其弃于地也,不必藏于己;力恶其不出于身也,不必为己。是故谋闭而不兴,盗窃乱贼而不作,故外户而不闭。是谓大同。今大道既隐,天下为家,各亲其亲,各子其子,货力为己,大人世及以为礼,城郭沟池以为固,礼义以为纪,以正君臣,以笃父子,以睦兄弟,以和夫妇,以设制度,以立田里,以贤勇知,以功为己。故谋用是作,而兵由此起。禹、汤、文、武、成王、周公、由此其选也。此六君子者,未有不谨于礼者也。以著其义,以考其信,著有过,刑仁讲让,示民有常。如有不由此者,在执者去,众以为殃。是谓小康。[①]

从这样的话中我们能够看出什么来呢?

---

① (汉)郑玄注,(唐)孔颖达等正义:《礼记正义》卷21《礼运第九》,阮元校刻《十三经注疏》本,北京:中华书局,1954年,第1414页。

首先，中国古代的先贤怀有对于理想社会深沉执着的追求，不是非常功利实用的，不是短视的，他们心目中有"天下为公"的理想境界，崇尚合理的公共生存。这种"公"的核心是社会的平等与和睦——公共社会的合理性基础是中国古人国家社会观的核心——平等涉及公共权力不应该私相授受，而应当委托于贤能的人；和睦不仅是一种和谐宁静、各有社会角色和保障的状态，而且是一种文化和社会普遍风气，崇尚推己及人，不将一己之私置于他人之上，更非置于社会之上，不崇尚机谋巧诈手段，只是朴素坦荡地做人，和谐社会需是普遍内在的文化诉求。中国古人的社会理想并不以拥有大量财富和超越他人的物质生活条件为目标，但也没有空疏到不顾及社会物质条件的地步，他们追求在普遍社会生存保障基础上的社会平等与和谐。而社会平等与和谐恰好是现代社会仍然缺失，甚至是带来普遍焦虑和无助感的。

其次，禹、汤、文、武、成王、周公这些在古代文献中常常被描述为伟大人物的人，其实都是大道既隐之后的"小康时代"的人物。由此看来，孔子之主张"克己复礼"，只是在表达重建小康的愿望，他推崇的礼制，也并不是他的最终理想，而是一个阶段性的主张，其更高的理想是天下为公的大同社会。因而说孔子向往等级秩序社会，可能是一种皮面的理解。儒家有超越的社会理想，在最根本的意义上思考人类社会性生存的意义。与此相比，其他一些学派，主要在特殊人群的角度或者当下策略的角度思考社会、政治问题，就偏狭许多了。

《礼记》不是孔子的著作，应是孔门弟子后学编录，经汉代学者整理成书的文献。所以，这里托名孔子所说的话，还不一定就是孔子本人的言论，能够肯定的是，它体现了孔子倡导的社会思想并作为儒家社会思想影响当时和后世。而且，"天下为公"作为一种思想，并不仅见于《礼记》，在先秦时代的其他文献中也可得到印证。

第一，《礼记》中记载的天下为公理想与其他文献中记载的孔子的人本主义是相通的。孔子的人本主义是以普遍平等的人的生存保障和心理认同作为国家政治合理性基础的一种社会政治伦理观。在孔子的言论中，谁为天下主并不重要,重要的是能否创造出合理的社会局面。最鲜明的例子是孔子评论管仲时表达的看法。子贡曾问孔子:"管仲非仁者与?桓公杀公子纠,不能死,又相之。"孔子曰:"管仲相桓公,霸诸侯,一匡天下,民到于今受其赐。微管仲,吾其被发左衽矣。岂若匹夫匹妇之为谅也,自经于沟渎,而莫之知也?"①孔子并未从私人相处之德角度看待管仲,而从管仲作为的公共社会意义角度,判定他的不因私恩私德自经于沟渎并无伤乎其为仁者。故孔子固重伦理,其中却有公私宏微之差别,为公共社会福祉的公德,超乎私人伦理之上。正因有这样的观念,孔子并没有从身份意义上认定他自己所处时代谁最值得拥戴,也不曾试图去扶植名义上的共主周王,而是去周游列国,寻找可能在乱世中收拾局面,树立良好施政传统的君主,借以推行自己的社会理想。他竭力向潜在的这类君主阐述的政治社会主张也到处体现他的天下为重的政治观念。其中重要的核心就是"为政以德"。他说:"为政以德。譬如北辰,居其所,而众星共之。"②他所说的"德",并非日常生活中的私德,而是处理公共事务、运作公共权力时的品质,取义于德者无为有常,溥被无偏,故能为众星拱卫,构成恒稳的秩序。这样溥被的德,是贯穿着公天下政治合理性意识的。孔子对樊迟解释"仁"的含义时用"爱人"来说明,不称爱哪些特定的人,也是在普遍的意义上主张博爱的。另有弟子仲弓问仁,孔子解释说:"出门如见大宾,使民如承大祭。"③这就具体地表述出"仁"与政治家对待民众方式的关系,恭恭如也,敬敬如也,如此自然不能为所欲为。子张问仁,孔子曰"能行五者于天下,为仁矣",子张愿闻其详,曰:"恭、宽、信、敏、惠。"④孔子还曾说道,

---

① (清)刘宝楠:《论语正义》卷17《宪问第十四》,《诸子集成》第1册,北京:中华书局,1954年,第314—315页。
② (清)刘宝楠:《论语正义》卷2《为政第二》,《诸子集成》第1册,北京:中华书局,1954年,第20页。
③ (清)刘宝楠:《论语正义》卷15《颜渊第十二》,《诸子集成》第1册,北京:中华书局,1954年,第263页。
④ (清)刘宝楠:《论语正义》卷20《阳货第十七》,《诸子集成》第1册,北京:中华书局,1954年,第371页。

"道千乘之国，敬事而信，节用而爱人，使民以时"①。由此可见，孔子的伦理、政治、社会主张是由他的建设普遍公正的人本社会秩序理想贯通起来的。正因为如此，孔子主张士君子以道事君："所谓大臣者，以道事君，不可则止。"②他并不认可对君主的绝对服从，而以自己的原则为尺度，故他的主张积极入世，并非为了获取个人的地位、利益、荣耀，而是以利天下为根本；他的尊君，也并非主张个人专制，而是为追求秩序而言的。

第二，孟子的民本主义国家观体现着公天下的思想，他继承孔子政治伦理的内核，在论述国家政治以及伦理问题时，大量使用"天下"这一语汇，以更为明确的方式讨论政治合理性的尺度问题。他主张"民为贵，社稷次之，君为轻。是故得乎丘民而为天子"③。因为国家权威的合法性取决于"丘民"拥戴与否，君主即不能以天下私相授受，必须是得到人民拥护者方为合法的君主。学生万章问："尧以天下与舜，有诸？"孟子曰："否，天子不能以天下与人……尧崩，三年之丧毕，舜避尧之子于南河之南。天下诸侯朝觐者，不之尧之子而之舜；讼狱者，不之尧之子而之舜；讴歌者，不讴歌尧之子而讴歌舜。故曰天也。夫然后之中国，践天子位焉。"④政权既然并非君主的私权，参与政治就有超过服务于君主本人的公共原则性，"非其义也，非其道也，禄之以天下，弗顾也"⑤；"立乎人之本朝而道不行，耻也"⑥；在君主严重违背天下政治原则的时候，甚至应当更易君主："君

---

① （清）刘宝楠：《论语正义》卷 1《学而第一》，《诸子集成》第 1 册，北京：中华书局，1954 年，第 7—9 页。
② （清）刘宝楠：《论语正义》卷 14《先进第十一》，《诸子集成》第 1 册，北京：中华书局，1954 年，第 251 页。
③ （清）焦循：《孟子正义》卷 14《尽心章句下》，《诸子集成》第 1 册，北京：中华书局，1954 年，第 573 页。
④ （清）焦循：《孟子正义》卷 9《万章章句上》，《诸子集成》第 1 册，北京：中华书局，1954 年，第 379—380 页。
⑤ （清）焦循：《孟子正义》卷 9《万章章句上》，《诸子集成》第 1 册，北京：中华书局，1954 年，第 386 页。
⑥ （清）焦循：《孟子正义》卷 10《万章章句下》，《诸子集成》第 1 册，北京：中华书局，1954 年，第 418 页。

有大过则谏，反覆之而不听，则易位"①；"诸侯危社稷，则变置"②；"贼仁者谓之贼，贼义者谓之残，残贼之人，谓之一夫。闻诛一夫纣矣，未闻弑君也"③。

第三，战国末年的杂家著作《吕氏春秋》中也体现公天下的国家社会理想。《吕氏春秋》讲天地无私："天无私覆也，地无私载也，日月无私烛也，四时无私行也。"④天地自然的溥被无私与国家社会关系中的权势者无私相对应："昔先圣王之治天下也，必先公。公则天下平矣。平得于公……天下非一人之天下也，天下之天下也。阴阳之和，不长一类；甘露时雨，不私一物；万民之主，不阿一人"；⑤天下之大公是社会权力分配秩序的基础："天下大乱，无有安国；一国尽乱，无有安家；一家皆乱，无有安身，此之谓也。"⑥无国家制度的时代，人民以力相残，因而才产生了国家制度："圣人深见此患也，故为天下长虑，莫如置天子也，为一国长虑，莫如置君也。置君，非以阿君也，置天子，非以阿天子也，置官长，非以阿官长也。"⑦与《孟子》的主张一致，《吕氏春秋》主张以臣的身份参与国家政治的人需有自己持守的原则："物之从同，不可为记。子不遮乎亲，臣不遮乎君。君同则来，异则去。故君虽尊，以白为黑，臣不能听；父虽亲，以黑为白，子不能从。"⑧

---

① （清）焦循：《孟子正义》卷11《万章章句下》，《诸子集成》第1册，北京：中华书局，第430页。

② （清）焦循：《孟子正义》卷14《尽心章句下》，《诸子集成》第1册，北京：中华书局，第573页。

③ （清）焦循：《孟子正义》卷2《梁惠王章句下》，《诸子集成》第1册，北京：中华书局，第86页。

④ （汉）高诱注：《吕氏春秋》卷1《孟春纪第一》，《诸子集成》第6册，北京：中华书局，1954年，第10页。

⑤ （汉）高诱注：《吕氏春秋》卷1《孟春纪第一》，《诸子集成》第6册，北京：中华书局，第8页。

⑥ （汉）高诱注：《吕氏春秋》卷13《有始览第一》，《诸子集成》第6册，北京：中华书局，第136页。

⑦ （汉）高诱注：《吕氏春秋》卷20《恃君览第八》，《诸子集成》第6册，北京：中华书局，第256页。

⑧ （汉）高诱注：《吕氏春秋》卷13《有始览第一》，《诸子集成》第6册，北京：中华书局，第127页。

除了以上儒家主张、杂家吸纳公天下思想的集中体现之外，先秦时代的其他许多经典性著作中也包含类似或与之相通的思想。如《尚书》中有"以公灭私，民其允怀"①；《老子》中有"圣人无常心，以百姓心为心……圣人在天下，歙歙为天下浑其心"②；《庄子》有"天无私覆，地无私载"③；《墨子》有"仁人之所以为事者，必兴天下之利，除去天下之害"④。他认为"文王之兼爱天下之博大也，譬之日月，兼照天下之无有私也"⑤。《荀子》有"天之生民，非为君也；天之立君，以为民也"⑥。《慎子》有"古者，立天子而贵之者，非以利一人也。曰，天下无一贵，则理无由通，通理以为天下也。故立天子以为天下，非立天下以为天子也。立国君以为国，非立国以为君也。立官长以为官，非立官以为长也"⑦。这样，我们可以判定，"天下为公"是在先秦时代孕育的一种社会理想和社会观。这种社会理想和社会观不仅属于儒家，而且是中国古代思想中带有普遍倾向性的文化取向。

二、中国帝制时代国家政治和大众文化中的"天下为公"

天下为公的理想之所以在春秋战国时代发展到达成一定共识的程度，是因为那是一个充满变数的时代，在无数具体的变数背后，又有一个大潮

---

① （汉）孔安国传，（唐）孔颖达等正义：《尚书正义》卷18《周官第二十二》，阮元校刻《十三经注疏》本，北京：中华书局，1954年，第236页。
② （汉）王弼注：《老子注》下篇《四十九章》，《诸子集成》第3册，北京：中华书局，1954年，第30页。
③ （清）王先谦：《庄子集解》卷2《大宗师第六》，《诸子集成》第3册，北京：中华书局，1954年，第47页。
④ （清）孙诒让：《墨子闲诂》卷4《兼爱中第十五》，《诸子集成》第4册，北京：中华书局，1954年，第64页。
⑤ （清）孙诒让：《墨子闲诂》卷4《兼爱下第十六》，《诸子集成》第4册，北京：中华书局，1954年，第76页。
⑥ （清）王先谦：《荀子集解》卷19《大略篇第二十七》，《诸子集成》第2册，北京：中华书局，1954年，第332页。
⑦ （战国）慎到撰，（清）钱熙祚校：《诸子集成》第5册《慎子·威德》，北京：中华书局，1954年，第2页。

流，这就是"天下"，即当时人们所理解的超越各个政权体系的文明社会汇聚为一个统一国家共同体的趋势。这个时代有许许多多的思想家，用不同的方式提出诸多包含差别的思想，不过他们凭借的文献、知识，以及表述这些知识的语言、文本，都是共享的，因而他们是在同一个文化语境中思考，这个共同的文化语境背后有基本的诉求，就是消弭无休止的征战，形成和平统一的文化社会。"天下为公"思想本身，正是把所有的诸侯、贵族、各种局部利益从属化、次要化的一种立场，它的根本诉求是华夏文明共生的新秩序。所以春秋战国时代的"百家"，大多在设计新社会，他们的考虑都带有普世的特征，就"天下"而立说，儒家尤其如此。

但是，儒家思想中缺乏立竿见影的策略论，其社会理想高远却不能提出在天下大乱的局面下缔造新秩序的有效途径。所以春秋战国时代之后的大一统，是借诸法家、兵家、纵横家、杂家，以及墨家等各种具有谋略色彩的思想的运作实现的。这就形成了一个很奇异的文化景观：一面是普遍的公天下的价值诉求，一面是高度君主集权的体制。这样建构起来的帝制体系，就具有两面性，一面是把公天下的理想当作旗帜，承认公权力的终极意义是维护公共生存利益的；一面是被各种各样的权力私有化、财富资源私有化倾向牵引，出现各种私人权力凌驾于公共权益，政治大一统，社会大不公的现象。

皇帝居权力体制顶端，最倾向于并可能把权力私有化。秦始皇登极，宣称要把皇位在子嗣中流传万世，以致无穷。然而"天下"不接受这种赤裸裸的个人、家族统治，秦遂迅速败亡。汉高祖得天下，修未央宫成，大会诸侯、群臣，奉玉卮贺其父曰："始，大人常以臣无赖，不能治产业，不如仲力。今某之业所就孰与仲多？"①以天下为私产之态可掬。他更在刘氏家族中封王，把天下作为私财分割给自己的子侄。结果诸王的私欲依托分割的权力地位而膨胀，皇帝既受威胁，又有所不甘，致使文、景时期，天下混乱。于是用武力加谋略把分割的天下归到中央的管理体制内以后，

---

① （汉）司马迁：《史记》卷8《高祖本纪第八》，北京：中华书局，1959年，第387页。

汉朝采纳董仲舒的建议，罢黜百家，独尊儒术。汉初借助各类实力派拥戴控制天下，不得不与实力派共享天下，当时尚黄老，有其不得已。皇权集中以后，发现儒家讲的天下观，可以被利用来构筑皇帝的大一统。于是就把儒学改造一番，为推崇皇权所用。儒学本来并不崇尚专制，但是其强调统一秩序的诉求被皇权主义加工，皇帝就窃据了大一统体系象征的地位，被安置在天下公理的基座上。最超越的公理是"天"，所以汉代尊崇的儒术，强调君权天授。皇帝从"天"那里获取终极合法性，"天"所蕴含的公平溥被的意蕴，也构成对皇帝及其控制的国家机器的评价尺度和道德制约。汉代的儒者把天描绘得极其关注人事，会在冥冥中监督皇帝，一旦有缺失，就会警告；汉代的皇帝也特别注重祭祀天地神灵、名山大川，连处理刑事案件，也要比附春秋节气。这时的日常政治和社会政策，自然也会关照民心，不能像秦朝那样为所欲为。朝野上下，也就特别地注重读书。读书表示要讲究合理性，不像秦朝那样，焚毁典籍，让人们去"以吏为师"——以吏为师，只能懂得官家的规矩，是关于如何服从的事情，不理会什么道理。所以秦是公开取消公理价值的政治权力至上时代，汉则开始讲公理。即使这种公理首先是为统治者所利用的，但其公的形态还是构成一种超越性政治的尺度，因而打开了逐渐发生普遍自觉的通路。西汉末年，有儒者鲍宣上书皇帝，在说到当时皇帝偏私，政治举措无方，民生困苦之后，明确指出：

> 天下乃皇天之天下也，陛下上为皇天子，下为黎庶父母，为天牧养元元，视之当如一，合《尸鸠》之诗。今贫民菜食不厌，衣又穿空，父子夫妇不能相保，诚可为酸鼻。陛下不救，将安所归命乎？奈何独私养外亲与幸臣董贤，多赏赐以大万数，使奴从宾客浆酒霍肉，苍头庐儿皆用致富！非天意也。及汝昌侯傅商亡功而封。夫官爵非陛下之官爵，乃天下之官爵也。陛下取非其官，官非其人，而望天说民服，岂不难哉！……治天下者当用天下之心为心，不得自专快意而已也。上之皇天见谴，下之黎庶怨恨，次有谏争之臣，陛下苟欲自薄而厚恶

臣，天下犹不听也。臣虽愚戆，独不知多受禄赐，美食太官，广田宅，厚妻子，不与恶人结仇怨以安身邪？诚迫大义，官以谏争为职，不敢不竭愚。惟陛下少留神明，览五经之文，原圣人之至意，深思天地之戒。①

这是儒家思想在经过帝制体系的激荡以后重新表述的国家政治观，其中还是保留了"天下为公"的基本价值意识。在当时的儒者心目中，皇帝的所作所为，需由"天下"的状态来衡量，不得放纵为私，否则就有天谴、民怨。这样的皇帝，虽然高居政治权力架构的顶端，但在政治理念中却是为天下公理公利而设的一个角色，并非天下的所有者。因而，皇帝必须认真读书，领略"圣人"阐释的这种道理和关系原则。大约同时的另一位官员谷永也说："臣闻天生蒸民，不能相治，为立王者以统理之，方制海内非为天子，列土封疆非为诸侯，皆以为民也。垂三统，列三正，去无道，开有德，不私一姓，明天下乃天下之天下，非一人之天下也。"②这位谷永的思想中杂有儒家、阴阳五行家、谋略家气息，但核心还是明确警告皇帝不能将自己凌驾于天下、民生利益之上。在这种风气影响之下，甚至当王莽想要篡夺汉朝的政权时，也来借助经学。那时的朝野上下，居然能接受一个篡位者，与当时已经蓄积了在儒学中寻求政治合法性而将皇帝个人的家族统系从属化的倾向有关。

天下人普遍探讨、讲求道理，于是经学在东汉更为发达，培育了士大夫独立思考的习惯和能力。到了东汉末年外戚、宦官专政的时候，士大夫就出来理论，于是有清议。清议之"清"，就在于拿了公共尺度来衡量权势场中的人物、事件。结果清议敌不过权力，就出现了党锢之祸。党锢的含义，就是天下的事情由权不由理。所以东汉末年的党锢之祸，是政治公共空间的窒息。士大夫失败了，公天下的文化氛围就瓦解了，以至于不仅汉

---

① （汉）班固：《汉书》卷 72《王贡两龚鲍传第四十二》，北京：中华书局，1962 年，第 3089—3091 页。

② （汉）班固：《汉书》卷 85《谷永杜邺传第五十五》，北京：中华书局，1962 年，第 3466—3467 页。

朝灭亡，而且在随后的三国到隋朝统一之间的几百年，政权分立，儒学不兴，宗教盛行，权谋是崇，家族自保，公共社会没有统一的尺度，也没有"天下"的共同生活。这个时代的文化进展，是北方游牧民族与内地大融合，结果又形成重建大公共生活的需求。

纷争的局面不能靠道理来收拾，要靠实力，于是就有善于"霸道"的人把竞争者清除，搞出一个大一统来，既统之后，霸道就不灵了，隋朝于是蹈了秦朝的覆辙，迅速灭亡。取而代之的唐朝，不久就搞了个"贞观论政"，又来讲理。可见，政治纷争的时代，天下以实力角逐，实力就是道理；大一统局面的出现，使长期维系的统一局面成了基本目标，政治合理性的问题就凸显出来。这是规律性的。但是，承几百年"圣学"断绝之后，"贞观论政"中讲究的理仍然从利弊着眼，载舟覆舟之论，比较功利化、表层化，公共社会的理念没有上下贯通。不久发生"安史之乱"。这时候出了韩愈，讲究道统，就是要寻政治合理性的根，寻找上下皆能接受的公共生活的合理解释。他排斥佛教，是为了突出儒学这个正根，他提倡古文，也是要正文化风气的根本。所以他的努力，为儒学的复兴奠定了方向。而隋唐时期建立起来的科举制度，则从体制上提供了更大范围的"讲理的人"直接参与公共权力管理，分享公共资源的基础。

这样来看宋明时代的理学探讨，就是儒学的复兴运动。这次的儒学复兴运动和欧洲的文艺复兴不一样，因为儒学并没有被完全忘却，一直保留着一条线索，所以复兴的内涵主要不在于重新发现，而在于重新解释。宋儒做的主要事情，就是把古典儒家的学说加以选择，结合当下的实际进行新的阐释。古典儒学出现的时候，并没有帝制大一统社会的实际，所以直接拿来作为帝制时代的理，就有些脱节，于是宋儒努力使之能够涵盖帝制体制的运作。这个时候再像孟子那样轻谈改易君主是不实际的，所以宋儒特别在君德上下功夫，在士大夫的内心修养上下功夫，力图使君臣上下找到共治天下的契合点来。他们非常明确地申明政权的合法性由民生状态和民心来判定——天意是民心的投影，天下唯有德者居之；从皇权以下的所有公共权力都要受到监督，都不能为所欲为——监督的终极力量是民心，中间力量是士大夫以圣贤之说来衡量，公共灾难需要皇帝出来修省、公开罪己；实行小政府体制——国家轻赋税，藏富于民，救济灾难，抵御外侮，不与民争利，创造好的秩序但少干预民间生活，以"天下太平"为目标；由此，天下的人都对公共社会承担责任，士大夫则要做其中坚。宋人范仲淹的"先天下之忧而忧，后天下之乐而乐"，生动地表达了宋代士大夫天下责任意识的觉醒。政治理性的自觉总要触及伦理问题，所以宋儒在伦理问题上进行了精细的探讨。然而宋儒的口号"存天理，去人欲"，常被误解，以为它们要让人们都做禁欲主义者，只去咀嚼天理活着。其实，儒学在很大程度上是政治伦理学，宋儒讨论的是君德和士大夫的修养，至于平民百姓，其实不太去约束。因为平民百姓之私，不过生存而已，权势者之私，才会以他人之私的丧失为代价。"天理"就是自然之理、普遍之理、公共之理，是讲人无论处何种地位，都要讲合理性，都要遵循公共的规范。去"人欲"，说的是去泛滥之欲，而非饮食男女之欲。所以宋代的理学家，也是吃饭、娶媳妇的。宋代特别地优待读书人，科举中又特别地把儒家经典而不是诗歌辞赋做了基本内容，士大夫普遍讲学，于是士大夫的人格独立精神比先前都鲜明起来。

  经历元朝的一场冲击之后，宋儒培育的士大夫文化风气在明朝流行起来。所以就可以看到，明朝的士大夫特别爱和皇帝争执。著名的事件有阻止明武宗出游的多次伏阙请愿、"大礼议"、谏张居正夺情、争"国本"、抗议矿税监、攻魏忠贤，以及晚明的复社运动，等等。在这种文化养育之下，出现了明末清初对于国家体制的批判性反省。晚明思想家一般地认为，明朝灭亡的根本教训是君主的私天下，呼吁要以公天下之心重新设计政治社会体制。其中呼声为后来的思想学术界关注最多的是顾炎武、黄宗羲、王夫之三人。顾炎武说："古之圣人，以公心待天下之人。"[①] 黄宗羲在著名的《明夷待访录》中系统地阐述了立君为民说，认为古代"天下有公利而莫或兴之，有公害而莫或除之"，因而才有君主之设立。由此推论，则君主

[①]（明）顾炎武：《顾亭林诗文集·亭林文集》卷1《郡县论一》，北京：中华书局：1959年，第12页。

史 以 经 世

为利天下之器,而非天下之主,逮至后世,则"以君为主,天下为客。"君主"屠毒天下之肝脑,离散天下之子女,以博我一人之产业,曾不惨然……"①"盖天下之治乱,不在一姓之兴亡,而在万民之忧乐。"②王夫之也说:"以在上之仁而言之,则一姓之兴亡,私也,而生民之生死,公也。"③"天下者,非一姓之私也,兴亡之修短有恒数,苟易姓而无原野流血之惨,则轻授他人而民不病。魏之授晋,上虽逆而下固安,无乃不可乎!"④"有一人之正义,有一时之大义,有古今之通义;轻重之衡,公私之辨,三者不可不察……公者重,私者轻矣,权衡之所自定也。三者有时而合,合则亘千古、通天下,而协于一人之正,则以一人之义裁之,而古今天下不能越。有时而不能交全也,则不可以一时废千古,不可以一人废天下。执其一义以求伸,其义虽伸,而非万世不易之公理,是非愈严,而义愈病。"⑤在这种表述中,已经可以看到超越的政治理性光彩。这些思想,言辞比以往思想家激烈而鲜明,但从前文来看,其实源远流长。主要承载于儒家文献中的"天下为公"的政治文化传统,在明朝灭亡的晚近教训刺激下,凸显了比先前更具有理性精神和普世主义色彩的国家政治观。

但是17世纪中期控制了国家权力的清朝,并不是社会革命或者反思所缔造的,而是趁乱收拾起来的,与顾炎武、黄宗羲、王夫之的反思根本没有因果关系,所以清朝的政治文化并没有沿着明末思想家的路线走。这时候的"公",又像在汉代那样,与君主及其统治集团的"私"形成了复杂的纠结,皇帝及其家族集团的独裁比明代还要沉重些。即使如此,由于存在着一个"天下为公"的大传统,有一个国家权力对公共福祉负责的普遍诉求,清朝的皇帝也不得不承认公共权力是为天下的,这在许多档案文献中都能看到。

前面所说的"天下为公"主要是从国家体制和精英思想的层次看的。

---

① (明)黄宗羲:《明夷待访录·原君》,北京:古籍出版社,1955年,第1—2页。
② (明)黄宗羲:《明夷待访录·原臣》,北京:古籍出版社,1955年,第5页。
③ (明)王夫之:《读通鉴论》卷17,北京:中华书局,1975年,第598页。
④ (明)王夫之:《读通鉴论》卷11,北京:中华书局,1975年,第345页。
⑤ (明)王夫之:《读通鉴论》卷14,北京:中华书局,1975年,第464页。

大众文化与精英文化既联系又区别，在关于公共社会合理性的角度，大众文化与士大夫精英文化是共鸣的。在中国大众文化中，伟大的人物，都是怀公心的典范。比如神农"尝百草""养民以公"；大禹为治洪水，三过家门而不入。他们被尊为中华民族的始祖，并不是基于历史的考证——如果详明考证，他们究竟是些什么人还有许多疑问——而是基于价值认同。中国传统俗文化中，即使是草莽英雄，也会打出"替天行道""均贫富"的旗号来，也会"路见不平，拔刀相助"。反之，中国传统俗文化中的暴君、恶人、小人，都以因私利、私欲害公、害民为特征。中国特有的"清官文化"，也表达出民间对于公共权力遵循公共利益原则运作的诉求。中国俗文化中的因缘果报之说，也将贡献于公共利益如修桥补路作为大功德，保护公共利益的人甚至可能被尊为神。中国人在私人生活中遇到问题的时候，也倾向于归责于政府，好的社会状态，也倾向于归功于政府。因此，中国思想家们的"天下为公"思想与中国大众文化深度共鸣，构成了中国文化的基本价值取向，是中国历史和社会体制演变的文化基因。

三、"天下为公"理想与近代以来中国文化中的公私张力

我们已经看到，"天下为公"是中国传统文化的一个基本价值取向，现代中国是在西方冲击带来的"现代化"驱动和传统文化积累的文化基因及社会倾向之共同基础上演化而来的。进而，我们就自然面临了"天下为公"的理想与晚近中国社会文化处境、状态的关系问题。在这个视角下，我们马上看到了一种巨大的张力：体制、价值观都在触及公私取向的两极。

清朝末年中华民族的危机，激发了比明朝末年还要痛切的反省。中国传统的"天下为公"思想只能在帝制的框架中来落实的时候，总是非常尴尬，因为需要包容皇帝的私权和公天下的冲突，一旦有民主共和的思想传播进来，又有其他改革成功的范例在那里，晚清时代中国精英的主流，就纷纷拍案而起了。在这个过程中，洪秀全受基督教的刺激，要搞"太平天国"，这是一种另类的公天下。康有为写了《大同书》，重申中国传统文化

中的公天下理想。孙中山提出"天下为公""五族共和",推动了共和制的诞生。这就可以看出,中国传统文化与晚清政治社会变革潮流之间的共鸣,恰好落在"天下为公"的旋律上。现代中国不仅是西方冲击的结果——西方主要是提供了一种强刺激——而且也提供了一种足供参考的社会架构,中国本土的公天下理想才是内在的、持续的,曾经被压抑了的诉求。

　　帝制推翻以后,目标本来是走向共和——公天下的新形态,却出现了军阀政治,这是传统体制中私天下倾向惯性作用的表现。但这时已经失去了历来皆有的帝制依托,没有市场,只能构成一个过渡期,但很快瓦解。后来的国共两党,都是以公天下为旗帜的。国民党还举着孙中山的"天下为公"的旗子,共产党找到了共产主义这种更普世化的公天下论。在实践中,国民党"私"保留得多,因而失去了民众的支持。所以整个中国现代史,是"天下为公"诉求的总爆发。中国人其实是在相当深厚的传统文化心理基础上选择了新社会体制。共产党领导的革命提出了几个根本的诉求:一是救亡独立,这符合全民族生存和共同尊严的需要;二是平均地权、土地革命,这落实了最广大民众在公共资源领域获得自己权益的要求;三是人民民主,这是在公共权力结构层面设计的公天下体制。所以得到了普遍的支持,也激发了巨大的公共社会建设热情。公的体制、公的宣传、公的体验,塑造出一种大公无私的社会文化。然而,在稍后的发展中,公共价值主导地位失去制约,形成一切都要归公的文化。20世纪五六十年代,农民的私有土地被直接公有化;城市私有者的资本被公私合营——最后私人资本实际消失;毫不利己、专门利人、大公无私的人格典范被塑造出来。私人领域、私人空间都被公充塞,私成了罪恶。到了"文化大革命"的时候,已经被高度符号化、意识形态化的公被当作了政治斗争的工具,借助激烈的反传统运动,把最后的一点私人空间扫荡。这时,连"私字一闪念"也不行了。从公私关系长时段演变的角度看,这段经历,含着公天下理想异化,即被工具化、绝对化、过度现实化的教训。理想永远带有乌托邦的特色,是需要搁置实践方式层面的许多复杂情况然后才能表述清楚的大旨。它好比指引航向的灯塔,虽不是航行的直接目标——船只被它指引,但也不能照它撞过去。古今中外，所有高远的理想，都有空想的色彩，都有指引的功能，都不是现成的方案。反过来说，具体的方案，都不那么高远。五六十年代的中国，照着理想直撞过去，把公当作管理运作社会一切领域的万能策略和目标，结果就造成了一种公旗帜下的强制，堵塞了社会的自主活性，麻木了个人的生存感受，造成了巨大的逆反。但是如果因而判定公文化无价值而唯私文化有价值，就落入了与先前过度公化而忽略私价值同类的绝对单一价值文化陷阱。

20世纪八九十年代的变迁，从公私关系演变的角度说，是一场恢复私空间的变化。"文化大革命"结束后开始的改革，首先从推行农村联产承包责任制开始，走向了人民公社解体，土地使用权私有化。这基本是耕者有其田这种古老的农业社会理想的复现。人民公社并不是绝对搞不好，但是作为普遍的社会工程，它要求基层领导者的素质太高，要求国家参与太多，所以难以有效地实施。土地私有，使一部分人的积极性被调动起来，恢复了市场经济基础。其次是开办经济特区，这种特区基本都避开了现有公共社会发达的地方，以便移植私有经济成分、关系更发达的体制而不至于引发两种体制的直接冲突。其经验一旦被推广，中国经济社会生活中的私成分就大为增加了。大批国有、大集体所有制企业"转制"，缔造了一个新资本持有者阶层，也抛出一个庞大的下岗、买断人群。最后是金融资本市场的建立，各类企业，多用股份制或资本上市的方式来运作，于是国民普遍获得了有产者的体验。在这一切背后，被解放的个人创造力与私人资本、私人财产、私人利益、私人选择一起爆发，公的价值和公的文化则在相当程度上被抽象化、边缘化了。这时候，无论基本制度如何，还是必须承认，资本主义的诸多经济关系、社会关系在中国被培育起来，一些人甚至无保留地去拥抱资本主义了。

然而马克思早就揭露的资本主义与生俱来的弊端并没有消除。资本主义的最大弊端就是过度私化，而过度私化必然导致社会分化和资本失控。现代西方国家并没有克服资本主义的这种根本弊端，只是将之遮掩在一般经济发展带来的普遍福利氛围中了。21世纪初西方爆发的金融危机，不仅仅是一场管理技术层面的危机，也是一次资本主义本质弊端发作的症状群。

同样重要的是，西方的经济资本主义是在西方文化传统的丰厚土壤中生长出来的，早就经历过一场自然发生的与社会文化关系的调适。比如，西方的法制就是与西方的文化价值同体而生的，因而西方的私观念、私文化与约定公共关系的法律相辅相成。中国古代的"法"则没有经过价值理论的培育，很大程度上是作为政治策略因统治者的需要而制定的。这就是一旦私观念、私价值在中国社会展开，公共规则就失效，法制也非常容易地被侵蚀的文化原因。再如基督教，抛开其有神论问题不谈，提供一种超越的普世关怀和有所敬畏的文化，可以中和自私自利的狂滥。在西方的现代化历程中，宗教经过冲突、调适而与经济、政治、社会变迁契合，并没有发生巨大的反传统断裂，因而西方的现代社会竞争性生存，对于普通人说来，还是有文化根基来调和的。中国大众信仰原本是综合的，即包容多种信仰而没有系统伦理化的。在现代化过程中，中国人又几次摧毁自己传统、纳入外来思想，这就仿佛连吃带吐，苦胆吐出来，吃下的东西却消化不良。所以中国的市场经济、资本运作伴随着严重的社会价值扭曲。这个时期，理论上的公共价值崇尚与私人生活体验严重脱节，公共权力在经济和民众生活领域运作并非十分有效，公共社会的管理本有规范，却大都需要私人关系介入，私人之间的依附、控制关系也有增强的迹象。发生这类问题表明，中国当代有影响力的思想者们对于公私关系这个一切公共社会合理有效安排的核心问题还没有做出彻底的思考，因而相关的实践还是被最近的经验所支配，公私文化的常经不立，就会不断出现被新问题牵引的反应式政策变更。公是中国文化的一个基本价值，私是一切社会民生的基本内容，如何实现公私关系顺畅、合理的公共生活，是传统中国的主题，也是当下中国建设的根本问题。

在任何一个视角下，当把公私问题并提的时候，都可以发现，两者之间有一种永恒的张力——关联、相互依托而又相互制衡的关系。公私的对立并不是根本不可化解的。中国古代的"天下为公"思想根本就不排斥私。孔子本人讲公共道德的时候，也从承认私心推导下来，故主张推己及人，要人因私而为公，不是要人公而忘私。黄宗羲在批判君主专制时也说，后世的君主极大地扩张了自己一人、一家之私，使得天下人不得私其私，这样的君主，是戕害天下人的独夫。所以，中国的古人已经知道，单纯的公或者单纯的私，都不能造就一个合理的社会。现代中国的建设，也离不开公私伦理和公私关系文化传统的深刻讨究。中国文化中有"天下为公"的基因，公共权力运作的普遍合理性，必然是中国大众心理持续内在的诉求。所以，保障最大范围社会成员作为人的生存条件、自由和尊严，严格制约公权力的私有化，在利用资本作为经济建设工具的同时，防范资本失控，管制资本运作者伤害公共生存的行为，都是必要的。在寻求中华民族精神文化的根源以求振兴中华文化的努力中，必须深切体察"天下为公"的价值理路以及其历史实践的经验，把握合理的中道。

基督宗教中国东北地区传播社会史研究的问题谱系
——《文本、地域与解释的新视角——中国东北地区的基督宗教与中西文化交流（清初至民国）》*代序

2012年4月，东北师范大学亚洲文明研究院与旧金山大学亚太中心利玛窦中西文化历史研究所联合在长春召开了"文本、记忆、地域与解释的新视角——中国东北地区的基督宗教与中西文化交流（清初至民国）"学术研讨会。为了筹备这次会议，旧金山大学亚太中心利玛窦中西文化研究所的吴小新所长曾多次往来大洋两岸，进行磋商、安排，并提供了会议经费的主要部分。这次会议实际做了两件相互关联的事情：一是邀请了多位在基督宗教在华传播研究领域知名的学者做专题报告及点评与会其他学者的论文；二是邀请了国内多所大学及研究机构的近30位学者发表论文并进行交流。会议的一般情况，请参看本集附录收入的由闫瑞撰写的会议综述以及本集所收的论文，此处不赘。

会议之后，吴小新教授多次就是否以及如何将会议成果集结为一个能够对未来该领域研究的深入与拓展有意义的成果与笔者交换意见。最后一致的想法是，在此次会议收到的论文中，选择直接关系东北地区基督宗教

---

* 该书由上海人民出版社于2013年出版。

传播及其对社会产生的影响方面的论文，编辑成论文集，以与关于其他地区同一论题研究的著述相互呼应辅成，也为将来拟在这个领域继续工作的学者了解学术基础和前沿语境提供便利。于是有本集之选编。

然而这样做有一个遗憾，即受邀与会的几位知名学者发表的论文和所做的点评，多取覆盖全国的视角，并多讨论方法、理论，这类论说，对于深化更宏大的领域——中西文化交流以及基督宗教在整个中国的传播史、社会史之研究，都有启发意义，但因本集特取"东北"地域性视角，加之篇幅的局限，不得不割舍。为此，笔者觉得有特别的责任和愿望在此对美国伊利诺伊大学芝加哥分校的劳拉·霍斯泰特勒（Laura Hostetler）教授、澳大利亚拉筹伯大学的鲁保禄（Paul Rule）教授、山东大学的狄德满（Gary Tiedemann）教授、北京大学的李孝聪教授、复旦大学的李天纲教授在此次会议期间做出的贡献表达真诚感谢，也请对本集感兴趣的学者，同时注意上述几位学者的研究。作为点评专家到会的香港大学李纪博士提供会议的讲演恰好是关于东北地区基督宗教传播史的，则收入本集。与会还有其他一些学者，论文也多创见，但在选编中考虑到主题、篇幅、代表性等原因没有收入，编者在此表示歉意。

通过编订此集而形成关于基督宗教在东北地区的传播及其社会影响的一个基础性文献的目的，要求选编者对此前的相关研究做一个总体性的评述——然而这实际上必须是此特定领域之内的专门家来做的事情，编者乐见该领域研究的深入，然而此前自己却在该领域没有做专门的研究。好在与会学者中，东北师范大学的高乐才教授和吉林师范大学的邱广军教授合作提供了一篇《近百年中国东北基督教研究综述》，已经收入本集。这样，本集编者就觉得可以稍为疏阔一些，在参与这次会议与选编此集的基础上，就东北区域基督宗教传播社会史作为一个研究领域的问题谱系，做一些观察者的点评，或者对于专家而言，有一些参考的意义也未可知。

第一，理论方法与基础概念。认定某一对象为一个研究领域的学者，需要辨识本领域的理论、方法特点并界定其元概念，或称基础性概念。东北区域基督宗教传播史作为已然之事，首先是历史学研究的对象。历史研究所做的基础性的事情，是通过文献考证厘清以往的事实；历史研究所做的进一步的事情，是对那些事实及其发生的前因、后果、背景、语境、含义，进行分析解释。要做那些进一步的事情，不仅需要使用文献梳理考证的方法，还需要运用一些深入分析的理论、方法。一方面，基督宗教在中国是外来的信仰体系，其在中国的传播，必然涉及不同的信仰体系，即宗教教义本身，这就要求研究者了解一些宗教学。然而纯粹宗教教义的研究，属于宗教学、神学，其研究并不需要特别地集中于基督宗教在中国东北地区传播的具体经历。所以，解读基督宗教的一般教义，尚不是本领域的核心问题。基督宗教在中国东北地区的传播史，因其具有特定地域指向，所以研究的重心是偏于社会史的。因而，社会史和社会学的理论方法就成为研究东北地区基督宗教传播史的基本理论方法。另一个方面，基督宗教在中国社会的传播，是一个历时长久的中国与欧洲为主的西方世界之间的文化互动的一个侧面，而且这个侧面与科学技术传播那个侧面不同。科技之优劣，断然可判，信仰却是在难以断然判断优劣的心灵层面的现象，所以这种互动要比中西科技交流传播复杂得多。梳理这类现象，只需要有历史考据学的能力；透视这类现象，则需要有人类学和比较文化或跨文化研究的一些理论方法。迄今为止大多数相关研究，从政治、经济角度着眼的为多，自然涉及政治学、经济学的概念。不过，一般地使用政治学、经济学的概念，与自觉地运用政治学、经济学的方法毕竟还有不同。如果寻求研究的精深，政治学和经济学的理论方法也是要了解的。如此，这一领域真的是足够宏大，以至于多学科的理论和方法都有用武之地。

第二，基督宗教传入东北的时间与渠道。"基督宗教"是晚近汉语学术界表示广义基督教各派的一个用语，包括天主教、东正教、基督新教这三个基督教分支中的各个教派。关于这三大分支传入中国的时间和渠道，都已经有了一些研究。梳理、排比已有研究，可以形成比较系统的基督宗教传入中国的时间、渠道图谱，一些不够明确的环节也可能随之凸显出来，特别是在已有知识的基础上对各教派诸修会进入中国的时间、渠道、传教区域及其相互关系的了解还有可能更为深入具体。目前学界了解的基督宗教来华大致分为三个断续的阶段。第一个阶段是早期基督教派别之一聂斯托利派（Nestoriaans）在公元 7 世纪经波斯传入中国。汉文文献称之为景教，至公元 9 世纪时基本消失。第二个阶段是元代中国与外部世界联系较多，天主教在中国曾经广泛存在，中文称也里可温，其中天主教圣方济各会尤其活跃。但随着元亡明兴，天主教在中国隐退。第三个阶段从 16 世纪耶稣会士来华开始，一直到现在。其间曾有清中期的禁教，构成了对天主教在中国民间传播的限制，但是天主教并未被彻底驱逐出境。而且就是在明末清初，天主教传入中国东北地区，并经中国传入朝鲜。19 世纪中叶的第二次鸦片战争之后，基于《北京条约》《天津条约》，天主教和基督新教各教派都获准在华传教，新教在此时传入中国东北，流传至今。此外，东正教在清康熙时期已经出现在北京，所建教堂称为"北馆"，并在雅克萨一带建立过教堂和修道院，但未向中国东北大举传播。日俄战争及俄国"十月革命"期间，大批俄国移民进入黑龙江地区，东正教遂成为在华俄国人及华俄混血人社区的宗教信仰，然而并未大规模向汉族及其他少数民族社区传播。关于东正教传入中国的情况，尤其是其与中国政府的关系，肖玉秋的研究最为引人注目。张玉侠于 2009 年在哈尔滨师范大学完成的硕士学位论文《中俄文化交流中的东正教因素》，则对了解东正教与东北的关系有肯定的贡献。关于东北的朝鲜族社区，19 世纪末，大批朝鲜人移民中国东北，聚居于今延边地区，形成朝鲜族聚居区，基督教不久从朝鲜传入该社区，流传至今。这是多数研究者了解的基本情况。今后的研究，自然无须重复考究论证与之相同的结论，若有能够对之修正的资料和分析，则都是值得特别注意的。除此之外，就是去做细化的研究。细化研究应是关于基督宗教传入东北时间与渠道研究的主要推进面所在。例如，考察哪些具体的教派、修会、人物以何种方式进入东北的哪些具体区域进行怎样的传教活动，是有必要，也有可能研究的。

第三，"东北"的区域范围界定。当代中文语境中的"东北"明确指今天的黑龙江、吉林、辽宁三个省份。省份是行政区划概念，行政区划在历史上是变动的，"东北"因而是一个在不同历史时期指代不同地域空间的概念。因而研究东北地区的基督宗教传播，要适当地把握"东北"的地域范围变动。晚明对东北方向的实际控制在"辽东"一线波动，清前期，东北方向的满族"龙兴"之地成为清朝版图之内特殊重要的区域，其纵深达于黑龙江以北。所以在讨论清前期的中国东北的时候，要注意《尼布楚条约》界定的东北部边界线。当然，那个时期的黑龙江以北居民稀少，基督宗教没有在那里传教的明显努力。到了1858年《瑷珲条约》签订的时候，黑龙江以北、外兴安岭以南60多万平方公里的中国东北领土划归俄国，中国东北外缘界限被迫内移。当时黑龙江以北已经有一定数量的中国居民，此事是否及如何牵涉到东正教，尚需判定。民国以后，今东北三省与今内蒙古东部、河北北部交接地区行政区划曾多次变动。伪满洲国时期也公布过另外的行政区划。此外，天主教曾将东北划归北京教区，其传教的教区系统与中国东北的行政区划并不重合。19世纪中叶，罗马教皇开始在中国东北创立满洲教区的时候，曾将今内蒙古一些地方包含其中，稍后才将内蒙古地方分离出来单独成立教区。在这种情况下，从研究的角度看，比较妥当的方式是，以现在东北三省为研究中的恒定地域，将今内蒙古东部、河北北部作为"东北"研究中的波及区域。这样，"东北"基督宗教传播的社会史研究的实际地域范围，就要大于今天的东北三省而又以东北三省为稳定的中心区，不至于为了行政区划而生硬割裂历史事实的内在牵连关系，也不至于过度模糊宽泛。日后，如有关于东北地区基督教传播社会史的总结性、总论性著述问世，对"东北"的历史地域波动应当做出足够清楚的理析。

第四，东北多民族混居和移民社会特色与基督宗教传播的关系。东北地区在清代前期是封禁的，晚清时期方才准许外地民人迁入生息。因而东北地区除辽沈一线之外，没有200年以上的较大规模城市，乡村社会和移民社会的色彩甚为突出。原住民包括满族、汉族、蒙古族、鄂伦春族、达斡尔族等，晚清以后的外来移入民主要有大量内地汉族人、甲午战争之后从朝鲜迁入的朝鲜族人、俄国"十月革命"之后涌入黑龙江地区的俄国人。其中一些民族社区在后来的生存经历中保持了同族聚居方式，这种社会在发生基督宗教传播的时候，就出现了民族信仰社区。其中的蒙古族、朝鲜族和俄罗斯人后裔的信仰社区都值得专门研究。满族人中有信仰基督教者，清朝政府曾对其加以特别关注，也值得研究，但尚未见其具有信仰社区的特色。其他民族则未在信仰基督宗教时显示出明显的民族社区特异性。提交这次会议的文章中，柳岳武的《晚清蒙古教案研究——以宁条梁案为中心》所研究的地域范围并不在东北而在今内蒙古中部，将该文收入此集的原因之一，就是为了反映基督教传入蒙古人聚居区后发生的社会变局。该文研究的是一个尖锐冲突的案例，是基督教传入蒙古族社区之后引发的诸多社会变局中极端的一种情况。研读这篇文章，可以了解一种视角和方法，用于研究东北地区的类似案例以及其他比较平缓形式的社会变局。张彧于2006年在暨南大学完成的博士学位论文《晚清时期圣母圣心会在内蒙古地区传教活动研究（1865—1911）》，涉及今内蒙古东部及辽宁地区的相关情况，文献丰赡，原委细致。梁文美于2011年在内蒙古大学完成的博士学位论文《翁牛特右翼郡王旗的社会历史变迁研究》中，也有部分讨论今内蒙古东部的基督教传播，并涉及信奉喇嘛教者与基督教的关系。舒健的论文《东北与近代朝鲜的基督教传入》研究朝鲜族社区基督教的传入问题，展现出了朝鲜族基督教信仰在来源与组织方式上的特色。天主教于明末清初从中国传入朝鲜，基督新教则在19世纪中叶传入朝鲜，然后又在19世纪末随着大批朝鲜人移民中国东北而成为中国朝鲜族社区的信仰。这些移民及其后裔后来长期保持了民族社区信仰的组织方式。目前，东北地区朝鲜族中的基督教信众仍保持着民族社区信仰的倾向，其教会体系并不与其他教会体系混合。在关于朝鲜族基督教信仰方面，金东春曾于2007年在延边大学完成一篇题为《20世纪初基督教在中国延边朝鲜民族社会的演变及其影响》的博士学位论文，这篇论文是该领域的一篇力作。本集所收唐戈的《东正教在额尔古纳地区的传播及其适应》一文，研究的则是黑龙江流域俄罗斯移民及其后裔的东正教社区信仰状况。他运用了人类学田野工作方法，很生动具体地展示出俄罗斯族裔居民东正教信仰发生与当地萨满教等民间信仰、习俗融合的现象。基督教在蒙古族、朝鲜族、俄罗斯族裔社区的传播及存在情况，使得东北地区基督教传播的社会史呈现出一种立体情态。

第五，东北基督教信徒皈依过程中的心理、文化体验。基督教信仰与中国传统的民间泛神论信仰甚至佛教或道教信仰都不同，它具有信仰和价值观的单一取向性，或者说具有信仰排他性。所以，皈依基督教对于传统中国社会中人说来，意味着一种生活方式的根本性改变，并且意味着改变自己与原在社区乃至整个社会的关系。因此，第一代皈依者的心理体验，文化取向转变感受，皈依导致的社会角色、社会认同和社会处境变化，就成为引人注目的论题。其中既包含历史演变轨迹方面的问题，也包含信仰纠结的问题、文化心理转变的问题、社会结构方面的问题。关于这些问题的史料很丰富，但深入细致的研究并不多见。参加此次会议的李纪博士于2009年在美国密西根大学完成的博士学位论文《变得虔诚——1830至1930年之间中国东北地区的基督教、文化启蒙与女性自觉》(*Becoming Faithful: Christianity, Literacy, and Female Consciousness in Northeast China, 1830—1930*)是一篇在这方面体现出运用复杂分析方法并具有资料拓展的国际视野的力作。该文运用巴黎外方传教会满洲代牧区档案文献，梳理19世纪天主教在东北地区的发展过程，在考察外方传教会改变早期耶稣会士传教策略，以严格要求"信仰性"的方式传播天主教的过程中，对这种语境中的天主教皈依者，尤其是其中的女性皈依者的心理状态做了很细致的分析。本集收入的《十九世纪天主教在中国东北的传播——以法国巴黎外方传教会档案文献为例》就是李纪博士沿着其博士学位论文框架展现的一篇延展性成果。从信众心理角度来研究基督宗教在东北的传播史，如东北信众对于婚姻、礼仪、世俗法律、儒学及其他信仰体系的态度，等等，显然都还有大量的话题有待深入讨论。如果将这个问题扩而大之，那么基督宗教的传入，从利玛窦时代开始，就已深刻地影响了中国文化，影响了中国人的自我意识和世界意识。但关于中国传统文化与基督教文化的这种交相冲击在东北有怎样的地域性回响，还没有看到厚重的研究。

第六，"宗教—社会"冲突。基督宗教是一种充分制度化的宗教，有完备的组织体系和严格的具有排他性的教义。这种类型的宗教传播到一个陌生的社会中，尤其是当这个社会已经具备信仰方式、礼仪、价值体系、国家与社会管理制度而不是处于初民社会状态的时候，很快就会发生在既有社会文化体系中建立一种另类社会文化体系的事情——这种事情会卷入信仰、价值、习俗、财产、法权，乃至主权等一系列结构与关系的改塑，会产生不仅是信仰的而且是社会的冲突。所谓"教案"就是这种冲突中比较尖锐的、将政府甚至多国政府及宗教组织卷入其中的事件。晚明天主教传入中国时，就曾发生一些教案，清初也曾发生一些教案。但无论明末还是清初，中国的政府在与基督宗教和他国政府交涉的时候，都保持着完整的主权，甚至保持着高位强硬姿态。到了19世纪后期，情况就完全不同了。当时基督教各教派是借助清朝政府与外国政府签订的不平等条约而获得在中国自由传教的权利的。也就是说，晚清以来的基督宗教在华传播史是与近代中国半殖民地化历史纠缠在一起的。这是晚清以后的教案发生得更为频繁、规模更大、波及更广、矛盾更为复杂的根本原因。义和团运动可以被看作是相互关联并有全国和国际背景的系列教案，这次运动波及了东北和内蒙古东部地区。张士尊提交这次会议的文章《牛庄"还堂案"始末研究》考察的就是基督新教进入东北后建立的第一个根据地牛庄的一起教案，与前面提及的柳岳武关于宁条梁教案的研究东西呼应，这两篇文章都是对基督宗教在中国传播中引发宗教—社会冲突现象之研究中较有价值的成果。在这方面，赵树好此前已出版了《教案与晚清社会》(北京：中国文联出版社，2001年)，对晚清全国的教案进行统摄的考察。之后，赵树好指导的聊城大学硕士研究生田超在2009年完成的硕士学位论文《晚清东北教案研究》，具有肯定性的学术参考价值。同年，邱广军在东北师范大学完成题为《基督教与近代中国东北社会（1866—1931）》的博士学位论文，该论文全面考察基督宗教各派近代在东北地区传播的社会史，其中的第七章专门考察东北地区的宗教—社会冲突。这些研究，累积起了关于东北地区教案研究的比较丰厚的成果基础。如果将比教案和缓一些的与基督宗教传播关联的社会冲突或社会矛盾关系也纳入视野，则在宗教—社会冲突方面还会有更大的研究空间。很可能，当研究的视角从尖锐的国家政治化的冲突扩展到稍为日常性的宗教传播牵连而发生的社会关系改组、矛盾的时候，能够揭示的东西也会更为具体、深入。

第七，基督宗教在东北传播的教派、教区系统。基督宗教在东北传播史中的活动主体首先是传教者，然后才是受众，所以传教者是重要的研究对象，需要从专门的视角加以考察。从全国角度对明后期以降来华传教士的研究发生最早，包括传教士群体中的回顾者、研究者，以及中国教会史的撰述者都有大量著述推出。不过具体于东北地区，相关的研究仍然缺乏系统性。如果就进入中国东北地区的基督宗教各教派的组织关系架构、在东北地区的分布情况、管理方式，以及它们原属的国家和它们之间的相互关系，如"保教权"等，做出系统化的考证和清晰的表述，无疑对东北地区基督宗教传播史研究的具体深入有重要的意义。在这次会议期间，目前任职于山东大学的狄德满教授曾专门做了题为《天主教在华辖属系统简史》(A Brief History of Catholic Ecclesiastical Jurisdictions in China) 的报告，并向与会学者提供了他归纳的题为《1940 年的天主教东北教区辖属系统》(Catholic Jurisdictions in the Northeast, ca.1940) 的一份材料。他特别说明，许多现代研究者在涉及天主教辖属系统的时候发生混淆不清的情况。这类情况，会妨碍对事实的判定，也会妨碍对事实的分析。对于基督新教、东正教在东北的辖属系统，也应有历史学者梳理和研究的成果。

第八，基督宗教的传教策略、传教人物以及传教活动。这是从宗教传播主动者的动态角度来考察的另一个问题系列。从晚明时代开始，就已经有相关的研究，当时主要是教会内部为了寻求有效而又符合宗教原则的传教经验而为。所谓"利玛窦规矩"就是当时的一种传教策略。清初，在一段时间的密切关系之后发生的"礼仪之争"，从基督教会的角度说，也是一种传教策略改变之后遇到的问题。虽有雍正、乾隆"禁教"，但天主教在中国并没有消失。直到第二次鸦片战争之前，传教士们和教会组织采取了何种策略，处于怎样的环境中，这是需要探究的一个环节。本集中闫瑞的《乾隆十一年奉天府禁教案探微》，是专门研究该时期东北地方天主教传教处境的一篇文章，关于此后 100 余年间东北地区教会的情况，则迄今还很少深入的研究。在这个问题系列中，其实还应该包括对教堂修建、教会财产的获取与经营、传教士的言说感染方式，等等的研究，也都尚有拓展的空间。

第九，基督宗教教会与传教士的中国东北知识和意象。本集中收录了唯一一篇并非此次会议论文的文章，即何岩巍的《近代来华天主教士笔下的东北地名及行程见闻——以巴黎外方传教士布鲁尼埃和维尔诺特的信件为例》（原刊于《中国边疆史地研究》2008年第1期）。文中提到的两位巴黎外方传教士在19世纪中叶前往中国东北地区传教，前者不久去世，后者则断续在东北传教，直到1884年去世为止。何文的特殊意义正在于从两位传教士的经历中，考察19世纪传教士的中国东北知识和东北意象。陈才俊的《早期来华基督新教传教士对"满洲"的认识》考察19世纪前期来华的基督新教传教士郭实腊（Karl Friedrich August Gützlaff）等的中国东北意象以及他们的中国东北意象在欧洲的回响。此外，本集中李纪的文章，实际也触及了这一话题。沿着这类话题探讨的意义是可以逐渐使中国的东北基督宗教传播史研究者了解一直被视为外来的文化、社会他者的那些人们究竟是如何理解和看待中国东北的山川风土民情的。了解这些，有助于察觉主要被作为国家之间关系史、社会变迁史或者教会扩张史的基督宗教在东北传播史也应该被作为文化互动关系史与知识社会学的对象来研究。正如基督宗教在中国东北地区的传播在相当程度上促成了那里的社会变迁一样，基督宗教人士在中国东北地区的传教活动与见闻、经历，也促成、丰富了欧洲人对东北那块土地、那些人民、那种社会乃至对人类的理解。在这方面，应能有更多的成果问世。

第十，基督宗教举行的社会建设与救助活动及其影响。基督宗教在传教过程中会实施诸多社会建设与救助活动，最突出的包括兴办医疗机构、兴办学校、举行慈善救助等。对此类活动的事实性梳理以及关于动机与效果的分析，一直是较被注重的。晚近关于东北地区的此类史事的研究，又有新的进展。突出的如张士尊、信丹娜翻译的英国人杜格尔德·克里斯蒂（Dugald Christie）著，伊泽·英格利斯（Iza Inlis）编的《奉天三十年（1883—1913）——杜格尔德·克里斯蒂的经历与回忆》（武汉：湖北人民出版社，2007年）和张士尊翻译的伊泽·英格利斯的《东北西医的传播者——杜格尔德·克里斯蒂》(沈阳：辽海出版社，2005年)；高乐才和他指导的硕士研究生邹丹丹发表了多篇关于基督教会慈善活动的论文；邱广军发表了一系列关于基督教在东北地区从事医疗事业的论文，等等。邱广军为本集贡献的《清末民初基督教会在中国东北的医疗传教活动》也是其中之一。本集收录的山东大学陈静的文章《近代日本对东北教会学校的调查述论》，运用表格，比较具体地展示了截止到日伪时期东北基督教会兴办学校的情况。20世纪80年代以前的相关研究，较为强调教会从事此类活动的政治动机，其后的相关研究则较为强调其社会结果。这种评析倾向的转变，自然与中国近年和外部世界关系的调整有关。所以可以预知，今后的相关研究，仍会在基督宗教传播对东北地区社会面貌的改塑作用方面多有推进。

　　第十一，中外关系视角下的东北地区基督宗教传播史。基督宗教在华传播史无论如何还是涉及中国作为一个政治社会共同体，即作为一个国家，与外部世界的关系问题。这种性质在利玛窦进入中国的时候就已经显示出来了，在清初"礼仪之争"中表现得更为强烈。19世纪中叶的不平等条约构成基督宗教在华传教环境的大变化这一事实，更使中国国家处境与作为基督宗教传播地的处境二者无论如何也无法彻底地分割开来。到了20世纪30年代开始的日本统治东北时期，中国东北地区的基督教西方传教者与中国信徒一起遭遇了日本法西斯在中国东北地区的殖民地化统治，使基督宗教在华传播与东北人民的国家、民族归属认同的关系达到一种更为复杂、尖锐的状态。这时，中西两种宗教和社会文化体系的纠结之上，又增加了日本依靠武力永久占据中国东北并将之在文化心理认同层面纳入日本殖民地体系的政策作用，从而以极端的方式凸显了信仰神圣性与存在功利性之间的冲突。在这种拷问中，管辖中国东北地区天主教教会的梵蒂冈教宗与侵入中国东北的法西斯势力达成了某种默契，实际承认了日本扶植的伪满洲国政府。然而这种举措并没有阻止日本法西斯将其统治区域的基督教会安置于日本国族信仰体系中从属地位的政策，日本稍后转为强力控制和改造中国东北地区的基督教会，迫使基督教会礼拜天照大神。当年曾经与中国政府就"礼仪"与信仰神圣性发生长期纷争的天主教教宗,这次默默地接受了法西斯的新规。与此同时,东北地区的中国基督教信徒则有不同的表现,既有超脱于国家、民族之间对抗之外者,有坚持反法西斯抗争者,也有追随日本侵略势力者。这个研究领域的成果甚为丰厚。20世纪80年代,鲁德山就发表了《从图们教会看伪满时期的基督教朝鲜监理会》(延边历史研究所:《延边历史研究》第一辑,1986年)。苏文发表了《伪满时期的基督教朝鲜监理会初探》(延边历史研究所:《中国朝鲜族历史研究论丛》(一),延边:延边大学出版社,1987年)。其后,又有顾长声的《传教士与近代中国》(上海:上海人民出版社,1981年),顾裕禄的《中国天主教的过去和现在》(上海:上海社会科学院出版社,1989年),顾卫民的《基督教与近代中国社会》(上海:上海人民出版社,1996年)、《中国与罗马教廷关系史略》(北京:东方出版社,2000年),陈方中和江国雄的《中梵外交关系史》(台北:商务印书馆,2003年),刘国鹏的《刚恒毅与中国天主教的本地化》(北京:社会科学文献出版社,2011年),等等。2005年,程力在东北师范大学完成了题为《伪满时期日伪当局宗教统治研究》的硕士学位论文。徐炳三于2008年在华中师范大学完成了他的博士学位论文《近代中国东北基督教研究——以政教关系为研究视角(1867—1945)》,系统地从政治与政教关系角度考察了东北地区基督教会晚清到第二次世界大战结束这一段历史时期的经历,其中第四章专门探讨1931—1945年东北沦陷时期东北教会的境遇。其后,徐炳三又发表多篇关于这一课题的论文,他贡献于本集的《太平洋战争爆发后伪满对基督教会的控制》,也是专门考察伪满后期日伪利用日本牧师将西方新教各派加以整合、控制的一篇力作。随后,闫超在2009年于东北师范大学完成了其博士学位论文《东北沦陷时期宗教状况与教化统治研究》,考察了沦陷期日伪对东北各个宗教的政策,包括对基督教的政策。吴佩军的《罗马教廷、东北天主教会与伪满洲国》(《外国问题研究》,2011年第3期),在前人相关研究的基础上进一步判定罗马教廷曾事实上迎合日本法西斯势力。这些成果已经非常可观。如果思考进一步深入之法,关于日伪时期对基督宗教的政策、基督教教会的自处之道，以及基督教信徒的选择，都还有大量的事实性问题需要梳理，也有一些哲学、信仰、伦理学要讨究的人类现象理解问题值得追问而尚少追问。比如，当处于世俗世界尖锐冲突的场景中而无所逃避的时候，基督教信仰究竟在何种意义与程度上，以及以何种价值与逻辑方式引导信奉者选择自己的现世立身之道？在基督教信仰中，世俗世界的是非善恶经过怎样的转述而进入另一种判断语境？当基督徒们做出不同的对待现实问题的选择的时候，信仰昭示于他们的究竟是什么？当时日本鼓吹"满蒙学"的知识分子在其中扮演了怎样的角色？在这一研究视域，当时的教皇、东北各基督宗教教会、东北基督教信徒、日本政府、日本学术知识界、日本民族宗教、伪满洲国政府，都是研究的可用案例对象。此外，相关研究的文献还有局限，日伪统治东北时期形成的大量调查资料以及研究著作尚未得到系统的整理与运用。

第十二，文献系统。自清初以来，随着基督宗教在东北地区传播、存在历史的延伸，累积起日益增多的历史文献。这类文献涉及中文、拉丁文、法文、英文、日文、俄文、韩文等多种语言文字，现存世界各地，浩繁而多种多样。近年以来，旧金山大学利玛窦研究中心为整理和公布相关文献，不懈努力，嘉惠学人已多。其中，诸如正在进行的关于满铁档案中相关文献的调查整理，规模宏大，一旦有所公布，对研究的推进，可想而知。目前研究者即使想便利地查看一份满铁档案中有关东北基督宗教传播文献的目录，也是很难如意的。参加此次会议的黑龙、徐炳三两位学者，都在对这一文献系统进行调查整理的工作。还有本文附录的文献目录中开列的大批东北地方"文史资料"，包括很多当事人的回忆文献，研究者使用得还不多，如果加以整理，集中刊布，也是有意义的事情。东北地方志中包含大量基督宗教传播史资料。近年张先清、赵蕊娟已经合编了《中国地方志基督教史料辑要》（上海：东方出版中心，2010年），在此基础上做进一步专题化的补充整理，也有积极的意义。本集中，来自澳门大学的陈玉芳的《〈教务杂志〉中关于近代东北基督教的史料》一文，专门介绍了1867—1940年入华基督教各差会合办的英文刊物《教务杂志》（*The Chinese Recorder and*

Missionary Journal）中关于东北教会的资料系统，也是研究东北地区基督宗教传播史文献系统的一篇比较扎实的文章。此外，后来的研究者或者指导研究生的学者，如果充分注意东北基督宗教研究文献系统之规模、研究的地方性与所涉知识的国际性，应将中文文献考据之学与相关外国语言文献之学并重，以求日后游刃有余。此次会议期间，复旦大学的李天纲教授曾就中、西文献的并重发表了卓有远见的见解。

关于基督宗教在中国传播史的研究，至少已经有了一个多世纪的积累，然而基督宗教在东北的传播史的研究，在过去主要是事实梳理或者片段资料梳理公布为主的。到了晚近大约 10 年间，新一代史学研究者在运用、扩充史料的同时，更多地进入到研究问题的层面，从而建构了一个新的起点。对于过去大约 10 年间研究基督宗教在东北传播史的新一代学者，对于他们的学术追求、代表性著述和主要成绩，应该有以评论总结，这也是本集所要吁请的事情之一。

以上罗列，是否展现出东北地区基督宗教传播社会史问题谱系的基本面貌，如何修正补充，有待高明。做这样一件事情的肯定意义是表达对该领域做一个问题谱系思考后可能获得一些与未来研究有关的看法。多人来做这样的思考，以后的研究，就更便于拓展和深化了。

本集之末，收录了由李小庆博士候选人编制的《中国东北地区基督宗教研究文献要目》，虽然并未能搜罗全面，尤其是对外文和域外文献甚至难以呈现其基本面貌，但是仍希望对研究者能提供一些查检文献的便利。

明清中国

明史以外看明史

——关于明史研究范式的几个问题[*]

20世纪80年代以来中国改革开放和国际大环境的迅速变迁，正在造成一个与此前差异巨大的思想学术语境和现实参照系，其中主要包括：学术研究的国际化、意识形态和冷战思维的弱化、由出版翻译和电子文本文献便利造成的史料文献可利用性的大幅度增强、后现代思维的挑战和启示，以及社会发展和新的国际关系格局提出的现实参照，等等。这使得当代中国的历史研究，进入了一种新的学术生态。这种新的学术生态，对历史研究的问题架构、基本预设、思维方式、评价尺度、工作方法，都产生深刻的影响。在这种情况下，再次思考当代中国历史研究的范式问题，应该有一定的意义。

明史作为中国历史上一个特定的研究领域，当然有自己特殊的论题、文献和方法。但是，无论如何，明史是中国历史上的一个特定的时期，明史研究的理论和方法只能存在于中国历史研究的理论、方法的总体系中。所以，如果从基本理论方法角度来思考明史研究的观念问题，仅从明史内部来看是不够的，还需要从明史之外来做出审视。这种从超出明史的角度来思考明史研究意识的工作，实际上考虑的不是明史研究的具体课题，而

---

[*] 此文原以《明史以外看明史——明清史研究范式的四个问题》为题，载于《学术月刊》2010年第6期。

是研究的范式问题。说到学术范式,人们自然会想到美国科学史家托马斯·库恩(Thomas Kuhn),他在《科学革命的结构》中所描述的范式论主要是就自然科学的经验而言的,自然科学的客观性尺度更为明晰,所以他基本上假定一个特定时代的学术共同体受一种主导性的范式影响,范式的更替推动科学的革命性演进。历史学虽然与自然科学一样也基于客观的事实,但是却受文化、民族、国家、价值、信仰、群体利益、学派等因素更复杂的影响,因而不能径直地假定当代中国历史学只有一个研究的范式。所以,这里使用范式这一概念,主要是为了从基本预设、思考向度、问题设计、理论性话语等有普遍共性的观念角度来分析当代中国明史研究推进之方法论观念。

一、断代为史的"国家史"取向问题

"明史"和"唐史""宋史""清史"等一样,是以中国历史上的一个王朝为时间范围的,凡在此王朝统治时间范围之内,无论政治、经济、文化、思想、学术、社会,都是研究的对象。这类断代为史的划分,从一开始就有以国家政治甚至政权存亡为外部框架的取意,即使专门研究上述领域之一的学者,也不能摆脱国家政治为框架或者国家共同体命运为关注核心的预设。这种取向,从晚清、民国到20世纪80年代的很长时间中,在中国学者中自然流行。其间,从比较强调王朝政治史到将王朝政治史纳入社会革命史框架的转变并没有根本触动王朝断代史的基础。到了20世纪末,主要受年鉴学派影响的新社会史、文化史,乃至"整体的历史"的兴起,断代为史本身虽然仍旧是多数史学家实践的路径,但关于各种较为新进研究取向的阐发著述,却映衬出它的几分古旧气色来。在这种情况下,应该追问,断代为史的合理性如何界定的问题。

王朝断代为史的研究领域划分体现着一种依据政治统一性来界定的"自然"的、中长时段的历史分期意识。[①]自然的分期,即依据历史演变的

[①] 笔者曾撰文提出,历史分期有"自然分期"和"理论性分期"之区别,参看赵轶峰:《历史分期的概念与历史编纂学的实践》,《史学集刊》2001年第4期。

显著事实而做的阶段划分，较少有历史学家主观因素的参与，因而具有比理论性分期更大的客观性。同时，这种分期是直观的，可能体现，也可能并不体现历史深层的、结构性的阶段性或者转折。王朝断代以王朝统治期为时间框架，其相对完整性也主要体现在国家政治和由国家制定的各类制度方面，这使得这种领域界定特别适宜于政治和国家制度、政策及其相关互动的研究。对于社会史、文化史研究说来，它并不影响短时段课题的研究，但对于中长时段社会、文化史研究的有效性则有所弱减。比如晚明的几位影响最大的思想家，顾炎武、王夫之、黄宗羲等，处明清两朝，就不能完全用王朝断代的概念来考察；关于宗族、地方社会组织形态的研究，明清政权之转变的划时代意义也非巨大；对于经济方面，则愈是涉及国家经济制度、政策的课题愈是有效，愈是偏重社会经济生活、状态的课题，愈失效力。不过，王朝断代作为一种中长时段框架，包含了一个完全符合晚近史学观念的特点，这就是它的"整体史""综合史"的取向。它天然地关照一个权力体系存立的时空范围和所有现象，不易流于过度肢解、孤立、碎化研究的对象。从晚近兴起的"新文化史"视角看，王朝断代法也可成立。新文化史从政治权力与社会生活之间切入具体问题，政权的更迭肯定带来主流、精英文化意识和社会文化风气的嬗变，所以王朝断代的政治文化研究也是有效的。

此外还应考虑到，晚近史学思潮对先前史学偏重国家、政治的批评，是在西方语境中形成的。现代西方的政治理论、政治体制进入稳定态已经200多年，对于政治历史的考究也偏于成熟；而中国的政治，至今还需要结合自身的历史经验、国情、现实处境特点和其他国家的历史经验、理论加以探讨与改革。因而中国的政治历史并不是一个已经研究透彻而需要淡化的领域，而是一个尚且新颖并有现实参照意义的领域。西方史学思潮对于政治历史的批评并不完全适合于中国历史学的实际。政治史作为一个研究领域或者视角本身，并不决定它一定是国家主义的，问题还在于如何具体地来把握。从这个意义上说，王朝断代的史学领域框架仍然具有相当的合理性和必要性。

评史丛录

二、"西方中心主义"问题

中国现代史学是中国传统史学与西方史学及多种思潮在"半殖民地""社会革命"和"现代化"追求的总背景下复杂结合的产物，这使它从一开始就带着"西方中心主义"的印记。渗透在中国史学研究不同层面的"西方中心主义"在最基本的意义上，意味着以西方历史演变的基本经历为基础界定出人类历史的普遍规律，进而以这种规律来叙述中国历史，或者说将中国历史纳入那种普遍规律。在较为具体的层面，西方中心主义还意味着将中国社会的新质变化大多归结为西方因素的作用，即中国晚近历史的外铄论，包括中国传统社会"长期停滞"论，把晚近中国历史上的苦难、困境大多归罪于西方的中国"悲情"形象建构，"刺激—反应"论，中国"资本主义萌芽"论，等等。①

后殖民时代的世界史学，普遍注意到"西方中心主义"的缺陷，从各种侧面试图去加以克服。但是用来克服"西方中心主义"的思想工具，其实是民族主义、文化多元主义和后现代主义的混合思潮，尚无明晰的理论将之彻底澄清，所以我们会看到，那些试图摆脱"西方中心主义"中国叙述的著作，在理论上常常是不透彻和贫乏的。对于中国史学界说来，摆脱"西方中心主义"时最简易的思想工具是通过反向叙述的方式把中国的历史文化成就做重彩的渲染。中国历史，尤其是明清时期的历史文化成就，在"西方中心主义"的语境中的确被暗淡化了，但是简单地推崇中国历史文化并不构成对"西方中心主义"的超越，反而易于流入主观色彩浓厚的民族主义。因为，"西方中心主义"在很大程度上是关于现代化社会发生问题的语汇系统——中国没有及时和自发地走向"现代社会"是西方被看作近代以来世界历史中心的基本理由。这意味着，中国史学如果要超越或者化解

---

① 很多西方研究者认为，中国史学界的明清"资本主义萌芽"问题是中国史学马克思主义意识形态化的表现，但是马克思从来没有试图在中国找寻什么"资本主义萌芽"，马克思的中国观是接近于中国传统社会"长期停滞"论的。

"西方中心主义",必须在理论上给"现代社会""现代化""现代性"问题一个交代。明史研究领域在这个方向上所做的努力尚且不足。

三、"地方知识"VS."宏大叙事"

20世纪80年代以来中国史学发展的一个突出表现是社会史的兴起。中国明史研究界此前就有地方史研究的传统,但其注意的主要是地方经济和阶级关系,其中相当比例的研究要解析的还是经济形态中的"资本主义萌芽"问题及其相关问题。此后的研究,以"搁置"宏大的、全国视域的、理论性的问题为前提,日益转入对于地方社会特定人群的信仰、话语、生活状态和宗族、家族等社会基层自组织方式的考察,社会学、民俗学、人类学的方法论色彩在这种研究中凸显了重要性,文献史料的发掘也由印刷文本为主向书写文本、遗迹调查、口述访查方向扩展。这种取向的研究一方面极大地推进了中国历史学与国际学术话语的对接,促进了中国历史学与多门社会科学、人文学科的结合,另一方面也密切了历史学研究与地方社会建设之间的直接关联。不过,对于"地方知识"的诉求一定程度上是参照对于"宏大叙事"的扬弃而展开的,近年以来的地方社会研究成果大多不去涉及国家、大共同体社会的基本形态、演变趋势等"宏大"的话题。这在历史学的理论观念角度看牵连出一个问题,即历史学研究中的小地域范围、短时段、微观研究与大地域范围、长时段、宏观研究之间是否存在合理性差异。

"宏大叙事"是作为对于那种"将一切人类历史视为一部历史、在连贯意义上将过去和将来统一起来"的理想化和意识形态化的历史叙述的批评工具而界定出来的概念。[①] 而一种历史叙述之所以可能被赋予长时段的连贯性,必然与某种历史变迁的结构、形态论有关。因而,"宏大叙事"的解构就不仅意味着对于某种理想化和意识形态化的历史观的挑战,而且意味

---

① 参看程群:《宏大叙事的缺失与复归——当代美国史学的曲折反映》,《史学理论研究》2005年第1期。

着对于所有关于历史变迁的结构、形态论的批判。这样就产生了一个问题：历史的连贯性叙述是完全不可能的、不合理的吗？如果不能"证明"历史的连贯性叙述是完全不可能和不合理的，那么替代"宏大叙事"的历史本身也就可能成为另一种理想化和意识形态化的历史，成为另一种话语霸权的载体。由于这样的问题并未得到彻底回答，历史学的"碎化"成为许多西方历史学家所忧虑的问题。这里的一个很要紧的问题是，作为一个包含特定内涵而在当下学术界流行的使用"宏大叙事"概念来批评的特定一类史学的缺陷，很容易被泛化到一切较为"宏大"视野的历史研究中。历史学需要在宏大与精微之间保持一种张力，如果放弃对于宏大的、结构性的、长时段的问题的研究，历史学就更易于在理论、方法方面依附于非历史学的理论，从而使历史学成为一种辨析琐细、简单事实的事情，或者是非历史学理论、假说、模式的注脚，并从而失去反省和批判的能力。

四、明史研究的"支那学""满蒙学"阴影

除了本土固有的学术思想传统因素之外，现代中国历史学在基本观念和纯粹理论方面，主要受欧美、苏联、日本学术思想的影响。这种情况与中国近代社会变革受到欧美、苏联、日本的影响互为表里。日本思想、学术对中国会产生强烈影响的原因主要有三：一是日本近代化改革一度走在了中国近代化改革的前面，这意味着中国人之学习日本是将之作为欧美的亚洲翻版来学习的，学的东西根本上还是欧美，但增加了如何翻这个版这样的经验性问题；二是日本与中国原本同文，又且比邻，其思想便于中国人理解、交流、接受，这意味着中国人学习日本是由于方便和原来的文化渊源关系；三是日本思想学术界长期存在一个呼应日本基本对华政策，同时又以纯学术面貌出现的对中国进行意象重塑的运动，因而表现出超过任何其他国家学者的中国研究热情，这意味着日本思想学术对中国学界的影响一定程度上是设计的。现代中国的许多政治家、思想家、学术大师有求

学、避难于日本和与日本思想学术乃至政界人士合作的经历，这又加深了日本史学家之中国史观的影响力。学术为天下公器，本来无须苛细区分其民族文化背景。但是，日本明治维新以来的人文学术本身一直是以日本政治和国家利益为基本关照的，近代以来日本的国家政治利益又以中日关系为重要支点。所以，日本的中国历史研究一直在追求对于东亚国家、民族关系的重新定位，一直被非学术的考量影响，甚至被支配。当这种现实的需求和可能性削弱的时候，日本"中国学"的热情总体上看也趋于冷却，晚近便不再有成批的中国学"大家"涌出，而其研究的学术内涵反而更为纯粹起来。20世纪日本中国学演变中国家关系、现实意图与学术的复杂纠结可以"内藤假说"为例，以见一斑。

内藤湖南在20世纪最初20年间——正是日本侵略亚洲大陆的理论、政策步步推进的关键时期，提出了所谓"宋代近世说"或称"唐宋变革说"，认为宋代是中国"近世"的开端，而由宋到清，一脉相承。这种说法，并没有经过概念的严格界定，没有经过充分的实证考察，更没有经过自觉的反向驳正，因而既不构成任何意义上的理论，也不构成严格意义上的实证结果。内藤之所以提出这种假说，明显是为日本侵略中国的政策服务的，这一直有学者反复指出。[1]即使如此，一些中国历史学家仍乐于在指出内藤假说的时代政治意图和功能的同时，认可其学术内涵的独立价值，其在中国学术界的影响力在近年尤为强劲。然而，内藤假说的学术性陈说以中国和中日关系为核心，他的现实人生追求也以同一个主题为核心，两者共时，内藤也从来没有对其前述假说进行过自我批判。认为内藤假说是一种纯学术，因而将之与其现实意图剥离开，从心理上说是天真的，从学理上说是无视历史学研究主体对于其研究对象的参与。

宋代近世说的要旨在内藤于同一时期表述的中国文化漂移论中可以看

---

[1] 近年，从这一角度出发的主题比较集中的评论可参看王向远：《近代日本"东洋史"、"支那史"研究中的侵华图谋——以内藤湖南的〈支那论〉〈新支那论〉为中心》，《华侨大学学报（哲学社会科学版）》2006年第4期；王向远：《日本对华侵略与所谓"支那国民性研究"》，《江海学刊》2006年第3期。

得更为明白,他是要说明:中国的"近世"早就发生,如同一个生物有机体,自己早就走完了生命的历程,是无可救药的了;不过中华文化的精神要义,已经漂移到了日本,所以日本便可以如同中国历史上以往的"以夷变夏"一样,来主导中华文化和中国的命运了。简言之,内藤假说要传达的最重要的信息并不是中国是世界上最早进入"近世"的国家,而是中国社会文化的生命力早在宋代就已经进入中年,因而到了清朝末年已经无可救药地老病而行将就木了。如果内藤假说是真确的,今天的中国文化的精髓就应该被包容在日本文化之中,中国文化的国家共同体载体也应该早被肢解。然而后来的历史表明,这显然不是事实。这不是事实这样一个基本事实否证了内藤假说的要旨。内藤并不是中国文化行将就木说的创始人,福泽谕吉在19世纪70年代就表述了这样的看法;内藤也不是试图通过学术来拆解中国的唯一的人,他同时代流行的"满蒙学""支那学",乃至"东洋学"学者间不同程度地笼罩着这种意向的影子。大约同时开始的与明史研究密切相关的关于中国乡绅的研究,关于中国乡村共同体的研究,都曾带有"满蒙学""支那学""东洋学"的影子。正是由于这样的阴影未散,20世纪日本一些知名学者的一些以考据面貌出现因而显得似乎严谨的明史研究中,才会出现高度背离实证原则,疑似故意的"错误"。[①]

  从纯粹学术的意义上说,因为内藤假说是在没有经过系统的文献梳理和实证研究过程的情况下提出了关于中国历史的一个重大判断,其理论、逻辑、实证方面的重大纰漏都是明显的。从明史研究的角度上说,内藤假说在唐宋之间划出了一条"近世"与"中古"之间的历史分期界限,而这个"近世"一直持续到清朝的末年,这就意味着判定明代的中国是性质上无大变化的、同质的。但是,内藤对明代的中国历史并不曾做过任何细致的研究,以至于从他的全集中选译的表达内藤中国观的主要著作《中国史通论——内藤湖南博士中国史学著作选译》将明代部分完全省略,从元朝

[①] 参看赵轶峰:《明初城隍祭祀——滨岛敦俊洪武"三年改制"论商榷》,《求是学刊》2006年第1期。

的灭亡直接跳到清朝去了。①进一步说，内藤其实对于宋代以后约600年中国的"近世"历史的审视都是极其粗略的，包括大量朦胧模糊的判断。他根本回避了被他看作在唐宋之际已经"转型"了的诸多社会特征在元、明、清时代依然存在的问题。

对于内藤假说这样影响深远的话题，当然不能如此简捷地议论了事，还应有深入具体系统的论析。这是今后的任务。现在指出这个问题主要是为了说明：第一，内藤假说与关于明代中国发生任何形态、结构性变化的论说都可能存在冲突；第二，在基本忽略明史的情况下对于中国"近代""现代""近世"的论说以及中国分期说都是可质疑的；第三，明史研究者需要更多地关照明史外部的问题；第四，现代中国历史学的语境变迁还没有得到彻底的梳理，并且构成了对于包括明史在内的中国历史研究的许多束缚。

1368—1644年的中国明代历史是解读中华民族以往经历的一个内涵丰富、多彩的片断，其中包括读懂中国经验和中国文化的许多关系重大的节点，无论从社会具体面相的实证的意义上说，还是从宏观理论、方法、观念的意义上说，都有无数引人入胜的话题和课题，都不能轻描淡写地跳跃而过。当代中国的明史研究，可能需要不时从明史框架中转出来，从外部加以审视。

---

① 参看〔日〕内藤湖南著，夏应元选编并监译：《中国史通论——内藤湖南博士中国史学著作选译》，北京：社会科学文献出版社，2003年。该书从《内藤湖南全集》中选编翻译，其中上编包括《中国上古史》《中国中古的文化》《中国近世史》，后者是表述内藤假说的主要著作，其覆盖的时间是从唐代到元朝灭亡；下编则包括《清朝史通论》和《清朝衰亡论》。

明清江南研究的问题意识*

治明清史者大多关注江南，但笔者长期关注的主要问题是明清时代中国社会的基本组织结构和社会演进趋势，涉及江南的研究不曾具体深入。2015 年，笔者参加由《探索与争鸣》杂志社与苏州科技大学联合召开的"全球史视野下的江南文化与社会变迁"国际学术研讨会，收获颇丰，意欲站到江南研究的外缘来审视，从问题意识的角度，提出一些想法，期待与专治江南研究的方家交流。

一、理论、模式及方法

明清江南研究是一个范围广大的领域，可以运用诸多理论、方法来研究。目前介入江南研究的理论已经难以尽数，以后自然还会有新的理论、学说引入江南研究，这对于江南研究的逐步深化是有意义且必要的。但笔者有一个观点，就是在历史学研究中，任何理论和任何理论化的观念之运用，都不应成为支配性的。这一是因为历史本身比所有理论更复杂，所有理论都需要在简化事实的基础上才能形成，因而都是在开拓某些认识途径的同时，屏蔽另外一些认识途径。二是因为在历史认识中，了解事实应尽量追求唯一确定性，解释事实则可以具有多元多样性，了解事实毕竟是解

---

* 原载于《探索与争鸣》2016 年第 4 期。

释事实的基础。明清江南研究，以了解明清五六百年间江南地区所发生的历史事实为目的，包括人物、事件、制度构成的直观事实，也包括文化、结构、趋势构成的深层事实，不可能用单一的理论完全统摄、周至说明。研究者需要不断地对已经显示出认识效能的理论、学说进行评析，用以调节自己的研究。历史研究者可能不具备与理论提出者同样的理论知识或难以投入同等的精力理析这些理论的来龙去脉，但可以且必须用事实来检验理论。

近年来有几种相关论说在江南研究中产生了较大影响。先是20世纪70年代末，伊懋可（Mark Elvin）提出了关于明清时代中国进入"高水平陷阱"的说法。他认为，明清中国陷入了"农业技术发展导致人口增加—人口增加消耗技术发展收益—为增加收益而提高技术—提高技术的结果造成人口增加"这样的循环。他所说的高水平农业技术和高密度人口状态，集中体现在江南。稍后，黄宗智提出与之相类的"内卷"说，也以江南为主要范例，认为明清之际体现在单位面积产量增加的经济增长，主要通过人力密集投入实现，虽有产出总量的增长但没有人均生产力的增长，所以中国经济进入了一种"没有发展的增长"状态。再后，美国历史学家彭慕兰（Kenneth Pomeranz）提出"大分流"说，认为直到18世纪后期以前，中国江南与同时期的英格兰处于同样发展水平，其后西方借助新大陆开发、海外殖民、煤矿开采而率先进入近代工业化历程，中欧历史由是而分流。这种说法，把中欧历史趋势呈现本质差异的时间向后推延了一个多世纪，而且对差异的根源做了不同的解释。这些论说引发了国际讨论，将中国发生的事情与欧洲发生的事情直接联系，使江南成了中欧现代性发生分析话语中的一个特殊概念。这些论说的问题意识，其实是针对中国帝制后期历史研究中产生了长期影响的中国历史停滞论和中国学术界解构中国历史停滞论时提出的资本主义萌芽说。这些论说都强调生产力发展的意义，并确认了先前那种简单的中国停滞论的缺陷。相比之下，以往中国学者更强调的是生产关系领域中发生的雇佣劳动关系。两者共同的问题则是经济决定论。因为中国停滞与否的问题，在本质上是中国帝制后期是否存在结构性和趋势性发展的问题，而结构性与趋势性的发展都涉及经济、政治、社会制度、文化、科技等基本领域。当把问题简约为经济学问题的时候，就假定了其他领域因素的被决定性。

在比较具体的层面看，伊懋可在指出明清时期中国某些领域生产技术达到"高水平"基础上，认为中国经济由于人口压力而进入高水平循环陷阱，这就把其论说归结为对中国社会发展停滞的一种经济学解释，所以其实没有摆脱停滞论。而且，他对于明清人口增长与生产技术没有突破性发展这两个事实之间是否具有直接因果关系或者循环因果关系，也没有进行彻底论证。学界关于黄宗智内卷说的评论已经很多，见解并不相同。黄宗智是三位研究者中较多运用实证材料的学者，其内卷说的解释力也比其他两种论说要大一些。但他的分析方法中也包含许多问题，所用的资料大量是清后期乃至民国时期的，对明代江南地区直接考察的一些经济数据不坚实。其"内卷"的核心内容，仍然是人口增长导致的人均 GDP 不增长，这种因果关系很大程度上依赖于他自己运用的分析方法，带有推测性。明清江南人口不断增长，后来的人口增长其实总在剥蚀关于更早时期江南经济内卷判断的可靠性。而且，黄宗智的内卷说覆盖从明后期到 20 世纪 80 年代这样一个很长的时段，1840 年以后一百多年间的机械工业和现代都市发展在该说中也没有改变内卷性质。这就把问题引入一个对纯粹农业经济模式长期持续的分析语境中，而与明清江南或中国的总体经济结构与历史趋势问题渐行渐远。彭慕兰的大分流说有明显的摆脱西欧中心主义倾向，但运用原始文献所做的分析最少，主要通过对其他学者已有研究的选择性梳理和模式化分析立论，带有更强的经济理论支配性。在他的分析中，明清江南乃至中国与大致同一时期英国经济的同等水平与后来的"大分流"判断，也都从 GDP 意义上看，而江南经济始终与全国经济联结，GDP 永远与经济结构联结，经济结构永远与政治、文化联结，因而这种分析所揭示的历史事实过于理想化。这些情况提醒我们，理论、模式分析既具有深入剖析的功能，也常常把问题简单化，必须将其放到历史事实系列中去重新衡量。

二、中国现代性发生问题

江南研究之所以在所有区域性研究中受到最多的关注，最主要原因是江南作为帝制时代后期中国经济最发达地区，可能包含中国社会总体变革的早期因子。人们在做相关研究时，最初运用较多的概念是"资本主义萌芽"——这不是中国历史学界独用的概念，日本、朝鲜半岛等地的历史研究中也曾大量使用这一概念。以"资本主义萌芽"为核心概念的研究，在20世纪90年代以后趋于消歇，也并没有最终证成类似没有西方资本主义的介入，中国也会自发地进入资本主义社会形态的判断，但却从多方面揭示了明清时代中国的非停滞性。在那之后，中外史学界都回避使用资本主义萌芽这个概念，而采用类似近代化、现代化、近世、市场经济、早期工业化等作为核心概念。但这类研究并没有根本转变研究的指向，追问的还是现代经济模式或要素在中国的表现及其意义，只是剔除了传统资本主义萌芽研究的核心用语和若干预设。

因为许多学科、许多学派都讲现代性，很容易使这个概念本身变成高深莫测的泥潭从而失去分析问题的效用。历史学是一门朴素的学问，所以我们不要把这个概念当作自足自备的存在，不要把它当作一种必须符合哪家学说的理论陈述，而要在使用这个概念来论证问题的时候对这个语汇做出清晰的说明。从目前讨论的问题层面出发，现代性就是体现在通常所说的现代社会之基本特征中的现代社会属性。虽然现代世界上存在多种不同的社会形态，但自15世纪以来，世界各国历史的演变大大增强了相关性，发展出一些共同的要素和趋势，其中最具有根本性并与传统社会构成重大差别的特征是，具有明显进步倾向的发达市场经济、科技进步与市场共同推进的工业化、公民主导的社会组织方式以及相应的价值观。从历史看，这种现代性的早期表现与发达性特征都在西方世界出现，但这并不意味着这些特性就是西方独有的属性，人类社会在15世纪以来的演进是相互影响并趋于共性增强的。

在这样的概念基础上看，江南研究中运用近代、近世、现代、近代社会，以及资本主义经济、近代经济、早期工业化等作为核心概念的大量研究，所追问的都是现代性问题，或鲜明，或暧昧，而概念越暧昧，越难以将问题论证清晰。近代和现代在英语里本来是一个词，因而核心内涵是同样的，而汉语里的近代和现代分界是以政治事件为标志和政治史取向的，因而在划分时代的时候局限性很大。近世是亚洲学者在本区域或本国找不到与欧洲历史同步、同性质现代性演变过程，却又要勾勒出本区域或本国类似过程时发明的一种暧昧用语。借助这个用语的暧昧性，一些亚洲学者得以把本区域或本国朦胧的现代性前推到比欧洲现代性还早的历史时期，但只能停止在比附层面，无法把论证真正深入下去。资本主义经济与近代经济这两个概念没有本质区别。早期工业化在学者的论述中是以斯密型增长，即劳动分工和专业化促动的经济发展为主要标志。这种类型可以在论者所讨论的时代之前就看到，因此在被用来分析明清中国经济结构与趋势的时候，实际上回避了"工业化"包含的科技要素和现代性综合含义，也没有使问题更为清晰。

如果把问题直接安置在现代性发生层面，马上就会发现，这是一个综合性问题，不是纯粹经济史问题。以往研究者大多从经济领域追问现代性的起源历程，是因为过度强调了经济资本主义作为现代性表征的地位。经济学可以省略大量相关因素而把某些经济现象抽象模式化，对其结构、功能做各种各样的分析。但历史学关注实际发生的事实重于关注可能性。经济可能性变为事实的过程，永远不是单纯经济问题。市场经济、科技进步、工业化、公民社会以及相应的社会观念中任何一个要素都不能单独决定现代性发生的历史过程，都是不能或缺的，此外还要加上制度条件。只有与文化、社会、政治乃至信仰、科技等领域形成某种顺向结构的时候，经济现代性才可能持续扩展。正因为如此，许多研究者在指出明清江南经济中大量与现代社会特性契合的要素，包括市场经济、货币流通、城镇化等之后，都要止步于中国并没有自发形成现代社会这样一个事实面前，难以透彻说明明清的社会结构与趋势。

明清江南乃至整个中国涌现出比以前时代更多的具有现代性的社会要素，但没有形成现代社会各种要素综合运行的总体环境。这是一种虽然商品经济相当发达，但没有科技革命，因而不能发生真正意义上的工业化，也没有发生从臣民社会向公民社会的组织改造及相应的观念变革，社会秩序在久已存在的"帝制—官僚—州县"体制框架内继续运行的结构状态。笔者把明清中国的这种包含现代性，主要是经济现代性，但并不整体走向现代化的社会形态称为帝制农商社会。在这种社会结构状态中分析现代性因素的情状，会帮助我们透视这种社会结构的机理，而通过找寻和分析其现代性因素情状，来论证明清中国与欧洲历史的同步性、类似性，则只能达成模糊的结果。

三、区域与整体

今人心目中的江南，已经是纯粹的地理概念，核心是长江下游以南地区，但外延范围模糊。明设有南直隶，清前期设有江南布政使司，后改称行省，所以江南在很多情况下指的是行政区。但这种行政区划范围即使在当时，也是与通常话语中的江南指称范围并行的。在明清时代的通常话语中，江南主要指太湖水系的苏、松、常、镇、宁、杭、嘉、湖及从苏州划出的太仓州。这显然是一个环境与经济、社会要素综合的概念。不过，这种约定俗成的江南范围的界定，其实多少遮蔽了江南研究所需要的制度框架视野，即国家和地方行政体系都不是江南概念的核心、内在构件，这使得江南研究作为区域研究与更大范围的关联及整体性研究常常被忽略。

作为一个经济社会区域，江南是特殊的，对这种特殊性的研究是江南研究的应有之义。迄今大量江南研究可以被视为一种地方史式的研究，即以呈现江南地方各种视角下的历史面貌为基本目标的研究。这种研究虽有地域范围，但没有领域范围，所以几乎所有理论、方法都有运用的空间，且江南本土学者在这种研究中具有巨大的资源便利优势，与地方发展现实需要易于直接关联，迄今取得的成就也最为显著。而且，地方史研究与晚近兴起的从下而上地观察历史的历史人类学研究之间极易契合。在后一种视角下，江南的生活气息变得更为生动。不过，江南地方史研究内部，江南地方史研究与历史人类学研究之间，都无大问题争论。这既表示方法论层面相互之间的较高认同，也多少会造成平面化，即方式相同而对象不断扩展的研究成为主流。而这种研究不易实现的，则是关于区域与整体关系的认识。

江南不是独立运行的，它处于明清帝制国家体系之中，其状态和演变受明清两代国家权力的干预、管理，也因为其在大国家体系之中而受其他区域的影响。所以，研究者既不能假定江南可能因其经济发达而自行进入另一种社会体制，也不能假定江南社会可能会因相对发达而单独走得很远，更不能假定江南的诸如"过密化"之类的问题不会因为区域外因素而缓解。明清两代贯穿着江南人对本区域赋税过重而向国家提出的抗议，其背后就是国家体系把江南经济收益向其他区域摊分。明清时期已经形成全国市场体系，江南要依赖南北方大市场，甚至国际市场，也要吸收各地的资本。

总之，明清江南研究，既是区域研究，也是中国研究的一部分，在扩大的视野下，有些已经触及的问题似乎还可以更加深入研究。例如，明代的两京制度，即南京作为留都与北京作为京师长期并存的制度，在美国学者范德（Edward Farmer）主要从政治、军事角度研究之后，还没有人从经济和社会意义上更深入地推进研究。漕运、运河治理等关联国家与江南社会关系的问题，虽皆有很出色的研究，但似乎在从中透视江南区域经济及其与全国关系方面仍有余义可以阐发。关于江南市场研究丰厚，而关于江南资本何以多由外地商人控制的问题，以及这种现象究竟说明什么的问题尚没有足够透彻的论说。自明初到清末，江南地区发生了一系列与朝廷权威抗衡的事件。明初张士诚余部长期拒绝认同明朝政权合法性，明中期江南发生大量违禁海外贸易与海盗，晚明江南顽强抵抗清朝征服，清前期江南发生诸多与朝廷精神相悖的大案，晚清江南又成为太平天国的根据地，等等。江南无疑是明清两代中央政府的重要财富来源地，但江南人在国家政治中的地位也与江南的经济地位并不一致。这可能是由于江南地方的经济利益与其他地区差异较大,因而与朝廷的要求总有距离,也可能由于江南人的文化自我意识中有特殊的诉求。总之,明清江南和其他地区相比,其与明清中国的帝制体系之间的关系更为复杂,而论证这种关系的研究并不多见。此外,如果明中叶以后很长一段时期,江南是中国的制造业中心,那么由于同时中国与外部世界发生着很大规模的贸易,江南也是那个时期世界制造业的一个中心,江南制造在那时就已走向世界,然而我们对江南制造的世界影响如何,所知朦胧。

四、明清易代与江南

从纵向时间角度看,整个明清时期造成江南社会最大变动的,是明清易代和鸦片战争带来的全国性危机与变革。后者过分复杂,这里只谈前者。最近,"新清史"成为历史学界的一个重要话题。被评论者冠以这个称谓的散在美国高校研究机构的一些历史学家强调清朝的"满洲性",以反对"汉族中心论"的名义,把清朝纳入"内亚"的视野下,认为清朝的统治功能主要不是建立在汉化的基础上,而是建立在民族特性上,清朝不等于中国,中国只是"清帝国"的一部分。在这种语境中,江南悄然失色,退居为"清帝国"统治的多样性庞大区域中的一个普通区域。但是江南很可能恰好折射出新清史的盲点。看到清朝与中国历史上以往多数王朝有更强的内部民族差异性原本不错——但那不是"新清史"的发明,而把这种差异性夸大到去说明清朝的非中国性,未免让人联想起 20 世纪前半期一些日本学者提出的种种解构中国一体性的史学主张。沿着前述新清史的说法推论,中国在清代就不存在,或者不作为一个国家存在,而只是一种"想象"或者"话语"。而且按照同一逻辑,只要强调当下的中国是汉族主导的,那么还可以说当下的中国也不成为一个国家。国家是晚近几个世纪世界历史推演出来的概念。以通行的民族国家概念来衡量清代的中国,民族构成和文化认同的情况的确都比较复杂。但是国家的起源要比民族国家早得多,人类文明兴起在很大程度上就是以国家形成为标志的,而民族国家概念则是以《威斯特伐利亚和约》为标志，在现代社会发展中才流行起来的。新清史多少是混淆了国家与民族国家的关系，因而把清朝政治统治集团的属性，扩大成为清朝的非中国性。人类社会从原始分散的部族逐渐演变成一些大的文化社会共同体，其间一定会经历战争与和平交往，所有国家都是在这样的历程中推演的，所以战争经历并不决定双方是否属于同一共同体。中国历史推演的一个突出特色，正在于它是作为一个文明共同体逐步凝聚的，因而始终包容着核心区域与边缘区域的差异，包容着关联、互动而又差异的民族，甚至很多时候还包容着多个政权。所以汉族政权不等于中国，非汉族政权也不等于非中国，而清朝恰好是中华文明的国家行政范围与文明覆盖范围基本重合的时代，开启了文化更深度融合的基础。中华文明演进展现出来的国家形态，从来不是单一民族国家，而是族群国家。新清史家可能需要认真对待族群国家的历史事实，而不是把单一民族国家作为唯一形态的国家，江南研究也应该在这个层面把明清易代纳入视野。

　　清朝入关是通过武力的，清朝统治也是运用武力的。清军入关在北方没有遭遇强劲的抵抗，而在以江南为主的东南区域却引发了惨烈的战争。江南特别顽强地抗清，不仅因为江南士大夫对明朝的政治忠诚，也因为江南作为文化精英汇集之地，对中原文化认同更为自觉而与塞外民族更疏远。清朝统治者看到这种文化差异，在强制剃发的同时表示尊崇儒学，承继明朝之统，袭用《大明律》，行用汉字，开博学鸿词科，编辑中华文化典籍。高压、妥协、融汇种种策略都运用出来。因为江南特殊的重要地位，清朝还执行了一些针对江南的特殊政策，如文字狱中就有一些是专门针对江南人的，还曾中止江南一些地方士人参加科举。明朝迁都北京之后，极少有皇帝去过江南，清朝皇帝却多次南巡。在此过程中，清朝统治者很大程度上汉化，江南人既然剃了发，也受到满洲生活方式的影响。随着时间的磨砺，江南成了清朝财富、文化人才的渊薮，江南士大夫虽在庙堂政治中从来不是主流，却依然是文化学术精英的主流，江南人逐渐认可了清朝的合法性，清朝对江南人的防范也松弛下来。以往学者对相关的历史事件、人物、现象都做过研究，但是以一种统摄性的概念把江南在清代多民族国家认同演进中的特殊角色，以及清代江南人对清朝合法性认同的复杂历程论证透彻，却是尚未完成的事情。

五、社会视野下的明清江南

江南社会史研究源远流长、成就斐然。费孝通、潘光旦对江南社会的研究为整个中国社会史研究树立了样板，至今影响不衰，而晚近的研究则益发精细深化。与华南社会史更多注重宗族与底层社会生活状况不同，江南研究中特别凸显对于士绅的研究，相关概念还包括乡绅、缙绅、望族等。有的人甚至把江南社会归结为士绅社会，以呈现士绅在江南地区社会的支配性地位。但有趣的是，在士绅研究已经累积十分丰厚的同时，人们还是经常回到起点，重新对什么是士绅进行辨析。有些很有影响力的学者把声望、财富、知识也用来界定绅，是因为他们先把地方有势力者视为绅，然后把有势力者的各种特点加以归纳，结果造成循环界定——有势力者是绅，绅是有势力者。这样一来，就把士绅身份在揭示社会结构研究中的功能打乱了。明清时代的绅，虽然也有朦胧泛用的情况，但其本质是由国家法权来认可的社会身份，现任官员、休致而没有被剥夺朝廷待遇的官员、有功名者就是绅，缙绅特指官僚，士绅指官僚与有功名者，乡绅是从乡里角度对当地缙绅的说法，大多情况下指休致归乡的官僚，生员之类低级功名者附骥士绅之末，望族则不是一种内涵明确的社会身份而是对多世代承继的声望隆重家族的笼统称谓。明确了士绅的核心内涵，才能透视江南士绅在明清帝制国家体系内部的角色，进而把这种身份角色与其在地方的作为表现关联起来审视。

从身份角度看，江南士绅与其他地区的士绅一样是帝制体系的社会派生物——无论特定士绅是以官谋财，还是凭借财富力量获得士绅身份，都不曾改变这种性质。正是由于这种性质，士绅成为一个巨大的社会磁力场，把拥有学识、财富、权谋的人大量吸引过去。他们在获得士绅身份因而成为国家与社会双重的精英之后，就获得了庶民、奴仆、贱民之上的社会优越地位和优越感，并依赖身份、财富、知识三者保持士绅身份地位的世代承袭。他们继续追求官场地位、祖先荣耀、财富、奢侈生活方式、高雅文化，以及可能将承载这一切的既有社会体制加以改善并永久化的思想，但社会的普遍平等、自由却从来不是他们的目标。因此，士绅处于顶端的社会分层结构，在江南商品经济繁荣发展中，伴随着低贱人群缓慢膨胀的常态化。也由于这种性质，明清两代江南士绅并不构成对既有国家体制的挑战力量，而是支撑力量。晚清民初大规模革命运动中，江南经济、文化依然最发达，而该地士绅阶层却没有成为革新人才的温床，很大程度上也是由于这个原因。江南士绅社会发达而宗族社会不及华南的现象，则说明帝制国家体系在江南社会比在华南社会渗透得更深而强固。江南士绅的此种角色，透过绅、商逐渐密切的结合甚至混合，使江南经济也成为支撑帝制体系的基石，即使其中包含一些雇佣劳动关系、城镇化、市场发达、拜金主义之类在资本主义社会常见的现象也是如此。

士绅在明清江南社会肯定比其他人群拥有更大的社会权益和支配力，相关的研究已经非常丰富。但是，关于士绅社会支配力运行的机制、本质与历史含义，见解仍有不同。20世纪前期就有一些域外对明清士绅支配关系的研究过于偏重这种支配力的地方性，忽略了前面所说的士绅与国家及普遍文化密不可分的本质，甚至衍生出通过控制地方士绅来实现对中国基层社会控制的现实建议，成为侵略势力逻辑上可以统治中国说的支撑。晚近一些学者不察，继续沿用类似说法。明清时代的地方社会，尤其是江南地方社会，包含地方自治的因子，但从来没有达到地方自治的程度，士绅的支配力，也以士绅与帝制体系的共赢、妥协关系为基础，以士绅作为底层社会与政府机构之间桥梁的机制来实现。所以，江南士绅既没有成为现代公民社会的基础，也没有成为其他势力控制江南的工具。

清代江南社会分层体系与京畿一带相比还有一种明显差别，就是清政权带入中原的八旗贵族集中处于京畿一带，江南不多但非没有。八旗上层与士绅不同，是世袭贵族，特殊身份是这一人群界定的决定性要素，财富和知识皆远逊之。所以他们完全依附帝制体系，倾向于消费财富，在知识领域也无普遍追求。此类人群在江南社会环境中如何演化，与士绅之异同如何，在江南社会支配人群中居于何种地位，江南区域支配人群与其他区域支配人群的差异，等等，也是有意义的课题。

江南研究魅力无穷，范围广大，以上观点则很零碎，且可能多有不当。唯因江南研究已经成果极其丰厚，略微站到江南研究的外缘来审视一下问题意识，应该不算多余。

明代白银货币称量形态对国家—社会关系的含义[*]

明代中国发生了诸多前所未有的变化，其中非常重要的一种变化是白银成为占主导地位的货币，关于这一转变的历程及其对于赋税、财政体制的变革意义，许多学者已经加以考察论证，并构成了大致的共识。近年来对此问题研究较多且深入的是万明发表的系列论文。[①]与此同时，在关于这一转变与明中期以后历史的总体关系方面，则学界尚未形成一致意见。明代货币体系的演进不是一个单纯的经济现象，它直接牵动赋税征收方式发生变化，因而改变国家财政运行的方式，从而使国家与社会的关系发生了变化。这种变化的基本面是，在向以白银为主要货币转变的过程中，社会经济较前大幅度地摆脱了国家通过货币总量和价格实现的对社会经济的制约，社会获得了一定程度的解放，同一过程的另一面则是国家经济权力的降低。国家在社会财富再分配中，基本失去比较隐蔽的金融手段，必须使用赋税手段，因而其从社会分割财富的绝大多数举动都更加公开化，其

---

[*] 原载于《史学月刊》2014年第7期。
[①] 万明：《明代白银货币化的初步考察》，《中国经济史研究》2003年第2期；《明代货币白银化与制度变迁》，《暨南史学》第2辑，广州：暨南大学出版社，2003年；《明代白银货币化与明朝兴衰》，《明史研究论丛》第6辑，合肥：黄山书社，2004年；《白银货币化视下的明代赋役改革》（上、下），《学术月刊》2007年第5、6期；《明代白银货币化的再认识》，《中国钱币论文集》第5辑，北京：中国金融出版社，2010年。

调节经济、物价的能力也大幅度降低。总体而言，国家与社会的关系实际变得比前疏远而对立性增强了。晚明财政危机的深不可解乃至明朝的崩溃都与这一变化有深层的关联。明后期社会经济繁荣而国家政治持续混乱乃至走向危机，这种经济与政治近乎背反的状态格局，与这一变化也有深层的关联。在所有这些纠结情况中，有一个非常关键的因素，这就是，明代逐渐获得主导地位的白银货币，是称量形态的。也就是说，明代发生的不仅是"货币白银化"或者"白银货币化"，而且是"货币称量白银化"或"称量白银货币化"——与之相对应而没有发生的是"货币白银铸币化"。这对当时的国家与社会之间关系造成意味深长的影响。

贵金属本身具有较高价值，且有便于切分，方便储藏的特性，因而人类历史上诸多文明很早就开始使用金、银作为价值尺度和交换媒介。不同文明、社会间发生的交往中，金银也常自然而然地充当了一般等价物和基本财富。这意味着金银成为货币本身，还不一定会把社会直接推上"现代"或"近代"的轨道。明代白银成为主导货币的进步意义，是相对于此前狂澜发行的纸币和低价值金属币铜钱而言的。

明初政府发行的大明通行宝钞，就其为纸币而言，表面上与现代通行的货币形态更为接近，但是却很快就崩溃了。原因是，这种纸钞既无硬通货作为发行的基础，也没有对发行量的理性控制，又不保障昏烂纸钞的全额兑换。这些归结到一起，就是缺失了发行者即政府对货币的信用保障。明初政府把发行纸币当作了随意操控和搜刮社会的工具，而非合理调节社会经济与社会财富的工具，所以明初纸币虽然材质与现代货币接近，但其本质却是违背经济法则和体现赤裸统治关系的。明政府遵循帝制传统，依照统治的逻辑，把对社会的控制权力扩展为对社会财富的随意分配权利，而不是调节社会经济生活有序性的工具。当时的政府，一直没有停止从社会收入白银的行为，但却厉禁民间使用白银进行交易。其意在于将天下财富掌握在朝廷手中。这样来强制发行的纸币，等于向社会宣布直接掠夺，社会显然拒绝了政府的掠夺，政府的金融信用也随之荡然无存。正是因为如此，接下来不仅明朝挽救纸币的种种努力都归于失败，连在纸币逐渐退出流通和赋税的过程中试图运行的纸钞、铜钱并行体制也没有成功，连带政府发行制钱的信用也被严重撼动——明朝中前期政府竟然连续数朝没有发行制钱。铜钱本身材质具有使用价值，对于政府而言发行成本比例较大，而且价格较低，所以铜钱不如纸币更具有为政府搜刮社会财富工具的功能，同时也不能满足经常性较大规模商品交换和财富运作的社会需要。白银正是在纸币崩溃而铜钱功能不足供应也不足的情况下，上升为主导货币的。比较而言，纸钞附加的政府信用最大，铜钱次之，称量白银则不附加政府信用。而社会的选择是，白银第一，铜钱第二，纸钞不用。因而，明代发生的白银成为主导货币的变化，实际也是社会抛弃失去信用的政府货币金融权威的变化——一定意义上也是社会在经济意义上对政府说"不"的变化。

明政府承认了白银作为货币行用的合法性，也就大幅度地退出了金融主导地位。白银货币的这种解放作用，很大程度上基于白银作为货币的称量形态。因为是称量形态的，所以货币实际是一种不带有政府印记的贵重矿物——是直接的经济生产品，可以从矿冶生产中来，可以由私人融销银器来，可以从遥远的北美或者隔海的日本而来，只有成色与重量标准，没有权威性发行者的信用标准。于是，政府在主要货币体系运行中成了一个被动的环节和使用者、收储者。同时，这又意味着整个社会的货币流通量只有来自存量的自然波动，没有来自主导金融机构的调控。所以，白银成为主导货币一面造成了社会经济的解放，另一面又造成了货币金融的"自然状态化"和政府功能退化。

不是由于一般意义上的货币白银化，而是由于称量形态的白银直接成为主导货币，明代的白银货币行用发生了诸多弊端。其中比较突出的是，国家失去了通过货币发行调控市场的能力和利用货币流通量控制增加财政弹性的能力，因而长期陷于财政困境。关于这种情况，笔者早年做过初步研究。[①] 失去前述财政弹性的政府在不得不增加财政收入的情况下只能采取公开增加赋税的方式满足政府财政需求，皇室为首的大贵族阶层也展开

---

① 赵轶峰：《试论明末财政危机的历史根源及其时代特征》，《中国史研究》1986年第4期。

了从社会搜罗甚至掠夺白银的行为。这种做法直接激化了国家及统治集团与社会中下层人民的矛盾，激起民众抗议，实际动摇了社会心理中关于现行统治合法性的信念。此外，主要以白银为标的的赋税征收，在使卷入商品货币关系的人民获得缴纳赋税便利之同时，使那些处于自然经济领域的人民因为折换白银而加重了实际负担；称量白银必须在每次交易和赋税缴纳行为中测定重量与成色，从而使大量经济、财政行为繁琐化和欺诈流行；与国家调控无关的白银更易于进入窖藏，退出流通，造成市场白银的虚假紧缺。关于这些后果，黄阿明曾做过比较详细的分析。[1] 由于明代处于白银内流时期，另外一个弊端尚未显示出来，这就是货币主权失控问题。称量白银是自然形态的货币，不是主权货币，因而从中外关系角度看，中国对自身货币没有控制权。这到了 19 世纪以后就成为现实的问题了——本国政府对于国际白银市场波动造成的货币价值没有操控和调节力，从而使国民经济更易于为外部势力干预。

　　称量白银成为主币带来的弊端，起初并不十分严重，且被其带来的摆脱政府行为性通货膨胀的利好所中和，继续行用的铜钱也产生部分调节作用，因而在短时段内主要表现为积极的经济后果。但到了万历中期以后，就与其他社会变动汇聚一起，成为加剧全面社会危机的基本因素了。其中最突出的是，政府必须扩大财政开支时只能大幅度增加赋税征收，从而使社会与政府形同水火。明朝的财政拮据，在嘉靖时期已经非常严重，万历初期因张居正主持的行政效率整肃及赋税改革才得到缓解，但是没有也不可能根本解决此问题。经过皇室派出矿监税使搜刮民间财富、万历三大征、辽东战事爆发等一系列事情，这个政府就随着日益深化且无可摆脱的财政危机而土崩瓦解了。

　　这其实触及了政府在国民经济体系中的地位、角色问题。政府本质上是为社会运行需要而产生的设置，其本身不是目的，故政府权力和权利过大，会放纵政府剥削社会，随时扭曲经济运行，造成社会合理性降低。与

---

[1] 黄阿明：《明代赋税征银中的负面问题》，《史林》2007 年第 6 期。

此同时，构成经济共同体的社会，需要稳定统一的货币，而市场本身通过无数差异的个体之行为运行，本身并不天然倾向有序，需要一定的统一调控。能够承担货币、金融调控职能的，主要是政府，其次是民间金融机构。明代没有发达的民间金融机构，政府也较大幅度地退出货币发行——明嘉靖以后政府保持铸造铜钱并经常干预货币比价，所以没有完全退出货币金融调控。因而明中叶以后的中国，其实是金融调控缺失的社会。商品化程度较高的社会在金融调控缺失情况下更易于失序，功能残缺的政府更易于解体，这是称量白银主导货币地位在解放社会经济的同时带给明代社会的另一方面的后果。

白银成为主导货币之后，铜钱伴随发行。这种铜钱为什么不能成为政府金融功能的主要工具呢？在整个社会自然经济属性较高的情况下，政府可以依赖发行低价值货币实现其对于货币的调控功能，到了社会的商品经济属性增强到一定程度，如明代中叶的情况时，低价值货币在社会货币价值总额中的比例就不足以实现对社会经济的调控功能了。而且，明代政府铜钱铸造的物料和工本费用大致与所铸造货币的市场价格相当，有时甚至成本高于市场价格，所以政府不可能通过铜钱来利用今人所说的"通货膨胀""量化宽松"等手段调控市场货币价格和经济状态，也不能赖此实现财政弹性。

这里还有一个难以用实证的方式明确回答的问题，明朝政府为什么不去发行白银铸币呢？发生了的社会变动，总有具体的发生次第或因果关系——包括偶然的关联，因而常常可以通过考证落实结论；没有发生的社会变动之原因却总是多方面的，常常难以确认哪一个具体的原因是最具有决定性的，所以回答没有发生的社会变动的原因，只能是尝试性和假说性的。在欧洲，贵金属铸币的行用是古典时代就发生的事情。在中国，先秦时期已经有楚国的金铸币郢爰，王莽时期货币五物六名二十八品，其中有贵金属币，金代曾制作承安宝货，甚至明代也曾制作用于宫中赏赐的银币。而且，明中叶以后，欧洲白银铸币也已经流入中国。所以，明代人不是不知道白银铸币，而是知道却没有将其作为主导货币推行。这也未必表示明代人刻意回避使用历史上已经有成熟经验的贵金属铸币。因为，明代以前中国历史上出现过的贵金属货币，无一是曾经作为主导货币在市场长期流通的。也就是说，明代人并没有看到使用白银铸币为主导货币的成功经验。

从技术上说，迄于明代的贵金属货币乃至一切金属货币，都是手工作坊产品，民间仿制并不困难，因而要辨别真伪也就会很困难。明代民间仿制铜钱始终不绝，而所有仿制铜币都比政府铸币及政府规定可以流通的前代制币粗恶，否则民间就没有私铸货币的动机。因为白银价值远远高于铜钱，而当时官、私铸造金属货币的技术大致处在同一技术水平状态，所以如果政府发行白银铸币，所有曾经发生在铜钱上的私铸滥造都会发生在白银铸币上。这意味着，在政府不具备铸造难以仿制的白银铸币情况下，不去铸造和发行白银铸币，未必是不明智的。

从观念角度说，明朝思考货币体系的言论非常之多，但并没有人认真地就贵金属铸币和称量货币之间的差异，以及是否铸造和发行白银铸币提出系统论证。在他们涉及白银的议论中看，似乎白银以称量形态作为货币流通是自然的事情——只讨论用银的利弊与用银还是废银的问题，很少讨论白银货币的形态问题。有学者认为，明初王祎曾提出的可允许官私铸造金银钱的主张是系统的白银铸币理论，其实不然。王祎之说甚为简单，并无详细论证，而且他所说的金银钱仍以成色和重量衡量价值，其实还是称量货币。其语云："今诚使官民公私并得铸黄金白金为钱，随其质之高下轻重而定价之，贵贱多寡，使与铜钱母子相权而行，当亦无不可者。且今公私贸易，苦于铜钱重不可致远，率皆挟用二金，藉使有司不明立之制而使之用，公私之间有不以之为用者乎？是则用黄金白金为钱与铜钱并行，亦所谓因其所利而利之者也。"语见王祎《泉货议》一文。[①] 所以如此并不奇怪，原因之一是，明代人的货币理论是延续前代货币理论的，是基于自然经济占主导地位的社会经济历史实践的。自然经济体系中的货币需求量相

---

① 〔明〕王祎撰：《王忠文集》卷15《泉货议》，《景印文渊阁四库全书》第1226册，第311页。

对较小，涉及的社会产品价值量也有限，少量贵金属参与和补充低价值金属货币可以满足价值交换和财经活动的大部分需求。所以帝制时代的多数时间里，民间和政府都接受一定程度的贵金属流通，并且曾几次尝试使用印刷兑换券或纸币来补充低价值货币体系不能满足发展了的社会经济需求的问题。低价值主币造成的货币供应量不足问题，在明初禁止使用白银和滥发纸币的刺激下，加之商品货币经济的恢复发展，达到了喷发的节点，直接走到了白银称量货币主导的局面。原因之二是，明朝政府和前代政府一样——而和现代政府不一样——是统治型的政府。这种政府对于社会经济和金融主要从两个角度来考量。一是民生状态，二是政府财政状态。民生稳定而政府财政基本可以满足，则太平成象，并没有清晰的相当于国民经济发展的概念。中央国家机关中与社会经济关系最密切的户部，其实是财政部，绝非经济部或者商业部、外贸部、中央银行、发改委等，在现代英语中也被翻译为 Ministry of Revenue。国家制币，即由这个财政机关统筹——工部和地方政府虽参与制作，但并非统筹机关，没有相当于国家银行或者金融储备局这样的机构。这就是说，当时有金融现象，却没有专门的金融管理机构，表示金融的理论和观念还是比较原始的。理论和观念需要实践的需求和激励，繁荣的商品货币经济展开未久、体制特性未明，亦即进入复杂经济状态未久，理论和观念有所滞后，也是合乎逻辑的。

理论上说，民间金融机构也可能发行有效行用的货币，但明代尚未出现成熟形态的民间金融机构，而且这类民间发行的货币依然需以国家承认其合法性并保障其行用才可能，而就明代政府的观念甚至朝野上下已经达到的货币金融理论以及该政府的统治型属性言，这种逻辑上的可能性实践上并不可能。晚清政府财政困难，原有的货币体制混乱，那时大量融入中国的外国银元就曾在市场流通。一些私家银号也开始发行机制银元。然而这种局面，意味政府失去对经济的掌控，而当时的中国社会、经济和政府，都已经在现代社会的发展基本历程中，所以政府较快顺应大势，开局铸币，乃至民国时期宣布"废两改元"。

归纳起来，明代中前期发生的白银成为主导货币的转变的具体形式是称量白银成为主导货币。这既帮助社会在摆脱明前期政府滥发的纸币情况下依然拥有可行用货币，便利了商品交换关系的发展，推动赋税从力役和实物形态快速向货币形态转变，同时也落实了政府在货币金融领域严重缺位的格局，从而使货币调控跟着进入严重乏力状态，并使政府的一切扩大财政收入的行为赤裸裸地暴露在社会面前，明朝在此潮流中逐步走到与社会直接对立的地步。综合分析这一历程，可知在帝制国家体制和国家观念不改变的情况下，经济领域的一些商品货币化变动，足以扩大经济发展的空间，却也可能在综合作用下加速社会失序，基本不可能直接推出现代社会形态。

明代政治的文化张力
——《权力·价值·思想·治道——明代政治文化丛论》*序

明代在中国历史上很有些独特性。它是帝制时代末期的一个王朝，因而很能体现出中国帝制体制基础上的政治文化推演的极致状态，所以我们如要从历史经验的角度来认识中国的传统政治文化，明代是非常要紧的。这时的中国，恰好处在地理"大发现"、东西方航路开通，世界各个大区域直接关联起来，从而形成了密切互动的全球史的时代。这个大背景，使明代中国的演变趋势与后来中国的命运关联空前紧密，也使中国的政治文化状态不仅是一个理解中国自身情况的问题，而且也成为一个理解中国人的文化自我与他者关系的问题。此外，明代去今不远，许多制度、思想、方式对晚近社会形成较为直接的影响。这都使明代政治文化的研究具有特别的意义。

明史是一门国际化的学问。尤其是包括大陆、台湾、港澳地区的中国及美国、日本、韩国都有比较稳定的专业学术群体和学科领域传统。大致而言，政治史是世界各地明史研究者研究较多的领域，其次才是经济史、社会史、文化史、思想史，以及人物、文献研究。但具体来说，明代政治史研究的传统领域，其实主要在于与政治联系的制度、人物、事件，对于政治文化的研究，却是非常薄弱的。推演至今，学者们对于明代政治制度、

---

* 该书由社会科学文献出版社于 2014 年出版。

政治人物、政治事件的研究，已经将最基本即最重要层面的课题大致覆盖。如要进一步推进明代政治的研究，必须向政治文化领域推进了。

学术界对于政治文化现象的探索由来已久，但许多人认为，政治文化研究是20世纪50年代美国政治学家加里布埃尔·阿尔蒙德（Gabriel A. Almond）对"政治文化"这个概念加以界定之后方才兴起的。这当然是个误解，但是阿尔蒙德的政治文化定义毕竟是有意义的。他认为，"政治文化是一个民族在特定时期流行的一套政治制度、信仰和感情。这个政治文化是由本民族的历史和现在社会、经济、政治活动进程所形成。人们在过去的经历中形成的态度类型对未来的政治行为有着重要的强制作用。政治文化影响各个担任政治角色者的行为、他们的政治要求内容和法律的反应"[1]。这个定义中特别值得注意的，其一是政治文化以特定民族社会共同体为外部框架，即政治文化具有民族和文化的特异性，这是非常正确的。其二是将政治文化归结为制度、信仰、感情，这虽从揭示政治文化的"文化"性方向角度说不错，但却过度强调政治文化的心理状态性质，是需要修正的。其三是政治文化是在历史经验中推演形成的，这一点在他的定义本身并未被表述得很明确，但可以通过对他的定义加以合乎逻辑地推延而形成。其四是政治文化影响该政治共同体内所有人的行为，这也是正确的。结合阿尔蒙德对政治文化的定义与明代政治的实践情况，可以在考察明代政治文化时界定出四个研究的维度。

政治的本质是社会共同体内公共权力的设置与运作。关于公共权力的设置就是政治制度，它是政治文化研究的第一个维度。制度有作为刚性事实的一面，如丞相、六部、《大明律》都构成"事实"系列；同时又都是社会主导人群公共权力和社会秩序原理理解与诉求的体现，因而有文化状态和态度的一面。从后者角度说，政治制度是凝固为规则的政治倾向，因而是政治文化研究的范畴。政治文化对制度研究，在于剖析制度中含蕴的政治理念、原则、倾向、态度。政治伦理是政治文化研究的第二个维度，其

---

[1] 〔美〕加布里埃尔·A.阿尔蒙德、小G.宾厄姆·鲍威尔著，曹沛霖、郑世平、公婷，等译：《比较政治学——体系、过程和政策》，上海：上海译文出版社，1987年，第29页。

内容是特定社会共同体内人们关于政治生活、政治现象之意义的界定、辨识、预设以及相关行为的准则和评价尺度，在研究中主要作为价值观念和"态度"来考察。第三个维度，即政治思想，是特定社会共同体内人民政治倾向中以明晰语言表述的体现政治自觉和自我意识的主张，尤其是其中体现人们对于公共权力运行经验的解释、总结、反思、倡议的主张。社会共同体中人们政治倾向在实践中展开的格局、格调、状态是政治文化研究的第四个维度，即政治生态，所有的个别政治事件都在由传统和时局推演作用而形成的既有生态环境中发生，因而一定程度上为这种环境所制约，所以，每个人的政治态度与行为，都在其时代、社会传统、知识与现实问题一起构成的生态环境中，都是一定程度上被限定的。政治制度、政治伦理、政治思想、政治生态，透过这四个维度看到的公共权力运行中的总体精神倾向就是政治文化。

　　这种研究方式与一般政治史研究的差别，主要在于透过公权力运作行为背后人们关于社会应然状态的理解来解读社会政治现象的精神纹理，而不是去分析政治现象中直接的得失、因果。这种关于公共权力之理解的精神纹理构成社会秩序的或隐或显而长久起作用的倾向与结构。一个社会共同体中那些比较具有自觉意识的人群——在明代主要是士大夫阶层，对于政治应然性的理解，具有比较明确的指向性，这就是儒家学说与几千年政治传统留至当时的经验一起构成的社会观念。所以这个阶层，比较其他人群，更倾向于把政治看作是有原则的事情，因此而成为保持社会公共性和稳定性的主导人群。然而现实总是不断地推演出前所未有的局面，迫使这个人群不停地去思索，在理想、原则与现实问题所构成的复杂情况中间做出艰难的选择。这就是明代政治中的文化张力。明代政治历史中所有复杂、重大的现象之内里，都有这种张力的作用。所以明代的政治，是生动活泼的。这种活泼，正是明代中国的政治与中国的文化充满活性的体现。

　　这本文集中所收录的文章，是由多人在大约 10 年的时间中陆续撰写的。选择题目的时候，各有因由，所以不能覆盖明代政治中所有重要的现象。但是其主导的问题却是清晰明确的，这就是结合着具体的政治现象，对士大夫为主的政治参与者所遭遇、体验的政治文化张力尽量进行解析。书名中指出的权力、价值、思想、治道，是本书在政治文化研究的大范围内具体涉及的几个核心概念。权力，指社会共同体运行中构成社会生活秩序维系与调节力的基本公共权力，是一切政治的核心。这种权力主要体现在国家机关的设置与运行中。国家机关的权力，直接地由制度来界定，间接地由建构制度所凭依的价值观念、思想理论、治理策略来决定。后者虽然是间接的，并且一定要受社会物质条件的制约，但却是基础性的、在公共社会的运行中持续发生导向作用的。本集收录的文章，各从不同的侧面，透过具体的人物、事件、现象、情境，剖析明代中国人关于公共权力运行的精神面貌，提出一些关于明代政治文化的基本看法。

李媛所作《明代皇帝的修省与罪己》具体考察的是明代皇帝在发生一些特异情况时会公布举行的自我省察甚至自责现象。这种现象中最重要的含义是，明代的皇帝虽然被习惯地认为是现实的终极统治者、最高的政治权威，但是其权威是有条件的，是被衡量、评价的，因而在文化意义上——即在关于公共权力的理想世界中，不是为所欲为的，他们的行为并不总是被视为天然合理合法的。李媛的另一篇文章《明代国家祭祀体系中的"天"——一种政治文化视角的分析》，分析明朝祭祀体系中最重要的祭天礼仪活动的政治文化含义。这种含义是多层面的。一是皇权的非绝对性和被赋予、有依托的性质；二是皇假天威以演示和强化现实统治的性质；三是皇帝、士大夫、普通民众"天"信仰的一致性与差异并存的事实。

李佳的《土木之变中的士大夫政治价值观》考察士大夫在1449年明朝英宗皇帝于土木堡被蒙古瓦剌部俘虏这场事变中行为背后的价值观念。当时，于谦等士大夫在危机情况下力主另立皇帝，使得瓦剌难以挟持皇帝要挟明朝，显示出士大夫以人民、社稷重于皇帝的价值观，这是帝制时代后期民本主义价值观的一次具体实践。李佳的另一篇文章《明代群臣"伏阙"抗争现象的政治文化分析》考察在明代甚为凸显的士大夫群体"伏阙"以要求皇帝收回成命的现象。这种现象彰显出明代帝制框架内君臣政治诉求的差异，以及士大夫政治的理性意味。王伟的《明代官员"乞休"现象分析》，考察明代士大夫主动要求离开庙堂，回归家园的现象。文章认为明中期以后，士大夫"家""族"观念比前浓重，士大夫自我实现的途径多元化，"家国同构"的观念有所动摇。

肖金的《王阳明与嘉靖帝关系研究》以王阳明在嘉靖朝的封爵、归越、起复、停爵经历为线索，考察王阳明与嘉靖帝关系的演变。文章认为嘉靖帝与王阳明关系合分的背后，是皇帝权威与王学体现的社会思想流变之间的矛盾。胡克诚的《政治文化视野下的嘉靖八年内阁之争》，考察嘉靖初"大礼议"集中爆发期之后于嘉靖八年（1529年）围绕内阁人事而发生的一场权力斗争，该文认为，这一事件深刻反映出明代政治文化中的相权行使的制度性缺失和政见争论道德化倾向。

学界关于张居正政事、人格的研究都已许多，但是对于张居正思想的渊源、演变、终极诉求考察并未详明。本集中梁曼容的《学术与政治——张居正思想演变的历程》追问的是明代政治家张居正学术思想与其政治立场之间的关系。该文认为，张居正的学术经历了浸润佛学、倾心王学、与良知派若合若离，直到走向权力高端后与王学分道扬镳甚至与整个讲学界决裂的历程。常文相的《从〈帝鉴图说〉看张居正的圣王期待及政治追求》，通过解读张居正主持编辑的《帝鉴图说》来透视张居正本人的致君尧舜的圣王政治理想。以上这些研究，都是从士大夫政治语境中解读张居正与明中叶庙堂政治样貌的积极尝试。

刘言和王立娜的文章考察的都是明代政治语境中的心态性话题。刘言的《"祥瑞"与明代政治》梳理、分析了明代被视为"祥瑞"的现象之类目，以及明代诸帝及朝臣对待"祥瑞"的两种态度，即重灾抑祥、以祥为美。该文认为，二者皆关照朝廷统治利益，但前者具有较强民本政治理念色彩，后者更偏于神本政治和君主神化色彩。"祥瑞"被作为君主治国的策略加以利用炒作，同时也构成士大夫风气的一个指向标。王立娜的《明代的谣谚》将存世明代谣谚加以分类梳理，从中解读民众看待庙堂政治的方式和谣谚所折射的政治、军事问题，以及谣谚对政局产生影响的机制。

明亡之后，黄宗羲等思想家进行痛切反思，形成了一些具有较强批判性的政治主张。姜佳曦的《黄宗羲"君臣观"的时代文化语境》认为，以往对黄宗羲国家政治观的解释基本是通过对《明夷待访录》等文本语词加以解析形成的，这就可能脱离黄宗羲本人学术与思想的具体语境而加入其原本不具备的含义。该文将黄宗羲的君臣观表述放到其本人思想历程中，用历史经验重建的方法进行追溯分析，指出了黄宗羲君臣观与明初以降不断推演的多种君臣关系说的渊源关系，比较了其间的差异，从而揭示出，黄宗羲的"君臣观"，是经历一个漫长的思想与实践历程而在明清政权易替的节点呈现出的，合乎中国政治文化历史逻辑的形态。

　　文集的最后，收录了以《关于"王权主义"与中国政治文化的对话》为题的一篇笔谈。这是根据东北师范大学明清史专业部分师生最近时期围绕政治文化前沿问题所进行的课堂讨论的部分内容整理而成的。参与讨论者结合对刘泽华先生和他培养的一批学者关于"王权主义"的研究成果和相关的评论，以及余英时等学者对政治文化所做研究的方法，对政治文化研究的基本理念、方法，切磋琢磨，提出了一些与未来的研究实践关系更为紧密的看法，作为日后回顾之资，也希望对于关心者的研究略有一些参考的意义。

　　明代政治文化的研究，虽然还是一个比较薄弱的领域，但是毕竟前有古人，后有来者。编辑这本文集，权作若干政治文化研究者勉力行进中途的相顾一笑，也就是了。

故宫学的明清庙堂政治文化视域[*]

一、故宫学的基本内涵

从一般语意上说,"故宫"本是"以往之皇宫"的意思,故可以指所有以往的宫殿。但是在现代中国话语中,约定俗成,如果不在"故宫"之前另加限定词语,即指现存于北京的明清两朝皇宫,是清朝终结后对昔日皇宫的特定称谓。北京故宫是中国现存规模最大且最完整的帝王宫殿,其包容的历史、文化、艺术实物、信息量无与伦比,因而建立"故宫学"对之进行长期专深研究,确有必要。然而学科之设立与研究领域之确认、研究问题之选择不同,是关于某一足以长期延续进行且能上升至理论层面的学术体系的建构,故不得不辨析其作为学科的基础。

现代学术主要依据研究的理念、方法属性分类,如政治学、经济学、社会学、历史学等,其学科意识立足于对普遍知识的追求,其对象超越具体时间、地域、情节。如政治学,举凡政治现象,无论何时、何地、何情节的政治事项,都在其范围,故有共同的基本概念、理论、方法。一旦界定时间、地域、情节范围——如 20 世纪、伊拉克、萨达姆政权——则成为一个研究的领域或者问题,相关的研究活动成为运用政治学研究某一特定

---

[*] 原载于《故宫博物院院刊》2012 年第 5 期。

领域或者某一具体问题的活动。在较为特殊的情况下，则可成立针对具体对象的专门学科，如敦煌学、徽学、红学、"国学"、东方学、汉学。此类学科，都含有特定时间、地域、情节内涵，而研究所需运用的理论、方法则是综合的，如哲学、宗教学、文献学、社会学、历史学、文学、政治学，乃至其他一些科技之学等。故宫学应属后一类学科，其成立的基础，如同前述几种专门学科一样，主要在于研究对象的独一无二、包容宏大、自成体系三大特性。这种专门学科研究的目的，固然包含推进普遍知识的意义，但更偏重于建立专门知识。就故宫学而言，其研究的基本目标，就是理解故宫。

所有专门学科都有对象的特殊性，故皆需建立各自独到且具有整体性的范畴、体系、方法界说，故宫学也是如此。故宫学研究的基本对象自然是明清时代的皇宫。从不同的角度看待此皇宫，可以看到以下侧面：

（1）这是中国帝制时代后期的权力中心——因而是明清时代中国政治聚焦的核心场域；

（2）这是国家档案、部分重要文献图书和文物精品收藏的地方——因而是一个文献、文物收藏中心；

（3）这也是包括国家和皇室财富存储的库藏之一——因而是明清时代财经活动的中心之一；

（4）这是明清时期皇帝家族及其服务者的生活区——因而是一个运作特殊制度、规范的特殊社会单元；

（5）这是明清时代中国最大的建筑群——因而是明清宫廷建筑的典范；

（6）这是民国以来中国最主要的一个历史博物馆——因而是后明清时代中国文物收藏、展示、研究的重要中心之一。

由对这样多侧面的对象的研究构成的故宫学，从整体角度而言，需要运用多种普遍学科知识展开研究，其中最主要的应是历史学、历史文献学、博物馆学（含文物研究之学）、建筑考古学。从这个角度可以对故宫学的范畴做如下定义：故宫学是运用历史学、博物馆学、历史文献学、建筑考古学等学科的理论方法对明清时代北京皇宫之物化和精神遗存，以及以该皇宫为中心展开的后续文博收藏进行综合研究的专门学科。

在此基点上考虑故宫学的分支架构，综合归并以后，可见如下：

（1）明清庙堂政治与宫廷生活史；

（2）民国以来明清故宫史；

（3）故宫文献档案研究；

（4）故宫文物研究；

（5）故宫博物院展示、管理研究；

（6）明清故宫建筑研究。

前两项为历史类研究，因明清时代宫廷为皇权体制核心，而民国以后故宫为文博典藏之核心，功能不同，故分为两个阶段；第 3 项为文献学研究；第 4、5 项为文博研究；第 6 项为建筑史及建筑学研究。故宫学之统一性主要不在于方法的一致性，而在于研究对象的统一性和特殊性。其各分支研究涉及不同的具体范畴与方法，故需分别讨论。档案、文物、建筑各项，非笔者所习，唯于史类，尚可讨论。史类两项中，前项是对作为明清时代中国政治权力中心场域的研究，所历时间既长，内容与牵涉理论问题亦更复杂；后项是对故宫博物院本身的研究，内容线索相对具体单一。兹专讨论前项。

二、明清庙堂政治研究视域之大要

即使在没有建立故宫学之前，明清史研究中的大量课题也在明清庙堂政治与宫廷生活史范围。这是因为，明清时代是中央集权的帝制体系，在这种体制中，皇宫是国家政治权力集中之地，一切政令之制定、下达，国家权力之运行，行政信息之汇聚，国防、外交行为，都由皇宫辐射四方，并由四方聚焦于皇宫。撇开皇宫，则明清政治史的大量问题无法讨论。皇宫内所发生的事情，又与社会直接或间接联系，可能涉及政治、经济、文化、社会、军事、民族各个领域。这就造成一种可能的情况，即故宫学的史类研究与传统明清政治史高度重合。如此则故宫学的史类研究之一大部分直接归于一般意义上的明清史，故宫学的知识探索意义因而可能削弱。如欲使故宫学的史类研究具有不可替代的特殊意义，需要在方法论意义上凸显故宫作为一个特殊政治文化场域这一视角，从而开拓一个特殊的研究对象和相关意识与方法。

故宫作为一个具体的"场域"，包括两个功能相互关联的部分，一是"庙堂"——皇朝政治统系所在和决策中心；二是宫闱——皇帝家族生活之区域。庙堂指皇帝南面称君，与其政治追随者组成"朝廷"处理全国政务之地；宫闱指皇帝生活起居、繁衍后代之地。两者之间，大致庙堂在前，宫闱在后，宛若阴阳，但两者之间界限亦并非绝对。明代宦官本被规定负责皇室起居洒扫服务，但逐渐干预庙堂政治；清代则后妃参与庙堂政治甚为凸显。此类情况，反映与皇权政治如影随形之家天下机制的作用，与中国文化传统中始终不曾泯灭的"公天下"文化传统纠结颉颃，构成诸多中国特色的复杂局面。不过宫闱之渗入庙堂，核心事项内容仍在国家政务运作，故解读之锁钥，仍在庙堂政治文化。[①]

庙堂政治的内容本来就是通常所说的"朝政"，唯其取向偏重于庙堂，即集中关注发生在皇宫之内的朝政事物。明清时代六部等重要国家机关，在宫廷之外，其事仍为朝政，但属于庙堂政治之辐射范围。所以，作为故宫学史类研究重心的明清庙堂政治研究，有"本事"与"牵连"两类对象——凡具体发生于皇宫之内者为故宫之"本事"，凡辐射者为"牵连"。本事为主，牵连为辅。"本事"之最重要者，是设立在故宫之内的国家权力机关之运行、国家要务之决策、庙堂政局之推演。凡此种种，皆属于庙堂政治，即集中发生于权力核心场域——宫廷之中的政治事务。与此相区分，关于地方社会治理有地方政治，关于一般官场运行现象有官僚政治；政治以外，又有经济、民生、天灾、人祸等，皆联系于宫廷而非宫廷之"本事"。明清庙堂政治，沿前代而来，但又不断推演变迁，前后历 500 多年，内容甚为可观且对理解中国帝制时代后期政治文化关系重大。举凡明清皇权形

---

① 关于皇权政治与中国文化传统中"公天下"取向的纠结，请参看赵轶峰：《中华传统文化中的"天下为公"及其现代回响》，《东北师大学报（哲学社会科学版）》2011年第5期。

态、宫廷典制、庙堂政治运行与辐射形态、宫闱势力参政形态、宫廷与社会之关系形态等，为其中大端。形态之外，是历史事实展开的具体情节、样貌。在相关研究中，特别重要而又易于被忽略的领域，是庙堂政治的文化解读。宫廷是一个场所，其位置、空间格局、由所有建筑所构成的整体环境、由所有礼仪制度和"潜规则"构成的氛围、生活和出入这个场所人员的特殊身份、这个场所汇聚的庞大历史文化信息，尤其是这个场所凝聚的辐射全国的巨大权力，一起使之成为高高在上、神秘莫测、与所有其他空间场所都不同的、接近封闭的特殊场域。这个场域中的大量事物，具有符号象征意义。其规制、理念、行为方式和惯性，构成独一无二的语境，一种特殊的传统。皇帝的政治权威，无疑是这个场域内部环境、传统特异性的根本依据。明清时代的宫廷作为一个特殊场域，其政治文化究竟有何特征，有何本质，与庙堂之外的政治文化如何关联、差异，与中国文化大传统有怎样的关系，与中国政治社会之运行有何关系，与民生如何牵连，等等，都是故宫学研究的"本事"。

三、明清宫廷生活研究的基本取向

明清宫廷生活在两重意义上引人注目，一是作为庙堂政治的相关和衬托要素；一是作为一种特殊场域的生活方式。

君主政治下，君主个人生活具有比任何其他社会成员的个人生活更大的"公共"属性，原因是君主是由"一个人"构成的最高国家机关。上古时期，君主后宫事务，就被纳入政府干预范围，君主及其家族生活的基本方式被看作是国家体统攸关的事情。[①]此种遗意，在明清时代仍然有所保留。从明清史料中看，明清时代皇帝的日常生活起居，关系到阴阳交泰之气象、"龙体"之护持、皇储之诞育，等等，都与国家"气运"相关；皇帝

[①] 如宋人叶时称："宫人修六寝，为太宰属官，是王寝与王朝宫相通也。内官有内小臣、寺人等官，皆为内宰之属，而统于太宰。是则后宫之官与王朝相通也。春秋世妇以卿帅六宫内事，有通于外者，世妇掌之。是则王朝之六卿，皆与闻乎六宫之事矣。"见〔宋〕叶时撰：《礼经会元》卷二下，《景印文渊阁四库全书》第92册，第69页。

的婚姻，关系礼法和皇帝子嗣；皇帝的生活好尚，关系国家最高领导人的心胸、德性；皇帝的私人交往及其出于私人关系考虑对权力、职务的分配，更关系政治权力的运用。这不仅是当时人的感觉，也是一种政治学意义上的事实。从此种意义上说，明清宫廷研究的一个重要着眼点是各种宫廷生活现象的政治含义和文化含义。其中，关于皇帝各种意义上的配偶的研究，构成后妃政治的研究；关于皇帝子嗣的研究，构成以潜在的皇权接继关系为中心的研究；关于皇帝私生活交往、好尚的研究，构成关于皇帝私人德性品格的研究和宫廷权力配置的研究。

宫廷作为一个特殊的场域，有独特的运行方式，其中礼仪化的内容，都有显性的文化象征意义。如明嘉靖时期的庙制更革，是对礼仪学说的重新诠释，一旦发生，就对社会价值观念、思维方式、礼仪取向产生触动。其中不在礼仪规范范围的内容，具有更强的历史特殊性，从中可以看出特定时代皇帝私人生活的实践特色。如明清时代宫廷出入的喇嘛，于礼无可考，然而反复发生，除了直接表明皇帝的习好之外，还反映更复杂的问题。

宫廷作为一个特殊的场域，其内部的运行一方面有严格规则，同时这种规则又超然于国家一般法律、法规之外。理论上说，宫廷之外，并无任何一个场域不受国家法律、法规约束；后宫之内，则一切听由皇帝及其委托人处置，公共社会难以与闻、干涉。所以，从社会生活史角度看，宫廷是一个超然于普通法律法规之外的独一无二的私权崇高的领域。在此特殊领域，皇帝的私法就是公法。这一事实，大约早为人所熟知，但其政治文化含义，却少深究。

宫廷虽然为独特场域，但实际由社会供养。宫廷运作、生活所需，皆从社会而来，故宫廷与社会之间，不断发生物流关系。各类物品，如何采择、获得、输入、输出，与国家公权力运作是何种关系，有何原则，有何陋规，等等，如能厘清，对了解宫廷与社会关系自然有益。宫廷高居社会之上，其好尚、需求具有社会辐射性。如宫廷使用阉人，一些地方就有阉割幼童之习气；宫廷后妃多好佛事，地方寺庙即多钻营宫闱关系，以获托庇；宫廷好瓷器、丝绸衣物精品，社会就有相关之制作。

宫廷中发生的与国家、公共事务无关的现象，本身并无特别学术研究价值，然而见微可能知著，凡能澄清者加以澄清，有益无害。

以上从宫廷学概念出发，对其研究的可能视域尝试进行思考，认为确有拓展学术、增益知识的意义。其中关于明清时期中国历史的研究，由于能够强化宫廷场域的研究意识，可以提出一些新的问题和考察方法。若能切实推进具体的研究，可观的成就可以预期。

明代宫廷典制在中国宫廷典制史中的地位[*]

宫廷制度自君主政体形成时就已经存在，作为君主政制的一部分，宫廷制度后来的演变因应于君主政制本身的变迁。中国的君主政制经历了数千年的历史，其间最重大的转折，莫过于由王国体制转变为皇帝体制——这是经春秋战国的长期竞争而到秦朝所发生的事情。从秦到清，中国政制一直处于帝制状态。帝制所经历的2000多年间，虽然有大一统和分裂的不同格局，但是所有稍能稳定下来的政权都力图实行皇帝制度，即使是农民因为反抗暴政而建立的割据政权也有这种倾向。这样，持续的皇帝制度造成了历代宫廷典制较强的继承性。

皇帝体制与先前的王国体制最大的不同在于中央集权。王国体制时代的王，即使在周初那种王的权威极盛时期，也不能实现对全国的直接统治，而是通过层级的分权体系来分配天下的治理权。在这样的时代，除了王的宫廷之外，全国范围就存在大大小小，等级参差的无数宫廷，所有的宫廷中都实行繁复的礼仪。帝制时代，皇帝所在的宫廷成为帝国体系内独一无二的中心——有时也存在诸王的宫廷，但其地位已经去皇帝宫廷悬绝，而且趋于式微，至于明代，王所在之地，早已称"府"不称宫——一切大政皆决于这个宫廷之中。明代宫廷委任、派遣的职业化官僚直接控制着从中

---

[*] 原载于赵中男等著：《明代宫廷典制史》（上），北京：紫禁城出版社，2010年，第39—45页。

央到地方的一切公共事务，地方性的王府全部丧失政治权力。这种悬绝位势，象征性地体现在皇帝宫室的空前宏伟、深邃、神秘、威严。王国体制时代，王与诸侯之间，虽然地位不同，但有部分契约关系性质，诸侯的财富、人力、物力，乃至直接控制的地域空间，都可能超过王，所以为维持王的权威，必须特别地强调礼。礼的作用，就是在等级秩序关系已经被实力对比颠覆的情况下通过一种仪式化的道义来维系等级秩序，从而维系天下的安定。所以，当孔子极力呼吁恢复礼制的时候，恰好是实力的竞争对于礼的秩序威胁最大的时候。王制时代竞争的结果，还是实力占了上风，最有实力的诸侯把天下混一。然后，靠实力夺取天下的王汲取了王制时代的教训，不再采用等级分封、委托治理的方式，而是用郡县制和官僚制为两个杠杆，把整个国家一体地来统治。这样，就形成了中央集权的帝制体系。帝制时代，获取了统治合法性的皇帝不仅道义地位高高在上，而且要铲除对其权威构成挑战的任何实力拥有者——如果皇帝孱弱而失去了这种雄心，在皇帝制度下养育出来的忠实的臣子们会耿耿于怀。所以，在通常情况下，皇帝是道义和实力的双重权威，礼乐征伐，都由皇帝所出，于是礼就由分权时代消解恶性竞争的平衡器，蜕变而成为宣示皇帝独尊地位的工具，由是而更趋于仪式化，而非理想化了。

　　明代处于中国帝制时代的后期，建立的时候，自然而然地纳入了前述的那种轨迹，所以明代的宫廷，与帝制时代以来的先前各朝相比，在基本精神上看是一致的。不过，传统只规定大致的倾向，所有的制度、风气，都会随着经验而迁移，因而明代的宫廷，也还是有许多方面值得特别地加以注意。

　　明代宫廷保持作为中央集权国家体系的中心与皇帝及其家庭生活中心的地位，继续体现着帝制时代社会最高层面的家国一体精神，而这种家国一体精神当然又满满地渗透着皇权专制的精神。因此，明代的宫廷典制，其实是作为国家制度的一部分而制定的。明朝初年开国建制，并没有特别地分出宫廷典制的名目，而是在设立国家各项制度的时候，包含了对于宫廷典制最基本原则的设计。涉及明代宫廷典制的最重要的规定，包含在明朝的各种基本法规之中，包括《明集礼》《诸司职掌》、明太祖随时下达的诰敕、祖训、洪武后期颁布的《大明律》，等等。后来编纂的《明会典》则是把已经颁布实行的规定与作为范例的实际的做法编录在一起，作为各个国家机关行事的指南。但是所有这些条文，也还不能把明代宫廷这个庞大而且相对独立地高悬于整个社会之上的特殊空间内的管理、运作一一规定，还有大量的宫廷规制是属于"天子齐家"的事情，由历代的皇帝、皇后们逐渐地做出来，再当作先例而传下去。也就是说，明代宫廷的制度，并不是全部事先设计出来的，而是逐步演出来的。进而，明代宫廷的日常运作，又不是全部都由"典制"所规定的，而是参照典制不断变通地展开的。

明代宫廷既是国家的最高政府机关所在地又是皇帝家庭的居住之所这种双重地位，造成宫廷典制与国家管理制度密切地纠缠在一起，从而使得宫廷典制中相当大的一部分也是国家的根本规制。《明史·礼志》，共14卷，其中绝大多数内容——除了品官、庶人冠婚、相见、丧葬、服纪之规定以外——都是关于在宫廷之内举行的以皇帝行为为中心的各项事务的规定。《明史·乐志》3卷、《明史·仪卫志》1卷，全部以宫廷事务为内容。《明史·舆服志》4卷，绝大多数内容也是关于皇帝和宫廷体统的。这意味着，关于明代宫廷事务的大量规定其实具有政治制度和社会法规的意义。

明代宫廷典制大量地以朝廷礼仪法规的形式制定、颁行，这一方面是由于明朝继承了前代已经确立的儒家礼制思想和国家理念，另一方面则是由于到了明代，儒家的礼制传统在民间生活中已经泛化，不以严格规范的方式存在，而以上流社会的好尚与民俗交融的方式体现于日常生活之中。这时，宫廷实际成了古代礼制传统的保留地，不断地向全社会提示古代传统的方向，同时昭示现存皇帝统治的优越性与正统性。

明代北京宫廷不仅规模宏大，功能亦非常复杂。宫廷是皇帝及其家族核心成员，包括后妃、太子、未之国的皇子与未出嫁的皇女的生活起居之地。由此带来庞大的宫廷服务机构的设置和大量的物流出入，并且需要禁卫军队的驻在。明朝的宫廷，并未实行上古时代的以冢宰为天子齐家的旧制，虽然有鸿胪寺等国家机关兼理宫廷需求，但主要不以官僚管理宫廷事务，而用宦官、宫女两个私奴系统在皇帝本人和后妃控制下管理宫廷日常生活事务。这与清代设内务府的方式也有很大不同。

宫廷是国家政务处理的最高中心，国家权力由此辐射全国。因而，宫廷中最宏伟的建筑是皇帝处理国家大政之所在。与此相应，最高规格的国家典礼，包括登极大典、接见国外使节等，大多在宫廷举行，只有祭祀天地等活动，在宫廷之内准备而实行于宫外的特定场所。国家最高政务处理的需要，使得宫廷之内的政务活动高度常规化。明朝的皇帝，很少活动于宫廷之外，除亲征、郊祀、谒陵之外，皇帝外出都会遭到朝臣劝阻，这使得即使在帝制时代，明朝的宫廷在国家政治运行中的地位也高于其他大多数朝代。同样原因，明代宫廷管理储存着中央政府的核心档案，内阁、六科等重要国家机关就设在宫廷之内，宫廷因而不仅是政令发布之地，也是明代最高政策研究机构的所在地。

宫廷是皇帝本人研习修养之所和皇储培养教育之处。皇帝即位之后，仍由大学士、学士等辅导研习经史书籍，熟悉历代兴亡之道，修养懿德气象，此类活动，纳于宫廷典制，包括经筵、日讲等。皇子教育为国家未来命运所关，设东宫官系统，加以教育，郑重非常。

基于宫廷的双重地位，明代财政制度与宫廷关系极大。明代财政开支中的相当大部分是用来供应宫廷的，以至于明末思想家黄宗羲认为后世君主，尽以天下之财富为自己产业之花息，且视为当然。明代宫中有内府库藏，所藏除供宫廷用度，还用来支付武臣俸禄、奖励军功及外国使节等，公私混杂。明中叶货币白银化，赋税征收和预算不得不变得严格起来，宫廷收支与户部等政府衙门之间，遂发生复杂纠葛。万历时期，宫中直接派出太监，到社会上收取财富，于是形成了与官僚系统所管理的财政收支体系的直接冲突，也造成了宫廷与社会基层的直接冲突。这种冲突，实际上使得晚明时期的宫廷，成为天下怨府，离心离德。此类问题，根本在于宫廷与政府在体制上的纠缠混杂。

明洪武十三年（1380年）废除丞相制度，此为中国帝制时代历史上一次巨大变迁。其最重要的含义，是取消了相对独立的日常行政中枢管理机构。朱元璋的本意，不过在于集权于皇帝一人，以免大权旁落，然而结果却是使皇帝处于必须亲自裁处九卿所掌庶务的位置上，这使皇帝不可能如上古理想帝王那样垂拱而治天下，必须日理万机。这种体制，使宫廷之内，公务旁午，皇帝不胜其辛劳，于是大力依靠顾问秘书机关，从而形成内阁制度。内阁制度是汉代就出现的"内朝"体制随着皇权极端化而达到的新的极端状态，后来的清朝则较明朝更为极端。内朝体制使得官僚系统更缺乏独立行使权力的功能，不得不更多地取决于宫廷之意旨，从而不仅拉近了宫廷政治与国家政治的关系，也拓宽了国家政治从宫廷里溃烂出来的路径。宫廷之弊端，由此能够更快地演变成为国家政治弊端。故黄宗羲称：有明之无善政，自太祖高皇帝罢丞相始。

这类由宫廷而推演到整个政府体系，再进而推演到整个社会的弊端中，最突出的是宫廷特务政治。承担此种宫廷特务职能的是锦衣卫和东、西、内行厂。前者是侍卫亲兵系统，后者是太监系统，其权威则都来自皇权。锦衣卫刺探军民隐事，以诏狱名义越过常规司法机关办理刑狱，与后世之盖世太保、克格勃并无二致。先后设立的西厂、东厂、内行厂，由太监以宫中名义监督天下，皇帝的家奴遂成为散布天下的间谍。这两个机构的共同本质，都是宫廷对于天下臣民不受制约的强行统治。到明代之时，中国帝制体系已经实行1500多年，皇权专制一直是其基本特征，但是却从来也没有达到明朝这样皇帝试图直接刺探、控制天下事务的程度。其根源是皇权的膨胀，其机缘则是丞相制度之废除。

明代与隋唐时代一样，除了首都之外，另有陪都。明朝初都南京，永乐十八年（1420年）后，北京都城地位渐定，南京则为"留守"之旧都。南京虽称六朝古都，但都于南京的都是偏安朝廷，宫室虽然精致，气象略逊。明永乐时期在元朝大都基础上营建新都，气势恢宏。并因此举，使得中国帝制时代最后三朝近六百年一段漫长时期，宫廷所在相互因袭，政治重心北移，从而使先前经常出现的南北对峙的政治格局，逐渐化解而为一体。自秦代以来，只有明朝实行南北两京制度，这对于江南经济、文化核心区域与华北政治重心区域之间构成一个整体，是一个有力的推动。清朝能够坐北而治南，正是基于明朝奠定的基础。南京虽为留都，但明朝永乐之后的皇帝及其后妃，却从不居住该处，显见其作为皇帝生活区域和国家统治机关驻扎地的性质并非鲜明，其意义在于江南经济富庶而且明朝核心统治集团基于江淮地区，故保留对于江淮地区的较强控制。至北京陷落时候，明朝果然在南京重组政权，希图恢复，虽然并未成功，却为明前期保留南京留都地位做法的战略意义做了注脚。

明朝创建者打着恢复华夏衣冠的旗号而兴兵，通过反元武装斗争而得天下，所以明初制度，多刻意剔除元代体制中的游牧民族政权色彩，称以汉唐制度为法。然而明初承元代之后，各种事务之处理，其实带有元代风气影响。如皇帝在宫中当廷杖责朝臣，不见于宋朝，元代皇帝则动辄责打臣下，明代廷杖当与元代习俗有关。又如殉葬之事，孔子以为非礼而不仁，宋代不见后妃殉葬之习，辽代有之，元朝则曾表彰民间夫死殉节之妇女，明初嫔妃殉葬，至英宗时方才废止，其间可能感染前代习俗。明朝废止嫔妃殉葬之后，到了清朝，也曾用人殉，看来宫廷嫔妃殉葬与奴隶制关系残余有关。

就后妃角色地位而言，明代制度与宋朝相近而与辽金元诸北方民族制度差别较大。明初即严令后妃不得干与政务，后来虽然后妃偶然影响政治，但并无持续和重要的影响。明代后妃除明初来自勋臣之家者以外，皆选自民间无势力之家，因而明代宫廷事务，极少由后妃把持，无一公然听政的后妃，外戚势力也不曾嚣张。这与先前的元朝，其后的清朝相比，皆构成鲜明差异。

就宫廷内部管理而言，明初各种制度较为森严，中叶以后，日渐松懈，流风所渐，宫廷之内，违背初年典制之事，愈演愈多。如明初后妃不得外出烧香拜佛，中叶以后，大内之中，有佛堂之建，宫禁之外，佛寺往往为后妃香火之地。又如经筵、日讲乃至常朝、郊庙之祀，明初大致按照规制举行，中叶以后，则每每废弛。更有武宗在宫廷之内，演练内操、建置豹房；世宗闭关于西苑，沉迷丹药，公然声称以圣玄之道治理天下；神宗长期将奏疏留中不发，熹宗委政于宦官，等等。由此可见，明代宫廷各种典制，实际日渐松弛，晚明之宫廷，其实已经不为典制所制约。此亦明代宫廷史上一大特色。

明代宫廷生活研究的三个基本概念*

明清宫廷史在故宫博物院的推动下,近年长足发展。其标志之一,是从对故宫的总体研究及断代宫廷史研究,细化到断代专门领域研究。典制史在前已经有很大的成绩,生活史又在展开,可喜可贺。笔者以往的工作,虽然涉及明代的宫廷,但政治与文化角度的考察为多,关于生活并未做专题研究。所以虽然努力附会各位专家而参与讨论,但作为滞后的出发者,还只能谈一些基本概念界定方面的话题。

一、宫廷生活研究是否适用社会史方法?

明清的皇宫是中国政治权力的中心;是国家档案文籍收藏中心;是国家和皇室财富存储主要库藏所在之地;同时也是皇帝家族及其服务者的生活区。从前三点而言,宫廷是国家机关的组成部分,甚至在"国家"的核心。从最后一点说,则宫廷同时也是社会单元,但只能是一个以特殊方式运作的独一无二的社会单元。一般的"生活史"研究,属于"社会史",社会史的研究方法,是在将之界定为区别于"国家"的前提下才能加以说明的。我们如果使用普通社会史的概念来研究宫廷生活,遇到的基本问题就是宫廷生活中处处是国家权力的介入,从而使得社会史研究的"民间"意

---

* 此文为2012年参加故宫博物院"明代宫廷生活史学术研讨会"的发言。

味荡然无存。

比如民间社会的研究中，我们一定会注意宗族问题。其意义是考察基层社会的自我组织方式及其运作起来在区域社会乃至国家体系中会产生怎样的影响。宫廷中的宗族，不是没有，而是太明显，因而在研究的意义上说很单一，就是皇帝家族中最核心的一枝。而且皇帝家族的位势，早就构成了国家制度的内在组成部分，是礼法的内容。于是宗族这种在基层属于"社会史"的问题，到了宫廷就并入了政治史。

再如民间的婚姻，也是社会史、社会生活史的主要话题。然而在宫廷中发生的婚姻，都是皇帝家庭的，其他人的婚姻都不发生在那里，而且所有发生的婚姻，都与国家的礼制、体统相关。其中权力关系会发挥比在民间更强的支配作用；爱情会蜕变为更从属的因素和变异的情怀。从这种意义上说，宫廷中的婚姻关系，体现太浓厚的政治、等级、礼制考量，首先也得作为政治、制度问题看，然后才是社会关系和个人关系。

又如民间日常生活中占根本地位的收入与衣食住行、柴米油盐开支等，体现民间生活的生动情状，各地不同，各家差异，与种种社会制度、文化风气、经济状况等相关联。在宫廷中，这些都有制度化的安排，主要部分也都通过支配关系运行。民间生活的那种"自然"风情，被笼罩在巨大权力的影子下面。

从明清史料中看，明清时代皇帝的日常生活起居，关系到阴阳交泰之气象、"龙体"之护持、皇储之诞育，等等，与国家气运相关；皇帝的婚姻，关系礼法和皇帝子嗣；皇帝的生活好尚，关系国家最高领导人的心胸、德性；皇帝的私人交往及其出于私人关系考虑对权力、职务的分配，更关系政治权力的运用。所以，宫廷生活在很大程度上处于国家体制之内，并受政治运行法制的支配。

宫廷之外，理论上说，无任何一个场域不受国家法律、法规约束。宫廷之内，尤其是宫闱范围，则一切听由皇帝及其委托人处置。其间有复杂的制度、规定，然而其运作，取决于皇帝个人。宫廷是超然于普通法律法规之外的独一无二的"家天下"。在此范围，皇帝的意志就是法律。民间社会也有"家法",但理论上家法不能违背普通法;而在宫廷中,再无皇帝意志之上的公法。如果在一个多人共同生活的场域之内,某一个人的意志基于其地位被看作绝对的权威,那么这个生活场域很难被视为是一个普通的"社会"。如果被视为是一个社会,也是独一无二的社会,因而与外部的社会,缺乏共性。这样,在研究的时候,还是只能单独地对待。

于是,普通社会史研究的许多基础性概念,并不便于直接运用于宫廷生活研究,必须做很大的调整才可能恰当地运用。

二、宫廷中有哪些生活现象?

如前所说,宫廷是一个政治场域,国家、权力、等级、制度等笼罩一切。但是无论如何,宫廷之中,有家庭,有奴仆,有婚丧嫁娶,有生儿育女,有衣食住行,有琴棋书画,有游乐玩嬉。有没有必要和可能,辨识出宫廷中的哪些现象是"生活现象"呢?在笔者看来,将宫廷中的现象严格地区分为"政治的"和"生活的",不可能也无必要;但是从概念的两极着眼,辨识出哪些现象更具有"生活"的含义还是有意义的。意义之一就是,可以帮助研究者把握生活史研究特有的韵致。

如果我们仔细揣摩这次会议收到的论文的题目,会看到它们的"生活"研究的成色是有差别的。其中的一些,非常有生活的味道,比如英国格拉斯哥大学韩婧的《明代宫廷服饰的"色"与"技"》,山东师范大学朱亚非的《外国朝贡反映的明朝宫廷生活》,台湾"中央研究院"高致华、姜明翰的《朱元璋弈事琐考》,北京大学中文系黄卉的《明初宫廷所藏词曲初探》,故宫博物院古建部杨新成的《明代北京皇家苑囿沿革简述》,武汉大学旅游管理学院张薇的《明代宫廷园林初探》,故宫博物院图书馆翁连溪的《明内府刊佛教版画考略》等。还有一些,是政治与生活互涵的,如台湾"中国文化大学"美术系吴美凤的《"君尊如天,臣卑如地"——明代宫廷内的起坐之间》,南开大学文博学院刘毅的《明代皇帝亲王合葬、祔葬与从葬》,法国滨海大学马骊的《明代后宫之制:皇宫中"色"与"权"及政治影响》,

故宫博物院科技部方小济的《从〈明实录〉中看明代宫廷后妃的生活状况》，故宫博物院资料信息中心许冰彬的《〈明宣宗御制集〉看朱瞻基娱乐生活中的施政理念》等。此外还有一些，则看作政治史研究的论题，没有任何问题。

那么，是什么实际上拉开这两极之间的距离呢？国家权力、公共性，肯定在政治这一端，个人自由和私人性肯定在生活这一端。所以，宫廷生活中，最具有个人自由与私人性质的现象，最具有生活本质的属性，也最能适用研究社会一般现象的尺度来进行分析研究；与国家权力及公共性事务纠缠一起的现象，偏重于政治属性，比较适用于用政治学的概念和话语来分析。那种政治与生活互涵的话题，具有更大的复杂性，其实是政治文化研究的对象，是别有巨大吸引力的。

三、宫廷生活研究期待的是什么？

宫廷本来是独一无二的，是围绕皇帝权位营建起来的有生活内容的政治场域。对于这种独一无二性质的对象和政治笼罩下的"生活"进行研究的时候，可以期待发现哪些有意义的东西呢？

（1）皇家生活以最为奢华的方式凝聚上流社会的生活好尚与情状。所以宫廷生活研究可以在了解皇家如何生活本身之同时，了解当时上流社会精雅生活的风气和情况。从而既有特殊性，也有普遍性。

（2）宫廷生活环境、建筑、器物承载文化艺术信息。

（3）宫廷生活制度既有独特内容，也体现当时礼仪面貌、制度和文化精神。

（4）宫廷生活有独特内容，如宦官、宫女等人群的日常存在状态。

（5）宫廷生活与庙堂政治牵连。

（6）宫廷生活资料出入牵动社会。宫廷虽为独特场域，但实际由社会供养。其运作、生活所需，皆从社会而来，故宫廷与社会间不断发生物流关系，从而牵动社会的生产、制作、采办等。

（7）宫廷生活具有与外部社会之间的互动途径。如宫廷使用阉人，一些地方就有阉割幼童之习气；宫廷后妃多好佛事，地方寺庙即多钻营宫闱关系，以获托庇；宫廷中的后妃、宫女、太监皆来自外部社会，因而构成宫廷与外部社会复杂的社会牵连。

从以上七个方面来看，从宫廷生活研究所能过获得的知识，其实主要不是民间社会的面貌，而是被笼罩的皇权和国家权力以及礼仪规范聚光灯之下的一个特殊场域的日常情态。

评万明、徐英凯著《明代〈万历会计录〉整理与研究》[*]

中国社会科学院历史研究所万明研究员与华北电力大学徐英凯教授合作的《明代〈万历会计录〉整理与研究》，全3巨册，近400万字，分整理篇、统计篇、研究篇、附录四大部分，2015年11月由中国社会科学出版社作为"中国社会科学院文库·历史考古研究系列"之一出版。此项研究对于明代货币制度史、财政史、明代社会变迁，乃至中国现代社会发生历程的澄清与阐释，皆有无可替代的意义，凡先已对此有所了解之同人，无不翘首计日，待其告成。今于该项研究推进10年之后，终得刊布，实为学术界额手称庆之事。该著卷帙浩繁，所涉史事交织，整理数据山积，详细评说，必待时日，兹就其卓然可见之要，分文献价值、方法特色、研究启示三端，略陈管见，以志其祥。

一、文献价值

《万历会计录》是明隆庆六年（1572年）由户部尚书王国光开始主持编写的明朝财政收支总册，万历六年（1578年）由时任户部尚书张学颜主

---

[*] 原以《明代财政史研究新的里程碑——评〈明代'万历会记录'整理与研究〉》为题载于《古代文明》2017年第2期。

持加以订正，万历九年（1581年）修成后再加磨算增订，于万历十年得万历皇帝批准刊行，颁发全国，作为相关部门管理财政收支的依据。全书43卷，约百万字，卷一为户部所掌全国赋税收入、支出旧额、见额；卷二至卷十六为十三布政使司与南北两直隶田赋；卷十七至卷二十九为辽东等十三军镇饷额；卷三十为内府诸库、监、局、司供应；卷三十一为光禄寺供应；卷三十二为宗藩禄粮；卷三十三为户部职官设置；卷三十四为文武官俸禄；卷三十五为漕运；卷三十六为仓场；卷三十七为营卫官军俸粮；卷三十八为屯田；卷三十九为盐法；卷四十为茶法；卷四十一为钱法；卷四十二为钞关船料商税；卷四十三为杂课；各卷皆附相关沿革事例。其中唯卷六"山东布政司田赋"阙如，其余完整。各部分主要分类收录户部综合《大明会典》、历朝条例、户部档案册籍、各省直续报文册，乃至官员家藏文献，详加考核而后形成的大约4.5万个财政收支数据，其中主要为万历六年数据，其次为相关沿革事例及户部职官设置与分工。

中国在汉、唐、宋时代就已出现政府编制的财政收支簿册，但皆散佚不存。清朝未编制体现全国财政一体状况的"会计录"。顺治年间开始不断编纂的《赋役全书》是由朝廷统一布置而由各地方衙门分别编制的地方赋役册籍，光绪年间出现的几种会计录、会计表则皆是私人所为，篇幅甚小。所以，《万历会计录》实为现存中国帝制时代官修最具系统性的全国财政数据册籍。这样一部册籍，提供了帝制时代特定时间横断面的系统财政数据，呈现明万历年间中央财政管理的基本概念与规制，也透露出明初至万历初年相关政策演变的轨迹，无疑具有多重文献价值。如欲完成系统可靠的明代财政史，或欲澄清万历前期财政数据，此书皆不可不用。

然而，明代财政史研究虽经长期积累，重要成果繁多，但迄于此书出版之前，并无系统运用《万历会计录》而作的精深研究问世。以"财政史"冠名者多于明代财政部分叙述笼统；研究赋税、财政专门问题者则多聚焦于某一具体线索而难见全局。即使在国际学术界影响广泛的黄仁宇《十六世纪明代中国之财政与税收》，也仅在《万历会计录》中撷取几个数据而不及其余。其中原因，主要是研究者惮于文献浩繁。其次因为财政数据分析，必须精准记录、排比，方能分析其中关节、透视全局，而大量数据处理非积长年累月之功不见成效，故人多选择规避。此外，《万历会计录》仅有明万历刊本，在近年《续修四库全书》将之影印收入之前，取用不易。种种艰难，使得《万历会计录》这样一部明代财政史研究的核心文献，竟然运用不多。如今，《明代〈万历会计录〉整理与研究》出版，《万历会计录》全书内容、数据尽在其中，而且通过历史学家与数学家合作，重建了散失不见的山东布政使司数据，绪论提供该文献编纂原委、文献价值说明，研究篇析出各省、直、边镇田赋货币化程度数据，而且将全部数据核对后做表格化处理。明代财政史研究至此登上一个新的文献系统平台。

二、方法特色

《明代〈万历会计录〉整理与研究》合文献整理与研究为一体，发凡起例，颇有新意。今人整理古籍，主流方法是校勘、标点，欲略加研究之意于其中，则加考证性注释。此类工作，看去简单，其实非有扎实功力者不能成其功。时或见有不精之作，还需索取旧本查核，以定取舍。且时下大量古籍影印出版，研究者于明清书籍类文献，多可使用旧本，好在直取原貌，免为加工所误。《万历会计录》为原始文献，底本外并无他本，无诸本校勘必要，若取其他文献对勘，更易失离原貌，而该文献使用者主要为专业研究人员，标点也非急需。况且原本影印出版，查找亦已不难。此种情况下，著者将全书文字内容保留而将全部数据转换为阿拉伯数字书写的表格，研究者可将此书与旧刊本参酌使用，最得津梁之便。

计量史学在中国早有尝试，成绩也称可观。然而明代财政虽为最适合计量研究领域，但仅梁方仲先生《明代户口田地及田赋统计》为重大成果，且限于户口、田地、田赋范围，于明代政府各门类财政收支数据的系统量化，尚未实现。此书经整理形成统计表555个，附图28个，研究篇另外提供大量折算数据，处理数据凡20万条有余，分类覆盖万历初期财政收支状况及管理体制信息，终于形成明万历前期财政的系统量化数据库。其中，以现代数学方法重建缺失的明山东布政使司财政数据,计量之复杂,尤非一般排比统计可比。明代财政研究由是而得巨大便利不言而喻,中国古代史的计量研究得以推进,也是显而易见之事。

以白银货币化为线索,将明代中国财政研究置于当时世界历史演变大势之中考察,是该书另一特色。中国帝制时代货币,多数时期以铜钱为主,间用布帛、纸钞,白银在宋、金时期颇为流通,但并未达到稳定主导货币程度。明代初用铜钱,不久强力推行纸钞,禁止金银作为货币流通。然而纸钞旋即废坏,民间率多用银,虽经政府遏制,其势不止,政府只得适应市场、民心,逐渐接受白银交易。随后白银成为主导货币,铜钱为辅币,纸钞只作赏赐之用。此过程发生原因,本由明代中国内生,适逢域外白银通过国际贸易大批量进入中国,推动中国货币流通根本转化,形成称量白银主币体制,促使明朝财政体系由实物中心转向货币与实物两元体制,并使得中国货币体系与国际贸易所用货币融合无间,带动中国融入全球化历史转变。基于白银主导货币体制连动国家财政体制变革与中国空前幅度融入世界贸易体系的意义,《明代〈万历会计录〉整理与研究》突出了白银货币化的线索,尤其是在研究篇计算了大量财政收支中的货币化数字、比率。这不仅提供了以统一尺度衡量原本以多种收支形态记载的财政数据的新数据系统,而且更真切地将明代货币与国家财政体制转变安置于世界大变迁的景深之中,揭示出明代中国变迁与世界范围历史变革间的共振关系。

三、研究启示

前揭之外,《明代〈万历会计录〉整理与研究》提出诸多明确的学术主张,涉及明代财政史及更大范围历史问题的认识,值得学术界特别关注。

第一,关于《万历会计录》的性质与价值。此书在比前人更为详明地梳理《万历会计录》编纂背景、过程、参与者情况、基本内容基础上,就《万历会计录》的性质与价值提出了明确看法。认为该文献"是明代国家财政会计总册""容纳了明代财政制度演变的轨迹,包括财政的收支结构及其运行机制的实态,也涵盖了明代经济、政治、文化、社会等诸多领域的问题,特别是反映了明朝兴衰的症结";据此文献可知"明代户部已经有以白银作为部分计量标准的会计总账";可资以"探讨16世纪明代财政收支总量、规模、结构及其货币化程度"。这些看法,不仅精当概括了《万历会计录》的基本性质,并且揭示出该文献在狭义财政史以及更大范围领域的研究价值。学界研究财政问题者,多将财政视为经济史中一个门类,所见易为经济视野所拘泥。实际上无论古今,财政运行皆横亘于经济与政治、国家与社会之间,是公共权力行使与维系的枢机,由中不仅可以查见政府收支情况,而且可以据以分析政治理念、状况与运行特征,分析社会推演之脉动。在对万历时期财政运行分析的基础上,对明代中国社会转型迹象进行分析,正是此书超出前人研究的一个重要表现。

此间唯有一点可以再加推敲。该书认为,《万历会计录》是"会计总册"而不是"预算书"。理由在于,与近代国家预算相比,《万历会计录》以编造年份的实际财政收入为基础,而近代国家预算以预算年份的估计收入为基础,前者关注现在,后者关注未来。就《万历会计录》编制基础及内容而言,的确如此,只是中国帝制时期财政,以"量入为出"为主流观念,而赋税收入主要依据人口、土地,这些数字变动迟缓,因而财政收入尽量保持"额征"。万历初年,土地作为税收标的之地位上升,使岁入额数更形稳定——至于晚明加征税收,是战争状态下的举措,与承平时代不同。在此意义上,《万历会计录》实际上构成未来年度乃至未来若干年内财政收支的标准,虽然不是精密预算书,却也并非完全不具预算功能。因此明朝才会将《万历会计录》印刷颁行直省、边镇,要求"一体遵守"。若只是过往收支账册,各地如何"遵守"?"预算"之发生,不是突兀之事,也非仅有一种类型、途径。

第二,关于白银货币化及货币与实物两元财政体制。万明先生近年已发表多篇论文,阐释白银在明代基于经济发展,自下而上地逐步演变成为完全形态的货币。此一重要观点在《明代〈万历会计录〉整理与研究》一书中得到系统贯彻。以往明代财政研究者,关注赋税关系多,关注政府财政收支总体状况少。而关注赋税者，虽皆能看到赋税由力役、实物形态向货币形态的演变，却大多对赋税所征的货币本身之形态缺乏深入考察，或者仅将赋税中的货币作为一般货币而忽略其白银特质。此书切实将赋税暨财政体制中的白银货币之特殊性作为考察的基本着眼点，将白银货币化过程与对赋税折银、以银计税、商品经济发展、国家转型等问题密切结合起来。万明指出，白银货币化推动社会从马克思所说的人类历史三大形态中的"人的依赖关系"向"物的依赖关系"转变，从自然经济向货币经济转变，从小农经济向市场经济转变，同时标志着君主垄断货币的终结。在这种深刻的社会体制转变过程中，明代人形成了以白银作为财政计量标准的理念——这是中国帝制时代财政理念的一项重要发展，进而衍生出财政管理中统一会计账册的必要性与可能性。在此过程中形成的财政体制，是货币与实物并用的两元体制，其方向是从实物财政转向货币财政。这从货币、财政的角度，大大开阔了探索中国帝制时代社会形态转变机制、历程等重大问题的视野。

笔者在1984年完成的以《晚明财政危机》为题的硕士学位论文及稍后刊发的论文中，曾着眼于财政流转主导价值标的为白银，而将晚明财政体制概括为货币财政体制。此种概括，轻视了当时依然存在的大量实物收支情况。此书中所说货币与实物两元体制及过渡状态说，无疑是一种更为周延的表述。

第三，关于张居正改革与"国家转型"。张居正改革历来为明史研究者重视，多以整顿吏治、全面推行一条鞭法、强化边疆防御等为中心，然而相当一段时期以来，旧说难以深化，而新见每流于牵强。此书则指出，一条鞭法并非张居正改革时期重点推行的政令，《清丈条例》和《万历会计录》方为张居正改革时期的两种核心文献。其目标是针对前此一百多年间实物折银、征银曲折历程造成的原有财政结构混乱与财政状况异常局面进行财政体制重组。清丈为赋税统一征银和国家财政运行进入白银货币主体形态奠定了基础，《万历会计录》落实了白银货币为主体的统一财政会计体系，中国历史上的货币财政由此正式开端，并对明末及清代财政形成深远影响。

这场改革及其带来的财政转型，有别于历代改革的赋役合一与统一征银，"是中国历史上两千年亘古未有的划时代变革，与晚明传统社会的转型和全球化的开端紧密联系，具有所谓唐宋变革所不具备的全新内涵""开启了现代的货币财政，也开启了现代货币财政的管理体制"；是一场"史无前例的中国古代国家与社会向近代的转型"。任何明史、中国财政史、中国经济史、中国现代化历程研究者，面对这些在对《万历会计录》进行全面深入研究基础上做出的论断，都不能不感受到震撼。其中，关于张居正改革重心为财政体制改革的看法，关于《清丈条例》与《万历会计录》为张居正改革核心文献的主张，关于张居正改革影响深远而非"人亡政息"的见解，关于张居正改革与世界性历史变迁关联的看法，皆据充实，允为不刊之论。关于张居正改革具有所谓唐宋变革所不具备的全新内涵的看法，虽然未加详论，然而于笔者看来，也是一语中的。有心者沿此思路，对所谓唐宋变革与晚明变迁进行联系的、比较的研究，必有所获。唯有"国家转型"一说，笔者深受启发，然而尚有迟疑。启发之处在于，明代经济领域的诸多新异性变化，与现代社会要素、运行法则可以契合，货币财政肯定比实物财政更接近于现代财政、经济形态。因此，认为张居正改革增进了中国广义社会体制与现代社会的趋同性，可以成立，并扩展了研究中国现代性发生历程的思路。迟疑之点在于，"国家转型"关涉甚广，需与政治、思想领域研究再加印证，核心概念与理论架构也需定义和更透彻的阐明。

  第四，关于"洪武模式"。黄仁宇先生在《十六世纪明代中国之财政与税收》一书中贯彻了对明朝财政管理的一种极为黯淡的看法，认为明朝财政管理始终沿袭洪武时期类型，一味节省，保守僵化，毫无活力，始终"不能在数目上管理"，这种类型不仅在世界史中特殊，而且在中国也无先例，其影响延伸到后来几百年，至于民国财政困境之根源也在其中。此一主张经《剑桥中国明代史》采用之后，一发成为西方学术界看待明代财政乃至明史的流行看法。《明代〈万历会计录〉整理与研究》对这一说法进行了透彻的批评性论析。此书指出，洪武时期的实物中心财政体现明朝社会现实需要，且为后来经济发展奠定了必要基础，不可尽非；明朝货币领域发生了白银货币化转变，财政领域发生了赋税折银变革及货币主导财政体制的建立，绝非僵化；黄仁宇在明代财政研究领域有开拓之功，但以近代西方财政尺度衡量明代中国财政，折射出一种西方中心史观；黄氏对《万历会计录》这样的重要原始财政文献，仅仅取用几个数据而没有系统研究，其他数据使用也有任意选择、估算错误之失。这样的评论，尖锐而中肯，要在其所依托的文献依据之厚实与系统性程度，已经大大超过黄氏，不能不令人信服。此一评论，除了提出对明代财政重做基本判断以外，还有促使中西学术界重新审视一些所谓经典论著的意义。其实，黄仁宇的明代财政史研究，并未覆盖至关重要的晚明时期。而明代洪武时期建构的诸多制度在后来曾经发生深刻变化，研究者若腰斩而不通观，就无法透视其推演趋势。此外，黄仁宇对明代财政做黯淡观，实际上是应和20世纪五六十年代哈佛学派采纳的中国现代变革外铄论、迟钝说；其关于明朝政府不能在数目上管理财政的说法，则脱胎于德国社会学家马克斯·韦伯（Max Weber）考察基督教新教伦理中的所谓理性精神时使用的概念。万明先生所指出的黄氏研究中的西方中心主义，确有具体渊源。

  《明代〈万历会计录〉整理与研究》为明代货币史、财政史、经济史研究者提供了一个规模宏大的数据系统，兼有研究论著、经整理文献、大型工具书之功用。这样的工作，为无数同人奠定了继续前进的基石，是明代财政史研究新的里程碑。

文明史观

《全球文明史》的独特视角[*]

美国乔治·梅森大学皮特·N.斯特恩斯（Peter N. Stearns）教授等主编的 World Civilizations: The Global Experience（直译为《世界文明：全球经历》）为北美使用最为普遍的大学世界历史教材。东北师范大学的部分同人受中华书局委托，已将该书第三版（2001年版）翻译完毕，中译书名《全球文明史》，六大部分，共42章，通110余万字。[①]除了颇具规模、图文并茂、文字流畅等一般特点之外，从结构设计角度看，该书是迄今各语言文本世界历史著作中最具有教学实践功能的大学教科书。同时，该书展现了最近西方学术界关于世界历史的一套系统观念，包含大量世界历史宏观研究中值得深入思考的概念、理论和话题。兹因先睹，就该书视角之独特处略做说明和评析。

一、世界史的体系

《全球文明史》把世界历史分为六个阶段，每个阶段依据三个准则而确定：主要文明区域的地缘变动、跨文明接触增强的程度和范围、在绝大

---

[*] 原载于《史学理论研究》2006年第3期，刊出时有删节，今按原稿补充。
[①] 原书英文第三版由艾迪生·韦斯利教育出版公司2001年出版。中译本由赵轶峰、王晋新、周巩固、陈会颖、李媛译，赵轶峰校，中华书局2006年4月出版。本文引文未注其他出处者皆出该书中文版。

多数主要文明中出现的新发展和大致平行现象。各阶段一起构成该书六大部分。

第一部分"文明的起源"把焦点放在农业的兴起和文明在亚洲、北非、中非和东南欧洲一些地方的出现,它的主题是文明的兴起。早期文明在农业的基础上兴起,它们是地域性的,并把地方性的群体推进到接受某种程度上普遍化的制度和信仰的状态,其中的一些文明发展了并与其他文明的有限接触。这个时期大约从公元前 9000 年的新石器时期延伸到公元前 1000 年。

第二部分"世界历史的古典时代"考察世界几个区域形成的大的文明共同体,包括中国、印度和地中海古典社会。这些大文明区域的内聚以及它们之间接触的程度得到特别的关注,孤立于大文明中心之外的区域和社会的状况也得到一定的注意。

第三部分"后古典时代"讲述大约公元 500 年以后把绝大多数文明相互联系起来并把各文明与游牧群体联系起来的新的商业和文化联系。伟大古典文明的衰落、新文明中心的兴起、主要宗教的传播和商业交换的增强所反映的世界性体系出现是这一时代的特点。

第四部分"缩小的世界:1450—1750"讨论公元 1450 年到 18 世纪中叶世界历史的变化。在这个时期,由于贸易和交流达到了新的水平,以前孤立的美洲和其他地区加入国际体系中来。世界的"缩小"、西方的兴起、全球接触的强化、贸易的增长和新帝国的形成是这个时期的特征并将之与其前的后古典时代划分开来。

第五部分"工业化与西方的全球霸权:1750—1914"叙述 1750—1914 年以西欧的工业化和欧洲帝国主义发展为主题的历史。增长和加强的商业交流、技术发明和文化接触都反映西方势力的增强和西方影响的扩展。更高频率的互动关系和更复杂的实力关系架构在主要文明地区之间发展起来。

第六部分对"20 世纪的世界历史"进行描述和分析。这个时期的特点是西方帝国主义的衰落、新政治体系的兴起、美国和苏联的强盛,以及包括日本与环太平洋地区取得的成就在内的各种经济创新。这个世纪的新的全球模式丰富了考察此前世界趋势的意义。

《全球文明史》是将纳入时间过程加以叙述的各个文明和游牧社会的核心特征与各时期文明的相互接触纵横交织而展开的。这个分期和结构体系与其他常见的世界史分期体系比较，更能体现世界历史的主题，兼顾以往世界历史著述所忽视的边缘、中介力量。

二、女性角色与地位

注重女性社会角色和地位是《全球文明史》突出的特点。这种处理是西方女性史学成就在历史编纂学中的鲜明体现。而且，女性的视角的确使《全球文明史》注意到了以往世界通史一直忽略的许多意义重大的现象和问题。比如该书认为，农业文明强化了对于土地的所有权观念，使得财产的家庭继承意义更为重大，家庭财产意识又促进了将女性作为财产的社会关系。因而，父权主义是对农业文明中经济和财产状况的一种反应，并随着时间的推移而深化。女性的地位通常随着农业文明的发展和日趋繁荣以及组织形态的日益复杂而下降。因而社会的通常意义上的"发展"经常是以女性和某些社会群体地位的下降为代价的。这是史学家思考历史上的发展、进步现象时必须充分关注的问题。《全球文明史》对于女性的关注，实际深化了人们对于历史运动复杂性的认识。第十二章中关于早期阿拉伯妇女地位如何在阿拉伯文明的"发展"中降低问题的讨论尤其是发人深省的。编者指出："在众多古代或古典文明中，我们都可以见到这种政治集权化、社会城市化与妇女地位恶化相互并行的情形。中国、印度、希腊和中东等地，在集权化政治体制和高度社会分层体制形成之前，妇女们均拥有广泛的职业选择权，而且在家庭事务和社会整体事务中能听见她们强硬的声音。在这些地区的每一个社会中，我们称之为文明兴起的过程都导致了父权对家庭控制力的加强，继承权也转化为以男性血统为主。同时，社会上各种权势地位和能赚钱的职业也都被男性所把持。这些社会中的妇女越来越依附于男人，即她们的父亲、兄弟、丈夫和儿子们，也越来越被限制于做家务和养育子女的角色。"[1] 妇女的角色地位在《全球文明史》中是贯穿始终的问题线索之一，同时也构成了各文明和各时代相互比较的一个重要角度。

三、游牧民族

《全球文明史》对于游牧民族的处理值得特别注意。编者一直没有将游牧民族直接归于文明之中，同时十分强调游牧民族在全球文明运动中扮演的重要角色，将游牧民族看作文明生活区域间交流的重要纽带。在编者看来，游牧是一种迁徙的生活方式，多出现于半干旱的无法供养密集人口的地区，城市等文明的要素不能在游牧民族中发展起来。游牧社会几乎没有社会分层的情况，没有职业分工或者分工的水平很低。杰出的军事技能加上对定居民族产品的巨大依赖使游牧民族在世界历史上充当着比其他更自我孤立的民族更为重要的角色。但是他们赖以生存的恶劣环境以及由他们的生活方式所导致的社会规模和职业类别的局限使游牧民族不可能建立起自己的文明，也无法长期控制定居民族所建立起来的文明成就。草原民族，例如赫梯人、蒙古人和突厥人，可以通过赢得对一个或多个文明中心的控制建立强大的帝国。但是他们的王朝通常是短暂的，并且要依靠被其征服的定居民族的人员、技术和制度来加以统治。文明之间的接触常常以游牧民族为中介。他们可能破坏定居农业文明，但是游牧与农耕或城镇定居者的交流在多数情况下是有规则，和平与互利互惠的。游牧民族是文明联系的纽带而不是障碍。他们参与贸易活动，从距其兴起之处很远的地方吸纳新的宗教思想，并在不同的人类文明群体之间传播着重要的发明、种植技术和疾病，是他们率先打通了欧亚大陆文明中心陆路交往与贸易通道。《全球文明史》根据供养自身及对不同环境所作反应的不同方式，将游牧民族分为几个类型并探讨了游牧民族与定居民族之间互动的主要模式。

《全球文明史》对于游牧民族的论述，就其注重的程度和文字比例说来，

---

[1]〔美〕皮特·N. 斯特恩斯、迈克尔·艾达思、斯图尔特·B. 施瓦茨，等著，赵铁峰、王晋新、周巩固，等译，赵铁峰校：《全球文明史》（第三版），北京：中华书局，2006年，第269页。

远远超过了通行的其他世界历史教科书或者文明史著作。其对于游牧民族在历史和全球文明运动中角色及其模式的讨论是深入的和富有启发意义的。[①]尽管游牧民族的"非文明"属性是一个令人难以完全认同的概念，但是这在逻辑上是由对文明本身的定义推导开的结果。而且我们应该注意到，《全球文明史》并不认为"文明"就等于是"进步的"或者是在价值判断中可以直接肯定的事物。文明意味着失去也意味着获得。步入文明的社会都增强了社会等级分化和财富不平等，也带来了更悬殊的男女之间的不平等。文明也并不一定使人类更为和谐或者彬彬有礼，常常使得人们更为冷酷无情。许多文明社会推崇侵略行为并把好战视为美德，有向外扩张的倾向。然而，文明的发展的确产生了新的技术和政治能力并增加了艺术和知识形式的复杂性和多样性。这种中性化的文明概念弱化了世界文明史表述中的一些伦理性问题。我们在理解该书不把游牧民族社会作为文明社会的处理，可以多一重理解。归根到底，游牧民族在世界历史上的地位对于中国世界史学界说来，依然是有待深入研究的课题，也是历史编纂学意义上一个需要反思的问题。

四、社会史与世界史

《全球文明史》关注历史学家的理论和工作方式，指出："在过去的30年中，历史学家曾对他们工作的真正中心进行过讨论。历史应该着重关注杰出个人所取得的伟大成就，还是应该用社会史的原则把更大范围的过去看作历史的重要内容？"它（第六章）认为，一个重要时代或文明的主要遗产似乎依赖于其居主导地位的政治模式、艺术风格以及宗教概念。历史研究者也应该把社会历史放到历史视野中来。"社会历史学家并不否认政治结构、战争和哲学体系的重要性，但他们认为历史也应该包括普通民众的活动：家庭生活、死亡、疾病、工作和休息。对社会历史学家来说，过去

---

① 比较一下就可以看到差别的程度。北京大学出版社2004年版《世界文明史》142万字，并无一章一节以游牧民族为标题。游牧民族在这样的世界文明史上没有任何地位。

的历史范畴要比我们曾一度认为的大得多。除了社会精英之外，它还包括很多社会群体：妇女、农民和手工业者、孩子和青年人。社会历史学家在思考宇宙如何运动以及什么才是美好生活等问题时，常将伟大的思想与大部分民众的信念融为一体。他们将对政治模式的关注与对有助于产生这些模式的社会结构和社会问题的理解结合起来。"[1]部分地由于社会历史记录的佚失，最近的很多世界历史仍仅仅集中于阐述正式的政府和社会精英的历史。《全球文明史》编者认为，由于以下三个原因，社会史将决定世界历史的大部分内容。第一，长期被忽视的群体和相关课题有助于我们理解当今社会与之相似的课题。第二，社会历史的模式及其变革密切地影响着政府和社会精英作用的发挥。第三，普通民众及其所参与的社会组织成分也能够像知识分子和政治领袖那样留下遗产。在过去的30年中，社会史是社会科学中产生了最丰硕的新知识和分析成果的领域之一。因而，要通过加强社会史对过去加以重新定义。

五、社会不平等

《全球文明史》把社会不平等以及人们对于不平等状况所做出的反应作为历史的重要内容。这一取向具有鲜明的现代西方社会理念和价值特征，突出地反映出历史编纂过程与历史研究和编纂主体观念之间的紧密关系。以现代西方关于社会平等的观念为尺度，《全球文明史》对所涉及的各个社会、文明中的社会层级关系进行了分析。它指出，印度的种姓制度可能是一种最极端地贯彻了不平等原则的社会组织方式，而其他古典文明的社会制度也都不同程度地假定社会的划分是已经固定和应该被人们接受的。但从某种角度来说，古典中国和希腊社会不属于这些普遍模式。在中国，出生低贱的人可以上升到拥有显赫地位和权力的位置上，而上流家庭很可能在遇到困难的时候没落下去。当然，社会等级之间的流动还是非常有限的，

---

① 〔美〕皮特·N.斯特恩斯、迈克尔·艾达思、斯图特·B.施瓦茨，等著，赵轶峰、王晋新、周巩固，等译，赵轶峰校：《全球文明史》（第三版），北京：中华书局，2006年，第127页。

而且中国的思想家还是把士大夫同平民区别开来。希腊人形成了城邦内所有公民都平等的思想，但是这些社会里大多数人不是公民而是奴隶。而男女两性间的不平等在所有社会中都是存在的。《全球文明史》关于不平等问题的分析在某种意义上与马克思主义史学强调阶级分析的方法论是相似的。阶级分析的方法在很长一个时期被简单化为剥削压迫与被剥削压迫的关系。后来又流行放弃阶级分析的做法。在世界历史上，阶级分层是社会组织体系中最重要的现象和结构因素，其转变了的形态在当代各类社会组织体系中依然根深蒂固，并没有随着社会普遍繁荣和技术进步而消失。史学家需要放弃的是简单化的阶级分析方法，而不是阶级分析本身。阶级分析应该深入到不同社会体系和文化体系的内在特征中去，其中包括对于宗教和社会传统的分析。[①] 在几乎所有社会里，固定化的社会等级制度都是由创世神话和宗教信仰来维护的。社会分层体系分析，比狭义的阶级分析所涉及的范围更为广泛，包括两性关系和宗族、民族关系等。

在社会层级体系分析中，《全球文明史》大量使用了"精英"（elite）这个概念。它指特定社会居于主导地位的阶层或者群体，但并不是"社会上层"或者"统治阶级"的同义词，其外延要宽一些，内涵更具有弹性。这是因为，精英作为一个群体，其主导地位常常是文化价值意义上的，不一定是直接社会地位意义上的。比如中国的"士"，是"古典"和"后古典"时代中国社会的精英，但是很多"士"个人处于比其他社会成分贫穷或者无权的状态。很多其他社会中的宗教界人士也居于这种地位。用这个概念分析社会组织的时候，强调该社会群体的文化社会内涵，而不是经济社会内涵。使用这个概念的意义是可以认定（identify）不同文明和文化体系中代表社会主导价值和潮流的社会群体。同时，它是中性的，因而可以避免在开始使用语言时就过多地卷入价值评价过程。另外，这个概念为对不同社会的主导社会群体与其他社会群体的互动关系进行更具体的分析留出了

---

① 本文作者近年 3 次访问印度，对"不可接触者"居住的地区进行过实地考察。他们处于社会体系底层的地位和极度贫困的处境并没有改变，其原因涉及历史、文化、社会、宗教、经济等多方面。

较大的逻辑空间。

六、世界历史上的新时期

历史编纂必须面对分期问题，而不同的课题，分期的尺度并不一样。《全球文明史》指出："要确定世界历史上是否出现了一个新的时期，必须要在全社会看到三个相重叠的转变发生：第一，世界的版图一定发生了重要的变化；第二，各文明间出现新型的交往；第三，可能在一定程度上由于这种新型交往的出现，主要文明区域之间会显示出某种新的模式相似现象。当然，包括新技术在内的其他特征也可能成为塑造新的世界历史时期的因素，但以上这三个是至关重要的。"[1]这种方法的特点是突出了世界范围整体结构关系的变化，也就是说，是在"世界史"的层面来为世界历史分期，而不是依据对于个别社会或者"主导"社会的性质判定来区分世界历史的阶段性。以从古典时期到后古典时期的划分为例，《全球文明史》认为世界范围内庞大帝国的衰落及其后果显然符合这三方面的尺度。[2]印度再次遭到入侵以及地中海世界无可挽回的分裂导致了文化和政治版图的变更，中东地区穆斯林文明在这种情况下兴起，新的贸易模式和前所未有的世界大宗教的延伸开始把文明间的交往推向新的阶段。同时，从欧洲和北非直到日本，各文明在发展中呈现出了新的平行现象，同时各个社会内部也有许多新异的发展。大多数文明在古典文明衰落之后经历了信仰体系的重要变化。许多成体系的宗教运动日益发展，它们挑战、取代或者融合了较为传统的多神教。我们还应该注意到，"后古典时代"是相当于过去人们所说的"中世纪"的那个时代。当欧洲处于"中世纪"的时候，世界其他大多数地方在经历着不同的运动。然而，由于西方中心观念的影响，许多历史著作把"中世纪"用作世界范围的历史阶段性概念，至今余波没有完

---

[1] 〔美〕皮特·N. 斯特恩斯、迈克尔·艾达思、斯图特·B. 施瓦茨，等著，赵铁峰、王晋新、周巩固，等译，赵铁峰校：《全球文明史》（第三版），北京：中华书局，2006年，第232页。
[2] 《全球文明史》中的后古典时代大致从公元5世纪到公元15世纪中叶。

全消失。《全球文明史》采用"后古典时代"概念本身，不一定是毫无问题的，但是就世界史的意义说来，比"中世纪"概念要合理得多。

七、封建制度

近来国内学者对"封建社会"，主要是中国的封建社会阶段问题，进行了一些讨论，显示出突破过去将欧洲的与中国的历史经验僵化地进行类比的意向，但尚无公认的结果。[①]《全球文明史》对封建社会进行了富有世界全局眼光的论述。它认为，封建社会主要是在后古典时代于西欧和日本两个社会发展到完备状态的政治体系。这两个地区差不多在同一时期里建立起了这种体系。"两者都在不能维持更为中央集权性的政治组织形式的情况下起用了这种封建关系……从某种意义上说，封建制度的存在很容易解释。很多社会发展起软弱的中央政府结构的原因是他们缺少进行政治制度选择所需要的资源、共同的政治价值体系和运作官僚体制的经验……这种对照提示我们，封建制度在许多意义上是从纯粹地方性向中央集权性社会组织过渡的早期的、比较简单的政治社会体制形态……西方和日本出现的封建制度在某些方面与其他类似的分权体系不同。这些不同使得不把所有这些体系都叫作'封建'为好，因为那会把这个极有用的词汇宽泛化到无法识别。"[②]西欧和日本的封建制度有共同性也有差别。两者都是极度黩武的，但西欧的封建主义比日本的更强调契约思想。在两种情况下，封建主义都帮助形成了与后来中央集权趋势结合的特有的政治风格和价值。《全

---

① 几种西方历史学著作的中译促进了最近对这个问题的讨论，包括〔法〕马克·布洛赫的《封建社会》（商务印书馆2004年版）和〔英〕佩里·安德森的《从古代到封建主义的过渡》（上海人民出版社2001年版）、《绝对主义国家的系谱》（上海人民出版社2001年版）等。有关的讨论，参看《史学理论研究》2004年第4期和《东北师范大学》2005年第3期的两次笔谈。本文作者另有《关于中国"封建社会"的一些看法》一文，见《东北师大学报（哲学社会科学版）》2005年第3期。

② 〔美〕皮特·N.斯特恩斯、迈克尔·艾达思、斯图特·B.施瓦茨，等著，赵轶峰、王晋新、周巩固，等译，赵轶峰校：《全球文明史》（第三版），北京：中华书局，2006年，第423—424页。

球文明史》关于封建主义的论述远不是充分的,它主要是从政治组织体制的角度来看问题,所以没有必要把这看作任何意义上更高明的结论。但是,我们至少应该注意西方史学界关于封建制度与全球历史关系的看法,要具体地去考察有关封建制度普遍性程度的历史实际,对于封建制度在世界文明史上究竟扮演了怎样的角色,也应该重新加以认真探析。

八、"现代早期"

"现代早期"对于国内的一般读者说来可能是有些拗口的词汇,但其却是有特定内涵的。它的英文原文是 early modern,在以往中文世界历史中,可能被翻译成"早期近代"或者"近代早期"。然而我们不应该把 modern 一词既翻译成"现代"也翻译成"近代"。如果我们把 modernization 翻译成"现代化",把 post modern 翻译成"后现代",那么 early modern 就应该是"早期现代"或者"现代早期",而不能是"近代早期"或者"早期近代"。中国学术界的"近代"作为世界历史上与"现代"相分别的一个历史时期,并不来自语言概念,而是来自历史的分期观念。其分界是 1917 年的俄国革命。《全球文明史》把这场革命看作世界现代化总过程中的一部分,而不是把世界历史分为两个大阶段的分水岭。在《全球文明史》中,1450—1750年的 300 年被看作现代早期。这里不能对这种分期的可取性程度做充分的讨论,只是要说明,《全球文明史》对"现代早期"的翻译是经过推敲的。

"现代早期"的重要特征是西欧作为一种国际性的力量实行对外扩张并发生了内部的深刻转变。西方世界在这个时期发展起具有多样性和充满活力的文化和社会,而这既是西欧不断上升的国际地位导致的结果,同时也是其原因。西方借助新的海军技术,使世界关系网络变得更为紧密并且具有了新的维度。这种变革造成了由欧洲人而不是穆斯林主导国际贸易的事实,并使世界体系向全球化水平扩展,远远超越了以往国际性联系的水平。到这个阶段的晚期,美洲、波利尼西亚和澳大利亚等以往基本孤立于世界体系之外的社会也进入了全球化的痛苦整合过程中。人类交往的新的全球性发展促进了疾病、植物、动物品种的大规模交流，造成各地社会与经济的巨大变化，包括人口数量的剧增，同时也凸现了众多文明之间的高度不平衡。这个时期发生了世界历史主题的变化，游牧社会的影响大为衰落，使用火药的帝国征服了许多古老游牧民族的战略要地，游牧民族以往所具有的中介、调节作用被各政权或商业团体之间的更为直接的交往关系所取代。经常性的外交联系发展起来。劳动体制出现了转型，奴隶制度和严酷的农奴制度扩展，造成了各种新的社会等级体系。个人借助于财富、科学、艺术、军事行为而取得了影响世界的更大的可能。西方的扩张、世界商业网络的加强和全球化以及火药所导致的军事与政治效应，以及这三种国际性的趋势所具有的影响从诸多方面影响着各个社会的发展模式。每个文明都不得不对这些趋势做出反应。

九、奴隶制和人类社会

《全球文明史》第二十七章用突出的篇幅讨论人类历史上的奴隶制。它把奴隶制看作一种非常古老而且广泛传播的制度，它在不同时代的简单社会或大的文明中心出现并遍及全球，有时成为边缘化或次要的劳动形式，有时成为居主导地位的生产方式。当对劳动的需求超过个人或家庭单位的能力范围而且权威、法律或习俗构成了高压统治的条件时，奴隶就可能产生。对奴隶控制自己劳动和生活选择权的否定是这种高压统治模式的特征。因为奴隶不被认为是人，所以奴役在许多方面和自己不同的外部人总是更容易。奴隶制不仅是曾经存在于许多社会的一种普遍现象，而且在古印度的经文、《旧约》和5世纪希腊人的著作中都被认为是自然的、既定的事实。《全球文明史》所揭示的奴隶制从古典时代到现代早期世界性普遍存在的情况，提示我们对奴隶制基础的分析不能限于单一社会生产力水平低下这样一个原因。当把不同社会之间的差异和互动关系，尤其是现代早期世界体系扩展过程中出现的非洲人口大量奴隶化过程作为奴隶制发展的重要条件的时候，关于奴隶制度的分析就更多地具有了世界性的和文明史的内涵。

另外,《全球文明史》虽然没有明确论述,但是却展现了西方推动的现代化过程与奴隶制度关系的复杂性。来自非洲的奴隶是西方社会现代化早期发展的基础和表现之一。当这种现代奴隶制度发展起来之后,在稍后的启蒙运动、西欧的社会经济变动以及 18 世纪末的大西洋殖民化过程中发展起来的西方文化对奴隶制又进行了猛烈的抨击,随后奴隶制在大约一个半世纪里失去了道德和宗教的基础,其在经济上的正当性也遭到了严厉的质疑。即使如此,奴隶制在一些地区还是一直存在到了 20 世纪。它对于现代社会的人说来并不是遥远时代的事物。非洲奴隶制最初的起源、其与资本主义崛起的关系及其发展程度都是仍然需要探讨的问题。

十、"现代化论""依附论"和低度发展

《全球文明史》在叙述拉丁美洲晚近历史的时候介绍了现代化论、依附论及后来的一些理论解释拉丁美洲历史的角度和各自遇到的困境。这些介绍虽然是概括性的,但是因为讨论置于全球文明的总体历程中,还是具有相当的启发意义。20 世纪 50 年代,一些欧洲和北美的学者以西欧历史经验为基础提出了"现代化"理论。这种理论认为,发展是关于一个社会人均生产力增长的问题,当发展实现的时候,各种社会转变就会随之而来。一个社会愈是工业化、都市化和现代化,就愈有可能实现更多的社会转变和改善,包括向民主形式的政府和大众参与体系的转变。20 世纪 60 年代,一些拉丁美洲学者提出了"依附论"。他们认为,拉丁美洲等非西方地区的低度发展或者经济增长不足并不是这些国家和地区现代化过程失败的结果,发展和低度发展不是不同的阶段,而是同一过程的不同组成部分。西欧和美国的发展与增长正是以拉丁美洲等依附性区域的低度发展为牺牲或者必要条件才实现的。工业国家从边缘国家获取产品、收益和廉价劳动力。在这种格局中,依附性国家的生产、资本积累和阶级关系是由外部力量决定的,它们在观念和概念的消费中也具有依附性。

虽然对现代化理论提出质疑的依附论已经提出半个世纪,但中国和西

方学术界似乎并没有总结现代化论的许多局限。这种理论带有十分鲜明的西方中心论色彩，倾向于漠视文化差异、社会内部的阶级斗争和国家之间的权力斗争。近年，在美国和中国史学界都引起讨论的"大分流"说就是一面主张反对西方中心论，一面却笼罩在现代化理论阴影下，因而无法真正摆脱西方中心论的一种主张。①拉丁美洲国家自独立运动的时代开始，就自觉地采用欧洲的经济、政治和法律模式，但是在相当长的时期中，"进步"、共和制政府、自由贸易和自由主义并没有能够带来普遍繁荣与社会和谐。资源和人口等因素也不构成对其低度发展的有力解释。人们愈来愈倾向于认为，不能在对个别国家历史的研究中，而应在对于世界经济和政治体系的分析中寻找答案。一些拉丁美洲学者通过对拉丁美洲经济的分析指出：处在世界经济中心地位的发达国家与拉丁美洲这样的国家之间的"不平等交换"造成了拉丁美洲经济增长的结构性障碍。但是，这些也不能解释许多拉丁美洲国家至今存在的军人政治、社会不平等和低度发展现象。对现代化理论、依附论等理论进行反思的意义不限于分析拉丁美洲的历史。非西方国家最近几个世纪的历史提出了许多关于世界历史和民族国家历史的新问题，非西方国家与地区的发展模式和低度发展状况原因只是其中的一部分而已。

十一、对未来的预测

《全球文明史》最后一章讨论立足于20世纪与21世纪转折的关头对未来进行预测的可能性。编者讲述了一个颇有意味的故事："在1914年以前不久，驻维也纳的一位比较重要的欧洲银行家试图推测欧洲主要国家的稳定前景，以便可以为将来进行明智的投资。他假定根据过去的政治稳定趋势最能推测将来的情况，所以他选择了3个显然具有最强大的君主政权的帝国：俄罗斯帝国、奥匈帝国和德意志帝国。当时法国是一个新崛起的共

---

① 参看赵轶峰：《"大分流"还是"大合流"：明清时期历史趋势的文明史观》，《东北师大学报（哲学社会科学版）》2005年1期。

和国，英国动荡不安，意大利则缺乏任何稳固的传统。到1920年，他所有的赌注都失败了。因为他选择的3个国家都全部或部分地解体了。这个教训在于：不要过于自信地进行预测；要尽量排除短期的现象，就像英国的事例所说明的那样；并且要尽量认定出具有持久前景的和连续性的变化（如法国的情况）。另一个教训是：不要相信那些试图预测世界历史重要动态的投资银行家，即使他们是成功的人士，应该做的是，去上一门好的历史学课程。"①

编者认为，人们无法预知将来，但可以借助于历史知识构建一个框架，把握需要密切注视的因素，部分地预测逐渐呈现到我们面前的未来。"所有的情况还表明，我们对未来的看法至多只能是模糊不清的。据统计，自1945年以来，美国严肃的社会科学家做出的所有推断和预测，如对未来商业循环、家庭发展趋势或政治潮流的设想，60%以上是错误的。"②编者主张在乐观主义与悲观主义之间采取一种折中的立场："人类历史是一项混合的记录，很少有哪些重大的发展仅仅带来苦难或者仅仅带来进步（尽管可能会有少数例外）。"③基于这种折中的立场，编者以提问的方式站在过去的最近终点对未来的政治、经济、文化、社会、国际关系、宗教等的可能动向提出了值得注意的看法。有一点是肯定的，即从20世纪20年代和30年代开始，世界历史开始进入一个新的发展阶段。非殖民化，新的国际文化交流，甚至新型的战争，从若干不同方面改变了全球的模式。西方的主导地位已经衰落，它可能继续衰落下去，也可能复兴。接下来可能出现一种文明主导的局面，也可能出现多个有活力的文明共存的局面。"可以肯定，21世纪将会对我们的理解提出挑战，但是我们可以把关于这个世界过去的了

---

① 〔美〕皮特·N.斯特恩斯、迈克尔·艾达思、斯图特·B.施瓦茨，等著，赵轶峰、王晋新、周巩固，等译，赵轶峰校：《全球文明史》（第三版），北京：中华书局，2006年，第951—952页。

② 〔美〕皮特·N.斯特恩斯、迈克尔·艾达思、斯图特·B.施瓦茨，等著，赵轶峰、王晋新、周巩固，等译，赵轶峰校：《全球文明史》（第三版），北京：中华书局，2006年，第952页。

③ 〔美〕皮特·N.斯特恩斯、迈克尔·艾达思、斯图特·B.施瓦茨，等著，赵轶峰、王晋新、周巩固，等译，赵轶峰校：《全球文明史》（第三版），北京：中华书局，2006年，第953页。

解当作一个不完备的向导。"[1] 人类过去的经历告诉我们,在预测未来的问题上持谨慎的态度是可取的。

《全球文明史》结构设计方面的优点是突出的,也运用了一些富有启发性的概念和方法。同时,它也包括一些史实、史料理解运用方面的问题和我们不能赞同的观点或者未能阐述清楚的看法。比如,关于文明的定义比较模糊,过于偏重社会组织。虽然把游牧民族纳入全球文明的历程中,但是却将之放在各个文明的间隙中充当交流的中介而已,因而排除了游牧民族的文学、艺术、生产创造所具有的"文明"内涵,也没有考察半农半牧社会的生产和生活经历。它的确做出了超越西方中心论的努力,但是对于西方文明扩张中对其他文明的破坏毕竟还是有所回护。关于中国的看法,如把19世纪中国的困境看作一个文明的衰亡,是缺乏长时段历史感的。关于越南历史的叙述中有史料断代错误。这些都是读者应该注意的。

---

[1] 〔美〕皮特·N. 斯特恩斯、迈克尔·艾达思、斯图特·B. 施瓦茨,等著,赵轶峰、王晋新、周巩固,等译,赵轶峰校:《全球文明史》(第三版),北京:中华书局,2006年,第967页。

《全球文明史》与"世界史"概念的再思考[*]

美国乔治·梅森大学皮特·N. 斯特恩斯（Peter N. Stearns）教授等主编的《全球文明史》（*World Civilizations: The Global Experience*）是20世纪末以来北美各大学普遍使用的世界历史教材。该书展现了最近西方学术界关于世界历史的一套系统观念。本文结合该书基本思想，就什么是世界史和世界史编纂的观念与方法提出一些意见，希望对世界历史的教学体系建设和研究观念的思考有所助益。

一、"世界史"内涵的转变

世界史作为一个知识体系是随着人类对于"世界"的认识而发展的。地中海地区古典时代的历史学家已经在主要关注本民族历史的基础上，试图描述本民族活动区域以外的历史、文化。不过，他们所知道的"世界"，只是周边初步关联起来的社会，实际是全球意义上的世界的一个很小部分。中国古代早就有与王制相应的"天下"概念，这个概念在语义上和逻辑上可以包容人类活动的全部范围，但它却有文化意义上的特殊内涵，即指中国的"王制"所及的范围，因而也是以本民族为中心的，对该范围之外不深理会，基本也是关于世界之某一局部的概念。欧洲中古时期的历史学家

---

[*] 原载于《东北师大学报（哲学社会科学版）》2006年第5期。

受基督教普世主义的影响,倾向于承认人类历史的统一性,但并无人类历史范围的合理概念。而且,比起上古时代的历史学,基督教影响下的历史学有更狭隘的文化本位主义。中国帝制时代的历史学为官史学所主导,以本国史乃至一个朝代的历史为核心,"外国"在史书中的提及,着眼于其与本国的关联,实际没有"世界史"的概念。到16世纪以后,基于科学、技术和全球普遍联系的加强,作为整体并且地理外缘明确的"世界"意识才逐步形成,其后才有作为知识体系的世界史观念。

由于欧洲在现代世界格局形成过程中长期处于强势地位,世界史的观念实际是在欧洲文化的母液中培育出来,再延展到世界其他文化系统中的。这种欧洲文化培育的世界史观最突出的特点是民族国家中心主义和西方中心主义,世界历史的普遍联系是以西方现代发展的经历为尺度建构起来的,并被纳入到一个进化的逻辑架构中。20世纪初,启蒙时代形成的西方文明绝对价值信念已经动摇,但是,直到20世纪中叶以前,世界史的主流观念还是普遍笼罩在民族国家中心主义和西方中心主义的影响下。具有明确全球整体观念的世界历史观是在第二次世界大战以后逐步形成的。

第二次世界大战以后,对于西方价值的绝对性信念从根本上发生动摇,西方不再成为"进步""发展"以及其他文化、文明、社会历史意义的唯一尺度,"进步"和"发展"也不再能够吞没非西方各民族文化和生存经历的意义。在这个过程中,科技发展、经济全球化和应对人类生存环境危机的反思强化了世界历史整体性的观念,从而使整体的世界历史观能够在承认文化多元性的、非单一文化中心论的新人本主义精神基础上呈现出愈来愈清晰的轮廓。[①]

这种转变并不是一个单一的学术过程,更不是个别学者或者个别"学派"的"发现",而是普遍联系起来的"世界"在逐渐展开自己的含义的过

---

① 国内学者关于"全球史观"的研究以刘新成的《全球史观与近代早期世界史编纂》(《世界历史》2006年第1期)最为引人注目。该文虽然没有涉及《全球文明史》,但对于先前世界历史的弊端极富洞察力。

程中达到的自我意识。当代各个地区的几乎所有人文、社会科学都参与了这种思想转变的探索，历史学家所做的不过是探索其具体的历史学表述而已。正因为如此，全球历史观的发展几乎是全球同步的。中国著名世界史学家吴于廑先生在20世纪80年代倡导注重世界历史"横向"发展的历程，代表着中国世界史学界超越启蒙主义世界史观的努力。拉丁美洲学者在20世纪60年代提出的"依附论"则代表着拉美地区历史学家改变单线进化即"现代化"模式的世界历史理解方式的努力。英国历史学家巴勒克拉夫（Barraclough）在20世纪50年代就在关注全球历史观发生的动向。美国历史学家柯文（Cohen）在20世纪80年代写作的《在中国发现历史——中国中心观在美国的兴起》代表西方历史学家改变以西方尺度观察非西方国家历史传统的努力。在中国史学界影响很大的美国历史学家斯塔夫里阿诺斯（Stavrianos）《全球通史》的较早版本，也有试图摆脱西方中心主义和单线进化观的意图，但没有真正做到这一点。[①] 该书1999年第7版则有了很大的改进，作者在书前的"致读者"中特意就该书最后修订中渗透的更内在化和非西方中心化的倾向做了说明，这是他的进步。[②] 美国乔治·梅森大学皮特·斯特恩斯（Peter N. Stearns）教授主编的《全球文明史》第一版发表于20世纪90年代，因其著作稍晚，体现出更为清晰的全球历史观念和更具有实践参考价值的世界史编纂学思想。

　　《全球文明史》认为，以全球性过程为关注核心的作为独立课题的世界史是在20世纪才真正发展起来的，"世界历史依赖一种日益增强的关于世界不能简单地作为西方主导的实力政治的投影来理解的认识"。这表达出关注全球的世界史从一开始就明确地以克服西方中心主义为基本取向的性质。进而，具有全球视野的世界史决不应该是不同社会历史的简单拼合。"世界历史研究的是全球整体过程中的历史性事件。"其主要关注点是两个

[①] 参看〔美〕斯塔夫里阿诺斯著，吴象婴、梁赤民译：《全球通史——1500年以后的世界》，上海：上海社会科学院出版社，1999年。该书所据英文原版为1971年、1982年版。

[②] 参看〔美〕斯塔夫里阿诺斯著，董书慧、王昶、徐正源译：《全球通史：从史前史到21世纪》（第7版），北京：北京大学出版社，2005年。

基本主题：即各个历史时期"主导社会的演进和全球范围内不同人民之间的互动"。[①] 这样的视角，与民族国家中心的历史有重要的区别。民族国家是在晚近时代形成的，不能成为人类历史经验一以贯之的基本考察单位，更适宜的基本单位应是社会、民族、文化、文明以及族群国家，等等。这样的视角，与民族国家历史的拼盘自然也大不同，问题不仅在于民族国家单位的上溯实际并不尊重历史，而且在于，同国别史或者区域史相比，世界史要特别关注的正是跨社会、民族、文化、文明、国家的联系。它实际要回答今天的世界是怎样从以往的世界演变过来的这样一个整体性的问题。

迄今一些通行的世界通史著述，基本上还是"世界各地的历史"，其内容在很大程度上还是关联松散的，写到地理大发现以后才能展现世界历史的整体性，但却又将这种整体性安置在西方体现的历史进化或者"现代化"逻辑中。《全球文明史》在处理这个问题的时候提供了一个值得借鉴的思路。它通过强调世界历史上的跨文明、区域交流现象，通过加强对亚、欧两个区域以外人群、社会、文明的注重，也通过选择一些具有全球历史普遍性的共同问题，如平等、文化和科技创造、两性关系、社会分层关系、发展等，将发生过或者没有发生过直接接触的人类经历融合到一个内在相互关联的体系中。这样完成的世界史，已经具有了内在的整体性，不再是一个拼盘。

二、什么是世界史？

如果世界史并非国别史或者区域史的拼盘，而是以具有内在关联性的、整体性逐步加强的人类全球经历为核心的学问，那么，国内现行的把中国史与世界史分为两个学科的学科分类就是不合逻辑的。没有中国的世界并不是世界，而是世界的一部分，一大部分而已。这样做是把"国外史"当

[①] 〔美〕皮特·N.斯特恩斯、迈克尔·艾达思、斯图特·B.施瓦茨，等著，赵轶峰、王晋新、周巩固，等译，赵轶峰校：《全球文明史》（第三版），北京：中华书局，2006年，"导论"，第1页。

作了"世界史"。

中国学术界在鸦片战争以后开始积极了解外部世界，关于国外历史的研究逐步积累成为一个知识系统。但在相当长的时期内，研究国外历史的目的主要是为了了解中国的处境，不是为了了解世界历史本身。因而，中国与世界，成为两分的概念。这在当时体现了史学救世的致用意义，但后来却需与时俱进，否则中国学术界就没有对于世界史的学术发言权。这个问题在吴于廑先生提倡注意世界历史的"横向发展"的时候就已经受到注意，但却一直没有将之与历史学学科分类的合理性结合起来。迄今为止，国内研究"世界史"的学者，实际是在研究对于中国说来的"国外史"。[①]其结果是，研究日本、朝鲜、东南亚、拉丁美洲、美国、欧洲、俄国历史的学者都被看作世界史学者，研究中国史的学者则不被看作世界史学者。同为国别或者区域历史研究，何以中国史研究者独无世界史的发言权？何以研究美国或者日本的学者便能比研究中国的学者更懂得"世界"？稍加思索，便知丝毫没有道理。如果各国的学者都将本国史与世界史分开，则每个国家的世界史对象都是不一样的，从而也就取消了世界史研究的国际性学术共同体。而且，以中国以外的国家或者区域之过去经历为世界史的对象，显然还固守着割裂世界史的旧传统，还在忽视世界历史的整体性。这种情况，已经在深层妨碍着中国世界史和国别史、区域史研究的发展。中国学术界如果想要写出世界水平的世界史，那么更革这种学科分类法是一个必要的前提。

把世界史的范围扩大，使之包括中国史是否可以解决问题呢？不可以。原因是，那样的话，世界史就成了历史的代名词，从而世界史也就无须提起了。在"历史学"的总范围下另立"世界史"这样一个独立的学科，是因为人类历史不仅需要区分地区、时代、专题来加以纵横交错、具体、深入地分工研究，而且需要专门地从整体关系角度来加以研究。"世界史"不仅有一个空间的维度，而且还有一个研究方式的维度。它在空间意义上是全

[①] 注意这里说的不是"外国史"，因为不一定是以国家为单位的。

球的，在研究方式意义上是宏观的。这也就意味着，世界史是不可分割的，分割之后，就不再是世界史，而是区域史、国别史或者其他门类的历史。

那么，独特的研究课题的整体的世界史作为一个学科，在历史学内部的学科分类体系中应该处于怎样的位置呢？要点有四。

第一，作为研究的对象，它是历史学宏观研究的领域，很大程度上是理论性和编纂学性质的研究，没有任何人能够对全世界的历史做既有原始性同时又是通贯一体的研究，世界史实际是全球历史的概述和通论。

第二，作为历史教育的课题，世界史是大学历史系的低年级基础课程，其任务是使学生建立全球历史经历的基本知识和基本分析框架。

第三，世界史在教学体系中的基础性地位并不影响其作为高深研究对象的地位。世界整体考察需要通人之资，专家之能，要综合历史学其他分支学科研究中具有普遍性意义的新旧成果，熔炼升华，成为对于世界历史的整体理解和艺术高超的表述体系。

第四，重新为世界史定位之后，要清理历史学具体学科的关系。历史学的主要分支包括世界史、本国史、其他国家或区域史（包括国别或区域的断代史）、专门史、史学理论五个门类。[①]在学理上说，本国史应包括在国别史中，但作为知识，本国史对于本国的人们，远比其他国家、区域的历史知识更重要，所以各国都当对本国史给予特别的注重，应可单列。这样的五个基本二级学科分类，与现行的分类相比，能更清晰地把握历史学的内部分工，从而能凸显世界史的特殊地位，有利于使世界史和其他门类的历史研究同样在清晰定位的基础上发展。从大学教学的意义上说，学生先学、必学世界史和本国史，进而学习其他国别史或区域史，再进而学习专门史。愈至后来，愈是具体和专门化，也愈有选择性。

---

① 目前国内历史学二级学科分类中还包括史学理论与史学史、历史文献学、考古学。其中考古学不应是历史学下所设二级学科，而应是与历史学同级并列的一个单独学科，其性质比历史学更近于自然科学。历史文献学其实无法作为一个二级学科来研究，也无法作为一个二级学科来教学，必须从属于国别史、区域史、专门史、世界史。目前大学所设历史文献学，基本都只讲中国历史文献学，其他各专业的文献学要在专业课层面单独开设。各专业文献系统不同、语言也可能不同，迄今尚未形成一个统一的历史文献学。史学理论与史学史本质上毕竟还是史学理论。史学理论离不开史学史，而史学史如果不以史学理论为核心，则应被看作一种专门史。

世界史的重新定义和定位还符合史学门类国际化的趋势。在西方，声称以世界史为专业的学者，研究的都是教学体系和宏观问题，研究本国以外某个国家或者地区历史的人并不自称为世界史专家。比如美国历史学家费正清（John King Fairbank）研究中国和亚洲历史，在美国并不被看作世界史家。《全球文明史》的编者这样的学者才被看作世界史家。一个历史学家要在世界史范围做专业化深入研究，必须截取某个时间、区域、问题单元来进行。而这样做的时候，研究国外的课题和研究本国的课题性质上是一样的，都不是研究世界整体性问题，应该具体地归于区域、国别或者专门史。

以全球历史演变及其互动、整体关系为主题的世界史可以用多种概念框架来研究和表述，唯因其范围广大，研究的"单位"也必放大，否则无以驾驭。在可能的方式中，从文明的角度来展开世界历史的叙述，应是比较有效的。文明是从宏观和精神特质角度考察的历史，既是历史的内容，也是一种观察和叙述历史的角度。它可以包容历史过程中各种线索，包括经济组织与生产体系、社会关系、战争、思想文化艺术、科学技术、政治，等等，因而，适合在不过分冗长的篇幅内融会贯通地展现全球历史过程的整体性和内在联系。此外，文明史提供一种在世界历史体系中正视人类历史活动多元现象，正视在近代以来的国际竞争关系中陷于被动境地甚至灭绝的人群的历史活动的可能。与此相比，迄今最为流行的其他各种所谓现代的世界历史观，实际上都是以现代欧洲历史经验为尺度的，不同程度地以与"现代性"关联的程度为历史意义和历史叙述价值尺度的。在这类世界历史中，大量生动活泼的历史内容都被忽略或者被简单地描述成不幸的往事，人类所有历史经验都参照关于现代工业社会合理性的观念做了改造。这并不是世界历史思想和叙述的最好方式。在这个意义上，《全球文明史》可以被看作是对旧的世界历史体系进行修正的新的尝试。

三、世界史编纂的观念与方法

所谓全球视野是一种整体性的世界历史观。它不是将世界各地过去所发生的事情罗列起来，把各个区域、社会、国家、民族各自的历史做简单的拼凑，而是以具体人群、社会的历史实际为基础，把各个文明的演进和发展作为整体的对象，通过考察全球范围内不同的人民与社会之间互动的性质和程度而展现出来的过程。世界历史内容宏富，在有限的篇幅中将大量事实融为一体，不至于写成让读者消极阅读和记忆的片段事实的拼盘，这是从历史编纂学角度看难于驾驭的问题。《全球文明史》采取的方法是，将全球取向与注重分析结合起来。在将历史事件置于全球视野下加以考察的时候，它注重把对各个独立社会内部的发展与各社会间接触的结果进行比较分析，关注全球性的力量怎样导致了过去和现在状况的形成，强调连续性和变动，引导读者把过去与现实联系起来。

要这样做，必须首先确认哪些是需要分析的最主要线索。编者在这里实际把握了四点。

第一，避免西方中心论，要对西方传统进行严肃的叙述但并不给予西方以优越的或者使世界上的其他地区黯然失色的地位。对常常在世界历史著作中被忽略的文明或者社会，如亚洲游牧社会、拉丁美洲社会、环太平洋地区社会和非都市居民社会等给予注重。它是迄今所见同样规模的世界通史著作中对欧洲和亚洲以外文明历史过程讨论最为充分的一种。

第二，重要性原则。并不是人类的所有经历在世界历史上都具有同样的重要性，《全球文明史》在尽量覆盖世界历史上各个地区人类历程的情况下，更多地注重具有文明创造意义的和对于全球文明总过程形成重要影响的人类经历。这在人类学、民族学、伦理学意义上说并不是无懈可击的做法，但是却是历史编纂学意义上比较适当的选择。

第三，注重跨文明发展现象。通过考察诸如移民、贸易、宗教传播、疾病流行、作物交换和文化交流等跨文明发展现象，将跨区域事件纳入视野。书中大量篇幅考察这种跨文明、区域的人类经历，因而能够超越区域、国家历史拼合的传统模式。

第四，注重文明比较。编者认为，世界历史的大量内容可以通过对主要文明的突出特点，如政府、家庭结构和艺术的仔细比较来加以说明。比较是一种可以把不同文明的历史性发展联系起来的方法，使我们能够确认需要注意和解释的关键性模式，捕捉历史的变化，判断一个社会中的新局面与其他地方出现的相似情形之间的模式关系或者因果关系。这些做法实际上使该书的全球整体视野得到了编纂学意义上的落实。

在更具体的层面，《全球文明史》勾画了世界文明变动与继承的几个主题线索，并在不同的时期框架中对之逐一探讨。这些线索是：①各种影响深远的张力，其中包括传统与变化力量之间的张力、区域模式与区域间接触之间的张力、技术与环境间的张力等；②两性间和不同社会等级间的不平等；③人的因素，讨论个人因素与其他因素相比在历史动力的构成中充当了怎样的角色；④文明和其他类型的社会，特别是既可以导致破坏性的也可以导致建设性接触的游牧群体之间的互相作用；⑤由组织化的贸易群体、政府代表、传教士等实行的各社会之间常规化联系的发展。在这些主题中，传统与变动、区域模式与普遍接触是基本的，其他是补充性的。这样，不仅形成了世界文明历史动静结合，局部与整体呼应的布局，而且凸显了对全球互动的比较、评价和对于人类社会运作普遍规则的思考。

依据以上原则和主题线索，《全球文明史》把世界历史分为六个阶段，每个阶段依据三个准则而确定：主要文明区域的地缘变动、跨文明接触增强的程度和范围、在绝大多数主要文明中出现的新发展和大致平行现象。全书根据世界历史的六个阶段分为六大部分。这种安排，虽然也包含一些重要的问题，但不失为在全球历史观指导下展现世界历史主要线索及其复杂性的一个很有效的历史编纂学建构。

《中华文明史》*序

　　现代大学教育培养具有专门领域知识、能力的人才，以满足社会对专门人才的需求。此种功能、目标在所有大学都能体现，天经地义。然而现代社会崇尚竞争、追求效率，大学一旦过分偏重于学生竞争能力的训练，就会忽略普遍文化知识的根基。这样的人才，专而不通，在将来的社会实践中容易流于浮躁。这在持续处于变革状态中的当代中国大学体系中，也有明显的表现。所以近年以来，国内多所高校研讨、尝试为所有学生开设博雅通识性的课程，以求学生能有人文情怀，知识宽博，这是意义深远的。这本书就是特意为正在读大学的青年朋友编写的，可以作为教材、教学参考书，也可以当作自修的读物。它的基本内容，是用专题的形式，对中华文明的以往经历做一个提纲挈领又融会贯通的介绍，以便青年学生，尤其是不拟专修历史学课程的其他各学科的学生，通过不太烦冗的阅读，建立起思考中国历史、中国文化和中华文明的知识基础，并通过这样的学习，养成人文历史思考的习惯。

　　为什么要把中国历史、中国文化和中华文明分别列出来说呢？这三个说法所指的事实其实本来是同一的，就是中华民族以往的总经历。但是当我们说"中国历史"的时候，比较强调这个总经历中一些主题线索中的次序关系，以明其变迁的因果、次第；当我们说"中国文化"的时候，比较

---

* 该书为大学通识课教材，陕西师范大学出版社2012年出版。

强调这个总经历中蕴含的精神气质和表现方式；而当我们说"中华文明"的时候，则是强调把这个总经历看作人类文明史上发生的一种独具特色的文化、社会、制度类型，看作人类总的生存和发展经验中一种值得专门了解的大共同体存续传统。所以，中华文明史，其实是把中国历史整体地放到人类文明总经历的背景之前，因而衬托出其最突出特色的中国历史。这门课程，当然要与"世界文明史"一起来修习。

现在流行的历史教材，大多是以国家为对象的。这本教材之称名，不称"中国"，而称"中华"，是基于文明史的基本取向和方法论。简单地说，今天这个世界上有许多国家，但并没有同样多的文明。国家是一种比较"刚性"的政治共同体，要有一个政治权威机构、一套制度、明确的地域范围、明确的归属人群。要想用国家的概念来叙述几千年的历史，总会遇到诸如政权反复地分合重组、疆域变迁、民族聚散、制度废兴等复杂的、超过国家范围的现象，最后不得不运用一种以今天的国家疆域、人群为尺度，从末端倒着看上去，再从开端正着说过来的办法来写。我们很容易就可以看出，这种方式其实是今天的状态与以往的事实之间的一种妥协，其间有一些勉强的地方。

文明则是一种比较"柔性"的共同体，它的基本内涵是认同和共生。这个用语的欧洲语言词根是古代拉丁语中的 civis，指公民权益的、合法的、民法的，后来演变出英语中的 civilization，汉语翻译成文明。这个词根使得文明一直保持着作为一个关于城市社会组织的概念的特性。根据法国历史学家布罗代尔（Braudel）的考察，直到 18 世纪，文明还是一个不太引人注目的词汇。18 世纪中后期，文明作为与野蛮对立的一个概念，在英国、法国思想家的著作中流传起来，这显然与把 civis 这个词根所指的那些城市—公民—法制现象及其后来演变充实的社会状态看作积极进步的，而把与之差异的其他社会状态看作消极落后的观念有关。于是，文明就成了一种关于物质水准和精神状态的概念，成了一种价值尺度。这时，在西方语言中，"文明"这个词和"野蛮"这个词一样，都是单数的，因为它们都表示一种发展、开化的水平状态。比如在法国思想家基佐（Guizot）的著作中，文明主要涉及的是社会和人的精神的进展状态。他说,文明"总而言之,是社会和人类的完善"[①]。当时的欧洲思想家从进步信念出发看待人类各个群体的经历和状态,认为只有少数杰出的民族或者社会达到了超过其他人群的所谓文明的水平。后来,单数的文明观念被普遍使用。比如今天我们会说,"讲文明,讲礼貌",这就是在恒定品质和单一性质意义上使用的文明概念。从19世纪20年代前后开始,文明逐渐地也被用作复数形式,在英语中表示为civilizations。在这种语境中,历史上出现过的较大人类共同体各自有不同的发明创造和生存、表现成就,它们相互差异,但是却以各自的方式实现自己的存续和发展。复数的文明概念,演变为对形成传统的大规模的人类共同体的文化和成就特性的区分,从而形成文明比较的意识和各个民族、文化、社会各自具有独特价值的意识。20世纪初,德国学者施本格勒(Spengler)在他的《西方的没落》一书中,把文明看作有生命的共同体,认为文化充分发展以后就僵化,从而进入文明状态,文明是文化开始没落的阶段。这时的文明是在单数和复数之间,文明特属于西方,所以是单数的。但逻辑上说,其他文明存在过,也可能再形成,所以又是复数的。稍后,英国历史学家汤因比(Toynbee)讨论了人类历史上的20多种文明,指出"所有的文明都是同时代的"。这种说法,与18世纪的单数文明概念有深刻的差别,它已经不再把文明看作单一的属性,并且弱化了各种文明之间进化、发达、好坏之类差别的本质意义。

20世纪中叶以来,人们普遍使用文明这个概念的时候,实际上保持了18世纪以来逐渐形成的双重含义:一重是表示与野蛮相对的进步、发达、开化的属性;另一重是指在历史上曾经有持续性表现并实现了自具特色的物质和精神创造,同时构成大范围群体认同的人类社会共同体。当我们把"中华文明"作为这本书的主题的时候,已经表示出把"文明"看作大社会共同体及其传统的基本取义。这种共同体的内核是明确的,因而可以在比较的时候显示出与其他文明的差别,它的外缘又是弹性的,因为所有的文

[①]〔法〕基佐著,沅芷、伊信译:《法国文明史》第1卷,北京:商务印书馆,2007年,第8—9页。

明都在历史上用"经历"的方式展开,而长时间的"经历"中,一定包含着许多地缘和人缘的变迁。历史上构成文明的大共同体如果不是在历史变迁中分化、嬗变、消失,在进入现代社会的时候,也大多分解成多个政治共同体,即民族国家。所以在今天的世界上,国家要比文明多得多。中华文明在几千年的历史变迁中作为一个社会共同体和文化传统走进了现时代,这是人类历史和文明史上的一个奇迹。我们要尝试在这本书里展示这个奇迹,探讨这个奇迹般的中华文明在人类以往和现代生存中的意义。

教材不同于专著。专著的目标是对一个或者一个紧密关联系列的专门问题进行深入的研究,提出创新性的结论,以推进人类知识的进步。大学教材的基本目标是对已有知识进行阐释、传播,并在此过程中培育读者的文化与心智倾向。所以教材并不以知识创新为绝对目标,而以引导读者建立合理的知识基础并达至知识和思想的前沿,即创新的临界点为基本目标。因此,编写教材者必须公允地综合前沿性的和根基性的知识,以顺畅的方式呈现于读者面前,同时展示对这些知识做进一步追问的可能性。由于这样的性质,本书在编写过程中,曾参考了许多学术著述,基于本书的基础概念和编写要旨,择善而从。不过,读者切请注意,大凡认真的综合,都需整合具体的知识。在这样的过程中,会发现一般知识中分离的知识点之间有断裂甚至冲突,会发现各家各派的学者对同一史实的理解和叙述有差异甚至矛盾,这就要求综合者进行新的思考,有时会触及根本性的学术观念与方法论问题,有时则会牵连出一些具体事实的进一步考订。所以,凡能展现新的视角的成体系的教材,往往包含许多新的深层次的探索。这部教材作为一个整体,也涉及关于中华文明史的一些独立建构的理解和叙述。其中如下几个方面应该特别加以指出。

第一,对于文明本身的界定,如前所说,首先是将之视为经历了长期历史积淀并具有独到精神特质的人类社会共同体,这与其他一些著作中采用的文明定义有所不同。只有在这种意义上,才可能讨论不同文明之间的交往、互动、冲突、融合之类的问题。

第二,各个文明的特质,包括中华文明的特质体现在其历史经历中展现出来的制度、信仰和信念、生产生活方式、语言文化和科学与艺术的创造中，并非只表现在狭义文化生活中，因此文明史与文化史是有区别的。

第三，每个文明都是人类文明总经历中的一部分，这不仅在于各个文明之间存在不同的交往、互动，而且在于所有的文明共有一些基本的倾向、诉求，并且在现代社会逐渐强化了其相关性。因而，文明史的叙述和研究，需体现世界的视角和普世的人文精神的关照，这样才可能既有益于公民的民族自知与自信，同时又不至于成为狭隘种群竞争、标榜意识的温床。这些理解，贯穿在全书的设计和行文中，是使用本书时需要注意到的。

一般的历史教材，沿着时间的顺序，从古到今地平推过来。这本教材没有采取这种方式。原因是如果那样做，此书就成了一个一般常见中国史教科书的简写本，同样体例而篇幅缩短，结果其知识内容和思想内涵也就都会成为常见教科书的纲要。现在的体例是将全书内容分为18个纵向的专题，各专题分别从物质创造、制度安排、知识求索、价值观念、信仰世界、艺术表现、内外关系等侧面贯通古今地讲述中华文明的基本经验，其背后的共同话题则是中华文明作为一个社会共同体和文化传统长期存续的因缘及其在现代世界的意蕴。在这样的编写过程中，参编者都感受到一种知识探索的张力，使得这项工作对于编者成为颇具挑战性的学术工作，希望读者也能在使用这本书的时候分享到这种意蕴。教学过程中，建议教师按照40课时安排教学时间，18讲各用两个课时，共36课时，另外4个课时，用来进行课程说明、总结、讨论等活动。此外，因为每一讲涉及的内容都很多，又不能过分节略，所以修习这门课程的学生，一定要事先阅读教材的相关部分，这样才允许教师在课堂上能够覆盖教学内容的要点，同时节省出一点时间来进行课堂互动。如果学生只听课，看教学课件，就肯定不能形成通贯的理解，会落入机械背诵一些关键词汇和所谓知识点的窠臼。要知道，那种做法并不是任何意义上的学习，只是敷衍教师，贻误自己的流俗。

因为篇幅和编者学力的限制，这本书不能十分详尽地讨论它提出的问题，所以在书后列出了一些值得扩展阅读的书籍，备好学深思者参考之用。

应该注重中华文明演进历程中的
社会形态研究[*]

  历史学有两个基本功用，一是澄清事实，二是解释事实，两者在研究的实践中不能断然分开，也不能混为一事。因为具有这样两种功用，所以各个时代、各个文明传统都需要历史学。20世纪中叶以来中国的现代历史学，在澄清本国历史的事实方面，除了个别短暂时期受到政治的过度干扰而呈现紊乱状况外，成绩丝毫不逊于世界上任何其他国家和地区的历史学。但在解释事实方面，成绩不如前者。其突出的表现，就是中国史家关于中国历史演进历程的宏观解释的大多数说法，直接或间接地来自西方学者。这造成许多问题。其中最重要的是，历史解释须是关于历史事实的解释，西方学者对于中国历史事实的了解总体而言并不比中国学者了解得更多，而其关于中国历史的解释却长期居于主流地位，这如果并不意味着中国史家的解释能力偏弱，就可能意味着一些居于主流地位的关于中国历史的解释并没有充分立足于中国历史的实际基础上，而是一定程度上虚悬于理论、推论或其他思辨话语之上。学术为天下公器，出自西方学者的关于中国历史的解释并不当然地不及出于中国学者的解释，但是中国学者毕竟更有责任和条件对中国历史演进做出有世界影响力的宏观解释。况且，迄今还没

---

[*] 此文写于2014年10月。

有哪一种西方学者对于中国历史宏观演进的论说是完美无缺的。

中国学者关于中国历史宏观演进的思考路径，曾经主要借助于政治经济学的概念、逻辑、话语，偏重于从经济生产方式发展的角度来观察历史的进步，倾向于通过将中国历史实际与"世界历史"——其实主要是西欧历史——的演进模式对比来判定中国历史演进符合人类历史普遍规律的程度。这种方式无疑具有很大的透视力，曾经大幅度地推动了中国历史学的进步，同时也始终没有达到与中国历史实证研究——契合的程度，形成一些争鸣和许多解释的疑难问题。进一步说，中国历史悠久，中国文化包含诸多独有特征，中华文明绵延伸展。晚近时期，中国社会呈现出人类历史上不曾有人预见、论证过的生动面相，因而对于中国历史演进基本历程的宏观解释也须与时俱进，更多直接关照中国历史实际，有所反思和增益。这类探索与旨在澄清一般事实的实证研究有不同的意义，做得深入，可能会丰富世界范围的学术界对于人类社会历史研究总途径的认识，从而有助于当下的人们以更开放的心态来思考人类历史过去、未来的推演。

中国历史宏观演进研究中的一个重要概念是"社会形态"，一般通过对一个社会在特定历史时段内所具有的基本结构特征加以辨识、界定和阐释。如前所说，当代多数史家理解或说明社会形态的基本概念是政治经济学范畴的，其中生产力、生产关系、所有制是核心语汇。因为马克思主义经典作家多曾运用同类概念论述过相关问题，所以中国学者往往把关于社会形态研究的基本方式视为定论，只将更具体的涉实证的层面作为自己研究的空间，这使得对中国历史上社会形态的研究或多或少被限定为找寻证据或者梳理定论与事实之间关系的研究。在这种情况下，中国史家很难对本国历史提出独到、宏阔、畅达的解释，而无所忌讳的西方学者则从其他多种角度和学科基础上不断提出种种新说，把中国学者的相关解释四方牵引。这样的局面一定程度上意味着中国史学界对本国历史宏观阐释的消极被动。所以时至今日，中国史学界应该更积极地直面中国历史演进中的社会形态问题了。大致的途径，其实在于尝试运用多种视角进行相关的探索。

除了政治经济学方式之外，研究中国历史演进中的社会形态还可以有其他值得尝试的概念和方法，如社会学的概念与方法、政治文化研究的概念与方法等，都会有所收获。但是在笔者看来，凡抽象性过强的方法，或曰理论性过强的方法，通常会在概念体系和理论架构完成的时候形成大量的预设，易于在具体展开的时候忽略一些重要的事实。所以，如果我们拟定从历史学的学科基础出发来研究中国历史上的社会形态问题，就应该避免采用单一学科视角，而采用能够较大限度综合多种学科并涵盖历史经验事实的方法。由于社会形态研究的宏阔性和高度综合性，比较符合这种尺度的是文明演进的方法。

演进意义上所说的文明，指的是在人类历史上留下深刻印记的大规模文化社会共同体，虽然文明二字还有其他含义，但我们一般是在此种意义上来指称、区分和比较世界历史上的多个文明，如中华文明、印度文明、阿拉伯文明、欧洲文明等。中华文明是人类历史上发生最早的四大文明之一。在其他上古文明在历史上湮没或被后续发生的其他文明遮掩融化的情况下，中华文明相对较多地保持了历史记忆和历史传统，是人类历史上表现出最强延续性的文明。文明的延续性基于该文明早期发展的复杂和精细，也基于其调适与周边其他社会共同体关系的机制与能力，同时累积起自身存续的强韧品质。但是从社会进步的意义看，则延续性也意味着一定程度的内在保守性，即保持已有体制、精神的倾向。因而中华文明在15世纪以后世界普遍联系、快速变革的时代，表现出多方面的发展迟滞。这就使得主要以欧洲社会推演模式和历史变迁轨迹为基本参照的现代历史学叙述，或多或少地将中国历史视为"长期停滞"的、非常态性的。20世纪以来，中国史学界曾做出各种努力以化解中国历史的"停滞"问题，但并没有达到畅达的地步。人类历史上，不同文明、社会发展从来是不平衡的，许多文明、社会曾经落后于他者，中国在某个时期落后，也并不是一定要加以否认的事情。问题是，关于中国历史停滞的论说中，包含中国文化本质上已经失去生命力，应该成为博物馆里的东西的看法，包含中国文化必须归化于西方文化的提示。如果中华文明在近代世界发展中的相对被动落后再无改进，或者所有改进都来自归化于西方文明的举措，那么也就无话可说。

然而晚近的世界历史中，中华文明的生命力正在显示出一些独特的价值，凭借其一度低沉的经历而判定其已经完全丧失生命力，是短视的。这一点，中外许多思想者、学者都有体认，但却没有充分体现在关于中国历史演进的学术阐释中。

  从文明演进的角度阐释中国历史上的社会形态，需要对社会形态做出更具有涵括性的定义，须能体现出中华文明作为一个宏大绵延的文化社会共同体在国家与社会的组织方式、在文化共性体认与生存方式各个主要方面的基本特征，须能揭示其演进的阶段性和原理，须能比先前的阐释更与中国历史发展的实际情况契合。一些学者已经在做相关的探索，但要取得确定的成果，还需要当下中国史学研究者共同努力。

序文

赵克生《明代国家礼制与社会生活》*序

赵克生先生著成《明代国家礼制与社会生活》，共三十五万字，分上、中、下三编，分论"国家礼制与明代宫廷""国家礼制与明代官僚阶层""国家礼制与地方社会"，各设专题三或四章，计有专论十一篇，作为国家社会科学基金后期资助成果，将于近期由中华书局出版，因命为序。

中华素称礼仪之邦，自周代以降，举凡国家体制、法律法规、社会组织、家庭关系、文化表现等，都有礼的观念渗透。孔子称："礼之用，和为贵。"一种文化体系之内既含发达的礼制，则该文化必有对和睦、秩序的内在诉求。因有和睦、秩序的诉求，故其文化、社会共同生活能够长久。有赖于礼的文化，中华先民精神气质之认同感，气韵悠长，虽百经摧折而不消散，当今人类世界乃有中华文明为中坚力量之一。故今人研究中华文明往昔经历，不能不于盛衰往复、纷争扰攘之外，见此礼制文化基本精神。

礼学博大，礼制繁复。先贤往哲钻研此道，代有建树。然而传统时代学者治礼，囿于礼学为经学之要，以经学家法治礼，难脱注疏、祖述、宪章习气，每流于是古非今。今人治礼，得现代技术、生活、学术启迪熏陶，复易目空古人，以为愚昧荒诞，百不如我。于知见古礼往昔时代功用、意蕴同时，仍能洞察其时代特属性与文化积淀性之间，有若隐而著之关系，因而既以深切之同情体察揭示其本旨，复能以严谨客观之精神分析论证其

---

* 该书由中华书局于2012年出版。

实践中之复杂面相，身体力行而有成者，殊为难得，克生先生为其一焉。

由其书而窥其法，可知克生先生以史家之资治礼，取径端在"实践"二字。礼学文本，汗牛充栋，或高言宏论，或精研微求，为中华文化一大渊薮。然而如欲由中直接推想中华政治、社会生活之情态，则社会实际为少数"精英"之理想境界所遮蔽，失离甚远。克生先生于辨章中外学术思潮基础上，匠心独运，专取"礼仪—政治史、礼仪—社会史"为基本视角，考察礼制文化在明代国家政治、社会生活实践层面的展开情状，方得贯通经史，将基本文化精神之探求、解读落实于政治、社会历史具体场景，读者展读之际，得以宏微并见、豁然开朗。治礼学、思想、文化者，由此可以参证其思于有明一代礼制实践经验；治政治、社会历史者，也可由此激扬其学于礼制文化之境界。如是佳惠学人，弥足称取。

有明之事，去今数百年，然而其史于清代为官方垄断，民间噤默，抵至晚清，方才舒申。故明虽在清之先，其史之为普遍学问，几与清史同时展开，复因清之晚近，牵连今事，关注必多，故声势若为其遮蔽。迄今中外明史研究，大体以国家政治制度、事件、人物研究最多；社会经济结构、变迁研究次之；社会史研究又次之；若思想、文化、学术研究之出于史家者，多不脱以政治、经济为宗本之取向，其出于哲学家、文学家、艺术家者，则又多盘桓于个别精警事项而少通明一代史事之体察。于此之际，克生先生所论，有别开生面之意。

其论嘉靖议礼及庙制变革，由纷繁纠结之礼学与庙制争论中，展现嘉靖帝借诸礼仪建构、强化本宗与本人皇位合法性的用意；其论明代帝后情感生活与国家礼制兴革，凸显权力与礼仪之间相互定义之关系；其论宫廷赐宴与宴礼，于表面官样文章之宫廷宴会之后，揭示出其界定庙堂等级秩序、通君臣情曲、示朝廷尚好之符号寓意；其论宫廷礼仪与财政关系，提示宫廷礼仪性开支之巨大有逾于兵事者。凡此诸篇，虽未覆盖庙堂礼制之全貌，然已展示明代宫廷礼仪实践运作之基本貌相、核心内涵，甚乃内中纠结。

其论国家礼制与官僚阶层之关系各篇，突破从社会共同地位与观念统一性角度对官僚士大夫行为、心理做混一泛论之模式，由其礼仪位势错落、忠孝实践冲突、守制收益与损失等实践场域情境之中，考察其抉择方式与礼制运作之复杂性。可谓视角独特，发前人所未发。

其论国家礼制与地方社会关系各篇，首先由家礼图书之修订与传播，查见明代士人主导的礼仪文化价值下渗民间之具体途径、方式；复由明代乡饮酒礼、乡射礼的倡导与嬗变，揭示礼仪形态与礼仪身份对地方社会名望地位之影响；再由明代乡贤、名宦祠祭之铺演，透视国家公权力与地方私人利益间之互为作用；进而由明代义民旌表，审视国家道德伦理方式表彰对于社会行为之导向意义。凡此种种，不仅将明代礼制研究从义理推究层面，推向具体实践层面，且为突破明代国家与社会之两元对立误解提供了详明例证。

2005年以来，克生先生与笔者皆供职于东北师范大学亚洲文明研究院，凡教学、研究、办会议、编刊物等，无不相商共举，切磋琢磨之际，多有收益，于其学术心志亦能得见一二，故敢不揣浅陋，有如上之言。然而克生先生受业于著名明史专家张显清先生，前承吴晗先生学脉，后复在南开大学、厦门大学、明尼苏达大学从中外名家研修，读万卷书、行万里路，其量有不可臆度者。是斯序也，一己之得耳。方家展读其书，更有所见，为可期许之事。

孙强《晚明商业资本的筹集方式、经营机制及信用关系研究》*序

国内外学术界对于明清时代商人和商业的研究，已经有了相当丰厚的基础，在这种情况下选择这个领域的问题来研究，等于是给自己出了一个难题。孙强副教授不辞其难，经过数年的研究，完成了《晚明商业资本的筹集方式、经营机制及信用关系研究》这样一本理路清晰，文献扎实，多有新见的著作，是让人欣喜的。

明清经济史的研究，曾经在其结局问题上陷入解释的困境。这在很大程度上是由于人们普遍地假定"封建社会"后期会发生趋于资本主义的自我否定过程，而中国既然终于没有自发地形成资本主义社会，也就没有令人满意的方式来描述和解释这样的一个过程及其结果。我把这种遇到困境的研究方式称作"封建社会解体障碍模式"。这种过夸大社会变迁模式一致性的预设在 20 世纪 80 年代开始松动，后来因应海内外学术交流的增多，出现了另外一些富有启发意义的批评性假说。这类假说的学术价值毋庸置疑，但它们常常带着一个老问题，即仍旧是从某种理论预设出发，通过复杂的逻辑推论建构起结论来。明清时期的历史文献，在这类学说中，很大程度上成了证明理论的工具。这就落入了与先前的"封建社会解体障碍模

---

* 该书由吉林大学出版社于 2007 年出版。

式"相同的"理论先行"的陷阱。还有一些研究者采取了社会学或者人类学转向,逐一去研究区域社会的地方经验。单独去看这种转向,无疑是很敏锐和明智的,它开辟了辽阔的研究课题和方法论空间。但是我们不能把这种转向看作明清史研究的根本出路,而只能将它看作一种视野的拓展。因为这种方式通常涉及将中国社会总体转变或者不转变,以及如何转变这样的趋势性问题看作缺乏意义的问题的假设。在我看来,总体趋势的解释仍旧是对于今天人们的历史经验有巨大意义的知识,增进这种知识并非不可能。而且,正因为我们承认文化和社会变迁方式的多样性,我们自然也要知道地方经验有地方性的局限。孙强的研究,突破了"封建社会解体障碍模式"的旧规,没有时髦到套用流行的宏大假说,也不去追求关于地方经验的局部现象分析,而是力求澄清晚明商业资本如何存在和运行的理路。他采取的是一种朴素的方法论:不去纠缠什么没有发生以及为什么没有发生,而去梳理、分析和解释发生了什么。无论历史学被历史哲学家刻画得多么复杂和不可捉摸,它的本质特征和特殊价值就是最大限度地去接近这样的目标。历史学不可能被任何其他学科所取代,就是因为它的实证特征和注重时空具体性与历时性关系的原则。孙强的研究,当然有不足之处,但是他的方法论观念是可取的。

明清经济史的文献虽然汗牛充栋,但是一旦进入很具体的课题,就常常显得分散、支离和歧义多出了。孙强研究的不是一个依赖一两个文件去"解释"问题的"微观"案例,也不是记载很完备的国家活动,而是涉及广大空间的民间经济活动现象,所以文献记载既分散又无系统性。他不惮辛苦,不辞琐细,将有关晚明商业资本运作的资料分类整理,然后再去分析各类文献究竟能够说明哪些基本问题。在这样的文献基础上来分析问题,还是比较能够接近实际。随着文献工作的继续,有关这个问题的研究可以深入下去,不至于因为预设条件太多而被颠覆。

以往研究明清经济史,虽然也注意商业资本,但是对商业资本如何运作关注并不很多。其原因可能在于商业资本有悠久的历史,其本身包含的社会经济组织方式变革意义不如工业产业资本明确。但是直到明朝末年,中国的工业产业资本实际受商业资本的支配，它的前景，也受商业资本的制约。所以，不搞清楚商业资本本身，包括各类雇佣劳动关系等在内的工业产业资本究竟能够如何影响这个社会体系是说不清楚的。商业资本本身也并不是一个完全从理论上被看透了的课题。比如，通过人际纽带关系来进行商业资本运作不仅存在于古代社会，也存在于现代社会；依赖家族、地缘关系来支撑的商业信用和资本集中运作可能足以支持一个相当发达的商品经济体系。晚明商业资本的运作现象中，有了更多的资本集中即资本社会化的成分，这与更早时代的那些独资巨富不同，可以把普通的社会成员卷入资本运作过程，其发展不仅为商品市场进一步发达提供条件，也会带来社会关系和组织方式的变化。所以，持续不懈地对商业资本进行细致深入的研究，对理解明清时代的社会形态有很深刻的意义。孙强的研究是有贡献于这种努力的。

　　孙强治学，一向理路清晰，文风也是朴实无华。他的成绩，都是勤奋所致。我虽曾为他的老师，但在自己的研究课题上用时多，对他的指导却并不具体，也不充分。现在他的著作出版，我的欣喜，是难以言述的。

赵现海《明代九边长城军镇史——中国边疆假说视野下的长城制度史研究》*序

现海从韩国发来即将出版的书稿《明代九边长城军镇史——中国边疆假说视野下的长城制度史研究》，请我为序。此书皇皇六十多万言，所考察问题，虽仍在我的专业领域，但所追究的问题之专深，运用文献之宽博，都超出了我治学的范围、程度。面对这样一部著作，若非确有研究的专家而言作序，不免孟浪。然而自现海开始攻读硕士学位到转为博士研究生，再到获得博士学位，我一直忝为导师，如今他呈现出这样一部厚重的著述，鼓舞之余，不能不有些言语，以志其事。只是，对这样一部著作之学术贡献和得失的深入评说，毕竟还需从容为之，这里只能略谈些原委以及对这部著作的总体印象。

现海原籍河南杞县，少年时即潜心向学，虽然家境不足以提供优越条件，但读了许多书，而且养成了独立思考的习惯。我在 2000 年回国后招收的首批 3 位硕士研究生中，就有现海。当时他交给我一篇关于秦汉史的本科毕业论文，洋洋洒洒数万言，一望便知他是肯读书、能思考、有才华，也略有些狂狷意味的青年。大凡独立的学者，性情中都有些挑战性。我欣赏现海的锋锐，留意他如何从有才情发展到有学问，对他的关注，的确超

---

* 该书由社会科学文献出版社于 2012 年出版。

过他人。后来的几年，现海虽在东北师范大学研读，但多次较长时间外出访学。曾到南开大学、北京大学、中山大学拜访名师，参与讲习，出席会议等，其间受教于方家硕学之处，又多于其他研究生。现海的博士学位论文，完成于2005年，原题为《明代九边军镇体制研究》，30余万字，答辩时被评为优秀。博士毕业之后，他再到北京师范大学，从赵世瑜先生进行博士后研究，在那里，他把握了社会史调查研究的方法，较大幅度地超越了单纯依赖文献进行研究的方式。2007年以来，他到中国社会科学院历史研究所明史研究室工作，有更多的机缘，多次考察长城沿线历史文化遗迹，并能赴韩国从事专门研究。浸润日深且识见日广，胸襟气象也自臻于开朗畅达。所以，现海今日的成绩，其来有自。

展开这部著作，读者首先会注意到现海提出的"中国边疆假说"。这既是全书考察的概念基础，也有单独的理论意义。按照我的理解，假说是所有人文学术领域理论建构的必要步骤和基本形态。历史学的解释性论说，其实都应该被看作假说。历史学假说作为一种尝试性的理论，构成对一系列现象的深度解释，能够引导人们相关思考的方向，也提供对事实进行进一步整理的思路，其中必然包含的一系列判断也为深度的证据和逻辑检验提供了基础。提出假说，总是需要很大的勇气，需要界定概念，需要提出具有重要学术价值的问题，需要提出解决问题的方法，还需要对所提出的问题做出正面的回答。现代中国的历史学界，从来不乏缜密严谨的学者，然而大家就中国历史而提出的主要问题乃至其解答，却每每依托域外的理论和方法。所以，我期待中国新一代史家提出更多的历史学假说，也对现海提出假说这件事情，由衷赞赏。当然，一个假说提出之后，要由学术界去评价其得失，那是以后的事情。

现海从世界文明史的高度来界定边疆，认为边疆既是文明推广的边缘，又是不同文明交流的中间地带，也是世界体系的中心地带。这样来看的边疆，在人类历史的演变中，就是一种积极主动的地域；这样来看的世界文明关系史，就是以那些所谓边疆区域为中心的。"中国边疆假说"就是主张从明代北部边疆的地理环境和人文互动情状出发，去审视明代国家政治、社会形态、制度设置的种种变迁。这种扩展的视角，有利于反思以往学界过度强调从明代中央朝廷角度去看边疆，视边疆为被动甚至干扰性区域的思维模式。虽然他表达此类主张所用的一些文辞、看法，还可以再加推敲，但这一主张本身，肯定是具有建设性的。

　　历史上的国家都是演变的，国家的边界、边疆也会发生移动，到了近代民族国家观念兴起并制度化的时候，国家之间的界限才趋于凝固下来。历史上中国北部的边疆，因中原农业区域与从今日的东北到大西北一线生息的游牧或者半游牧人民所组成的政权之间的关系变化，也不时发生变化。一些不乐接受现代中国的版图和统一性的人，曾就此提出许多说法，包括"征服王朝论""长城边界论"等，大意常在把中国说散，说成一种相对性的存在。中国的一些不明就里者，有时也对这类说法没有清醒的认识，每每落其彀中。现海则明确提出，中国古代的边疆可以分为"外边疆"与"内边疆"，外边疆大体与当代中国边疆重合，内边疆则是中原王朝与周边政权之间的边界区域，在北部之最著名者，便是长城沿线地带。这种概念的设定，符合中华文明作为一个大共同体演进历程的基本事实，其称名立意，为深度阐释古代中华文明大共同体而多政权这种复合现象提供了有意义的概念工具。

　　古代文明都是自然形成的，其作为共同体的结构方式和存在方式与现代民族国家都有不同。中国古代虽有社会、政权、族群之间的边界概念，但是边界并不如今日之神圣，所以我们会在历史文献中看到用城池乃至人民做政治交易甚至财富交易的许多记载。不神圣的边疆也不固定，随着强弱、亲疏、竞争、关联度而变动。其中农耕区域与游牧区域之间，有漫长广大的一片区域，作为古代亚洲大陆两种主要生存方式之间的缓冲区。两大生存体系之间差异而相互需求、依赖，接壤而各自为政，以各种方式不断互动，从而不断地塑造这个缓冲区的社会文化面貌。中华文明的许多特色，包括其家国认同、英雄主义、军事体制、边塞诗词、华夷分野与融合的论辩思考等，都以北部边疆以及经常来自北边的挑战为条件。元代和清代，是两大生存体系在政治上合并从而使得缓冲区内化的时代，彼时长城自然不构成政治分野或者军事分野。但明朝统治的 276 年间，农耕区与游牧、半游牧区是分隔的。因而明代长城沿线区域的特殊地位就凸显出来。看到这种分隔的意义，现海称明朝为"局限国家"，以区别于统一王朝。他研究指出，作为比较纯粹的"农业政权"，明初统治者以"复宋"为目标，并未确立统合南北的宏图。其北部边疆的经营，虽有进攻的举措，但基本战略却是防御性的。九边镇守总兵制度便是这种北边防御战略的制度安排。这部著作，对于九边镇守总兵的沿革、职权、相关边镇防御体系之建构与演变、攻防态势、沿边社会情况以及武将、内官、文官三者之颉颃关系等问题，都做了空前详细的考察。

除了地缘政治学的视角之外，这部著作还从区域社会史的角度出发，将长城沿线地带看作一个具有独自特色的区域，将这个区域在历史过程中展现的总体图景作为基本的关照背景。在这样的视角下，这部著作特别强调，明代是"中国古代长城防御体系经营最久、规模最大、功用最著之时期"，其兴起与衰亡，无不与长城边疆区域息息相关。其间无数复杂的纠结，在现海的这部著作中，都有很细致的剖析。从各种意义上说，明代长城的研究乃至中国北部边疆史的研究，都因为现海的这部著作，向前推进了很大的一步。

在还没有来得及字斟句酌地阅读这部著作之前，如果要我指出这部著作的一个缺点，我会认为该书可能还可以表达得更为凝练简洁。学贵平易，能简不繁。这是我经常提醒自己的话，也用来与现海共勉。

刘喜涛《封贡关系视角下明代中朝使臣往来研究》*序

刘喜涛的专著《封贡关系视角下明代中朝使臣往来研究》即将出版，这是有益于学术发展的事情，凡是关注明史或者中朝关系史的读者，都会为之欣喜。

这本著作是专门研究明代中国与朝鲜之间的使臣往来的。明清时期的中国和朝鲜，唇齿相依。朝鲜以"慕华"的心态，"事大"的方针，把中国视为优越文化的中心，把自己视为同一文化的分支和别一承载者。朝鲜王朝自建立以后，每逢有国王继立，定要请得中国朝廷的册封；遭遇外敌入侵的威胁，定要吁请中国的救援；中国朝廷发生大的事情，朝鲜定要派遣使节存问，一切往来文书，都以藩属的口吻、谦卑有礼的语句来表述。中国以最高的礼仪对待朝鲜的使节，凡有涉外的庙堂集会、宴饮，都请朝鲜使节居于诸国使节之首，朝鲜到中国的"入贡"，也远比其他任何国家更为频繁。这种交往从洪武时期开始，直到清朝在甲午战争中被日本打败才停止。在这数百年间，中国和朝鲜的文化、经济，交融互动，呈现出现代社会以前国际关系史上罕见的长期和平共存的格局。

学术界对这种关系，主要使用"朝贡关系"概念加以概括。这本书明

---

* 该书由黑龙江人民出版社于 2015 年出版。

确地指出，"朝贡关系"这个概念偏重朝鲜方面对中国的单向活动，不能充分反映中朝两个国家的双向关系。基于明清时期中朝往来的核心内容是册封和朝贡，因此应该用"封贡关系"来概括。这显然是更为妥当一些的。封贡关系往来的中介，正是中朝两国互派的使节。所以，通过考察使臣往来活动来解读中朝两国的封贡关系，恰好捉住了问题的主要线索。这本书，通过梳理大量历史文献，包括明朝和朝鲜王朝双方的文献，把涉及当时两国使臣往来各个方面的问题，都做了细致的展示和分析，使读者能够很具体地了解明代中朝两国使节往来的制度、事件、人事安排，乃至由于这种长期、密切的往来活动而积淀起来的"使臣文化"。

朝鲜王朝自 1392 年建立，到 1910 年被日本吞并，存在了 518 年，如果按照 1897 年朝鲜国王将国号改为大韩帝国算，也存在了 505 年，这都比中国历史上任何一个统一王朝更为持久。14—19 世纪的东亚地区国际关系并不是平安宁静的。明朝建立伊始，就受到倭寇的侵扰威胁，嘉靖时期曾经历了很长时间的大规模抗击倭寇战争。万历时期日本大举进攻朝鲜，中朝两国联合抗战才保卫了朝鲜半岛的安危。到 19 世纪末中国衰落，中朝封贡关系被迫终结之后，朝鲜很快就被日本吞并，并被当作了侵略中国的跳板。朝鲜王朝在这样的环境中保持了很长久的政治稳定，得益于朝鲜王朝与明清两代中国政权良好关系甚多。朝鲜的稳定以及与中国的密切关系，也使明清时代的中国社会受益不少。很显然，明清中国与朝鲜的密切关系是以两国的实际利益为基础的，无论中国明清两代的政府还是朝鲜王朝的统治者，都深刻地了解中朝和平友好对各自社会安宁稳定的重大意义。更耐人寻味的是，这个时代中朝两国密切的交往关系有其他外交关系并不具备的基础，这就是中国大陆与朝鲜半岛的毗邻关系和高水平的文化认同。中国与朝鲜之间以狭窄的鸭绿江为界，往来便利，而且还可以经海上舟楫相通，所以不仅两国政府之间使节往还不绝于途，就是民间也常有越境到对方的人群，两国人民之间的界限，早就不那么清晰，社会生活方式也很相似。当时朝鲜王朝上下，主要是持"箕子朝鲜"说的，就是把自己的祖先上溯到中国商代的箕子，并且在经历高丽朝鲜时期的发展之后，明确地认定了以儒学为治国核心思想的理念，在各种制度上学习中国。朝鲜的官方文字和知识精英学习的主要典籍，都是用中文书写的。朝鲜的青年才俊，常有到中国参加科举而中式者。朝鲜和中国的文人士大夫，尤其是往来于中朝之间的使者，特别喜好用诗词吟咏自己的见闻经历，水平也在伯仲之间。这样深厚的文化关联与认同，才是明清中国与朝鲜王朝之间紧密关系的深厚根基。所以即使明清两朝的改朝换代，也没有改变中朝友好的大格局。喜涛的著作，非常注重明代中朝使节往来关系的文化认同基础，指出这是以文化认同为纽带而建构起来的持续、稳定的关系，这是很有见地并且富有启发性的。

喜涛认为，明代中国与朝鲜王朝之间的使臣往来关系对后世影响深远，其间体现出来的外交方式、理念等，对于当今东亚国家乃至世界上国家间的交往是值得借鉴和思考的。这种看法很值得注意。人类进化的历程强化了人的社会性，社会性放大了人的能力，组成有序的社会来实现共同生存的目标始终是人类文明演进的一种重要的机制，而如何使得社会组织更为合理、有效，如何把握不同社会体系之间的关系，也是人类迄今没有完全体察透彻的基本问题，所以直到人类的技术能力已经如此之高明的今天，还有各类社会冲突和战争。明代的中国和朝鲜，都没有进入"现代社会"状态，但是当时的人们却保持了长期的和平，这多少提醒今天的人们，不可轻视以往人们的智慧，不可轻视历史的经验。

明代中朝之间的那种封贡关系并不是平等的。中国是文化的中心，也是政治地位优越的"上国"；朝鲜王朝则仰慕中华，恭谨事大。这种不平等格局本身，即使有文化认同作为基础，也不应该是现代国际关系的典范。真正构成历史经验的，是中朝两国间在数百年间恪守了和平主义的原则。当时的中国在实力远远超过朝鲜，文化经济也比朝鲜更为发达的情况下，从来没有以此作为侵略或者吞并朝鲜的口实，而是使其"自为声教"，与之长期共存，而且在朝鲜遭受入侵的关头挺身而出，与之共同御敌。与此相比，世界现代化发展的历程中，被生物界弱肉强食、适者生存的逻辑吞没的一代代列强，无不把自身的强大、先进作为侵夺、折辱他者的根据和理由，造成一幕幕"先进者"更野蛮的场景。就是到了今天，在主权国家无论大小一律平等已经成为国际关系准则的情况下，强国支配和摆布弱国仍然是一种现实。所以，当我们透过喜涛的这本著作，观察明代中国与朝鲜之间那些往来穿梭的使者的时候，要看到他们身上闪耀着和平的光芒，看到自己探索人类和平相处之道的使命。

这本书的附录，包含大量统计资料和数据，为更具体深入考察明代中朝往来关系，铺垫了很厚实的基础，这是喜涛这本书嘉惠他人的另一方面。

喜涛攻读博士学位期间，我忝为他的指导教师，因是而有数年共同研究学问的缘分。他秉性醇厚，待人诚恳，治学笃实，如今有这样的成绩，本在意料之中，但在展卷浏览之际，看到他终于能在字里行间更多地展现成熟学者的风采，还是不免喜形于色。书中自然有一些不足之处，读者自能体察，喜涛也会在将来有所改进，无须赘言。

《古代文明》发刊寄语[*]

《古代文明》中文版与读者见面了，我们期待这会成为一个令人欣慰的新起点。这个刊物是林志纯先生创立的英文学术期刊 *The Journal of Ancient Civilizations* 的增扩版。多年以来，英文版的古代文明杂志先后在林志纯先生、吴宇虹先生的主持下，一直是中国世界古代文明研究学者之间的一个重要纽带和与国际学术界交流的重要窗口。进入 21 世纪以来，我们愈来愈意识到林志纯先生一贯主张的学术国际化和学科间沟通的必要性，于是就有了《古代文明》的中文版。

与其英文版相比，《古代文明》中文版的主要特点是为世界范围的古代文明研究提供了一个共同的交流平台。以往史学界有所谓"世界史"和"中国史"两大领域，中国史不在"世界史"中，"世界史"不包括中国史。《古代文明》所反映的则是关于包括中国文明在内的世界文明研究的成果。在这个新的世界史框架中，具体的研究仍多从区域性的视角着眼，但是人类各个文明直接经验相互联系的可能性，以及对各个文明进行理论分析与意义解释时的普遍关照是一个基本的观念取向。在具体研究取得确切成果的基础上，对于人类文明现象的综合比较与分析也会逐渐被呈现在读者面前。

文明研究所追求的是对于构成稳定性群体的人类之本质性作为的理解，这种追求会使当下人们的知识增益，但没有止境，所以其意义要在追

---

[*] 原载于《古代文明》中文版创刊号（2007 年 1 月）。

求的过程中体现出来。正因为如此，我们相信每一项具有原创性的研究都值得公之于众。虽然目前《古代文明》的稿件在覆盖的地域意义上偏重于古地中海、西亚、北非和东亚，但我们希望在同人的支持下，它可以逐渐反映关于古代世界各地区主要文明的研究。作为中国学者编辑出版的学术期刊，即使在将来，也要保持对于中国文明及其周边文化共同体的特殊关注。况且，中国的现在愈是引人注目，中国的过去就愈是值得思考，对于中国文明的重新审视，已经是当前世界学术、思想界的重大课题。中国文明可以被看作最具有历史延续性的文明，这种经历的内在理路和寓意究竟如何，本身就富有无穷的魅力，对于理解当下的世界和人类行为也有启发的意义。

这里的"古代"与基于某些特定区域的特殊历史经历而具体定义的"古代"不同，它泛指文明发生到"现代"社会发展起来之前的漫长时代。这样来约定"古代"的范围，就不再受诸多文明在分别研究中各自定义的"古代"绝对时间范围差别巨大的制约，而使世界诸多古老文明的考察可以在一个平台上展现和交流。

古代文明研究的范围既宽，其可用的方法也应是多种多样的。《古代文明》并不刻意追求任何"时尚"，不认为存在"唯一"有效的研究方式，不认为学术研究的价值要靠非学术的方式来评价，只要在切实的实证性工作和符合逻辑的基础上展开的具有原创性的研究都是欢迎的。由于同样的原因，《古代文明》虽然突出地注重历史学的视角，但是并不自己限定为仅仅是历史学的期刊，从文学、语言学、哲学、人类学、社会学、政治学等角度出发对于古代文明的严肃探讨，都在期望之列。

感谢支持《古代文明》的朋友们，也期待各领域的学者愈来愈多地关注她的成长。

教学相长

向李洵先生学习明清史

第一次见到李洵先生是在 1978 年秋季。那时我是一个二十五岁的七七级大学生，下过乡，作为工农兵学员上过两年中专后有两年工作经历。李先生已经年近花甲，"文化大革命"后期和许多老教师一样，下放到"五七干校"，这时刚刚返回长春并恢复了教师资格。当时还有一些老先生虽然从干校返回城市，却没有马上恢复教师资格。他和薛虹、陈作荣老师很快就开始在学生中选人，组织了一个规模很小的明清史学习小组。赵毅、冷东、我，还有另外三四个人，是这个小组的基本成员。学习小组的人都算是同学中基础较好的，但大都是"文化大革命"期间自学的底子，没有真正的根基，对学术研究的理路都是茫然无知。当时主要是读先生布置的一些书，隔一段时间到一起进行讨论，李、薛两位先生时时做些点评。因为不能理解先生学术的高深之处，所以那几年先生说过的话，后来印象都变得模糊，记忆中留下的，主要是向先生请益时的一些情节。

记得那时系里几位老教师在家门上贴了门禁揭帖，原话记不清了，大意是：本人时间有限，需得专心科研，来访者恕不接待。他们痛惜"文化大革命"十年岁月蹉跎，如今恢复工作却年事已高，珍惜光阴，想要在晚年集中精力做些学术研究的事情。对于这种做法，有些人赞叹其潜心学术，也有人说老先生放不下师道尊严。我却不曾多想，想找先生聊时就到他家里去，先生也总是放下手里的事情，和我交谈，仿佛门禁与我无关。其间有一次去时，赶上先生用饭，他放下碗筷就和我聊起来，许久方竟。几年以后，我才在回想往事的时候意识到自己当时不晓事理，不能体谅先生，还曾用半文言写了一篇短文，说到先生师道，有吐哺之德。那篇短文在师生中一度颇为流传，可惜后来失落了。

我的本科毕业论文是先生指导的，内容是从周忱《与行在户部诸公书》看宣德时期江南的社会流动性。就主题而言，这是先生当时最关注的明中前期社会结构变化问题的一部分。但我只是就文本做分析，其他文献涉及不多，也没有开阔的视野和深度，这是学力不足所致。后来理解到，先生对明清社会变迁的认识，在基本理路上是当时的主流研究视角，即以中国资本主义萌芽的历史命运为主线索。但多数研究者在研究这个问题的时候集中关注资本雇佣劳动关系，基本从经济方面看问题，李先生则在注意雇佣劳动关系之外，把15世纪的流民问题视为理解明清社会变迁的关键，这就多了一重社会史的视角。从经济、社会双重视角来考虑问题，明清社会大变迁的发生，要略早于东南地区资本雇佣关系大量证据呈现的时间，其样貌也更宏阔，更具有立体性。李先生在这方面发表了一些重要的文章，后来师弟牛建强——现在是河南大学教授，以明代流民为主题完成了博士论文，发表了专著和许多论文，成为在这个方面领悟先生学术思想最深而且能将之发展丰富的专家。

先生讳洵，字仲实，人如其名，宁静平和，端正严谨，平时不会猜度别人心意说话，也很少夸奖学生。我在本科时期呈交先生而获得表扬的只有一篇习作，是写中国历史上的行会的。当时其实是仔细阅读了傅筑夫先生的一部打印的经济史论稿，对其中所讲行会问题发生兴趣，就把他引用的文献尽量查找再看，又看了一些关于西方行会的研究著作和有关明清会馆、公所的碑刻资料，综合起来之后，在一些角度尝试提出一些个人见解。先生认为文章透露出一些梳理问题的能力，但指出文献不能靠追查，而要有系统的原始文献根基。因为文章的新意只是在议论中，原始文献没有自己的新发现，后来只在东北师范大学学生论文集上刊登，没有正式发表。

考取研究生之后，逐渐体味了先生学术的一些特点。先生在治学和培养学生中，都注重明清断代史的整体性，同时强调通史意识。他把明清时代看作中国历史上一个具有多方面特色的特殊时代，曾说过，研究明清史仅有中国古代史研究的一般理论和方法不够，要有与这个特殊时代相适应的专门的方法论，应该用一种"明清学"的意识来思考明清史。这些话，我到现在也不敢说已经完全领悟，更不能对先生说到的"明清学"做出清晰的阐释，但从未忘记尽量体察其中深意来做自己的研究。因为如此，我后来对世界史、中国通史、史学理论都保持关注，这对我研究明清史产生了扩展视野和深化思考的作用。在明清史领域本身，我则基本坚持断代治史的原则，把政治、经济、社会、思想各方面的问题交错关联地考虑，做大的判断，总要综合各个侧面的情况说话。断代治史是许多老辈学者的路数，在很大程度上趋于社会科学化的当下史坛，是一种传统色彩偏浓的理路。很多很有成就的明清史学者，紧紧抓住专门线索或采用某一相关学科的专门方法来研究。我也能看到这类社会科学化和专门史化的明清史研究有许多长处，但是却依然留恋断代治史的概念。一是因为这是先生的心法，另外也由于治史之法本来无须拘于一格，方法、视角有不同，才可以相互补充。断代治史的优点，主要在于对一个特定时代有整体的概念。有人可能会认为，朝代是以政治统治为框架的，断代治史容易过分强调王朝统治作为历史演变的支配线索。其实这种可能发生的偏差可以通过许多方法来控制。这些年无论国内还是国外的史学，都有为了克服以往的过度强调政治问题而把政治问题研究等同于旧式或者过时的研究的倾向。我则一直有所保留。研究政治问题与单纯研究政治问题，以及主张政治决定论，这是三种不同的观念。研究政治问题是非常必要的，对于中国史研究尤其如此——因为中国的政治史中还有太多重大问题没有得到深刻透彻的阐述，明清政治史研究空间甚大，未来必有空前厚重的成果出现，而且政治史与其他线索的历史如能结合研究，就不会拘泥于国家权力支配和政治支配的阐释；单纯研究政治史可以是一个学者选择的治学路径，从术业有专精的意义上说，与一个学者选择研究思想史、经济史、社会史是一样的，也没有什么问题，主要看研究得是否坚实深入；主张政治决定论才是一种偏差。

李先生从来不是政治决定论者，我也不是。

　　明清史文献资料浩如烟海，任何人穷其一生精力也无法尽读，所以要形成明清历史的整体概念，仅有些意识远远不够，必须要辨识出一些最基本的文献，做比较系统、细致的阅读。先生不要求我们在读书期间很早选出研究的具体题目，也没有布置我们专攻的具体方向。研究生前两年，我们多数时间用来研读文献，从《明史》《明会典》《明史纪事本末》《国榷》这些内容通贯的基本文献入手，扩展到笔记、奏疏、档案等其他门类。先生授课，一类是带着我们讨论明清政治史、经济史的基本问题，另一类是和我们一起对一些文献进行精细研讨，其中印象最深刻的，一是《明史·食货志》，一是《明夷待访录》。那时先生花费多年完成的《明史食货志校注》即将出版，他带着我们对该志逐句分析，使我们对明代经济史形成了基本的了解，也提出了许多明清经济史领域还没有研究清楚的重要问题。我的以明末财政危机为题的硕士论文，就是在这样的基础上选题和完成的。这篇文章主张明末财政危机不仅是王朝衰落期都会发生的统治危机，而且是中国帝制后期经济结构深刻变化与传统国家运行模式之间矛盾造成的危机，体现出一些具有时代特异性的变化。该文的核心部分，在研究生毕业后不久就在《中国史研究》上发表，对我后来的学术进步，是很大的鼓励。其中的基本见解，我至今坚持。当时先生还负责撰写《中国大百科全书》明代经济史部分一批词条。我们帮助先生做资料长编，并撰写一些词条草稿。我分工的是货币和河渠部分，由此形成了对明代货币制度的基本理解，积累了一个很大的相关资料长编。在此基础上，我才能完成并发表《试论明代货币制度的演变及其历史影响》一文。《明夷待访录》篇幅虽然不长，但却是明清政治思想史研究的重要文献，而且涉及大量明代制度史问题。在先生的课堂上，我体悟出原始文献的精细阅读与一般的"读过"是有巨大差别的，并对这一文献产生了浓厚的兴趣。稍后，骆兆平先生在《文献》上公布了新发现的《留书》——《明夷待访录》编定时因为回避时忌而摘出单独存留的部分文稿。我因为在对《明夷待访录》研读时形成的问题意识，很快撰写并发表了《黄宗羲思想三议——读〈留书〉札记》，这其实是国内外关于《留书》的第一篇研究文章。后来我自己带研究生的时候，也多次开设"《明夷待访录》讲读"这门课程。2014 年，河南大学李振宏先生邀我为他主编的《国学新读本》丛书写"《明夷待访录》注说"，把我多年讲读这部文献的心得综合地呈现在该书之中，现在书稿已经交付出版社等待付梓。[①]

为了拓展我们的学术见识，1983 年早春时光，先生与陈作荣先生一起，带领赵毅、冷东和我三个即将毕业的研究生到北京、江南拜访名家，走访明清历史文化遗迹。这对于我们这几个在北方长大的青年人说来，有特别的意义。昔日的历史无法亲历，但可以从遗迹中感悟一些书本上读不到的东西，建立一些直接的关联感。而且，北方辽阔旷荡，其人心性，也易偏于疏朗而乏精致，江南山水精雅温婉，别有一种心境陶冶的意味，投射到治学，对追求的境界，也有启迪。明清史研究相对兴起较晚，当时的许多名家是现代明清史研究的拓荒者，向他们求教时间自然有限，但片刻交谈也可以约略感受大家气象风采，于后来的进步裨益良多。我们拜访了中国人民大学清史研究所的戴逸、王思治、马汝珩、王顺义、郭松义先生，中国人民大学档案系的韦庆远先生，北京大学许大龄先生，中国社会科学院商鸿逵先生，南京大学洪焕椿、罗仑先生，浙江省社会科学院沈嘉荣、季士家先生，杭州大学徐明德先生，苏州大学吴奈夫先生，等等，并且在此行期间旁听了在无锡举行的明史学会年会，在会上见到了当时明史界几位声望隆重的学者，包括王毓铨、伍丹戈、南炳文等，以及当时许多活跃的明史学者。其间利用可能的机缘，与他们攀谈，再将心得与先生交流印证，不仅澄清了一些疑点，而且明史学界在自己的心中，也清晰明朗起来，此后再读那些学者的论著时，竟然感觉晓畅了许多。也是在此行期间，结识了柏桦、陈忠平、范金民、夏维中等同龄的学友，成为终生的朋友。后来，我又代替先生，领着我的师弟赵中男、罗冬阳，师妹侯明重走这一访学路线，他们也觉得受益不浅。这些年来，已经不兴访学，但我在东北师范大

[①] 该书后由河南大学出版社于 2016 年出版。

学每年至少要举办一次学术会议，除了共同研讨一些问题，也为了让东北师范大学的研究生增加与研究有素的学者直接交流的机会，其中有心者，从中收获也很多。

毕业之后，赵毅和我留校工作，冷东南下广东。我的妻子、女儿在那时来到长春。东北师大条件很差，给我这个新留校的青年教师提供的是学生宿舍楼地下室层的一间房。这一层没有学生住，基本空置，黑暗潮湿，零落地住着几户工人家庭。冬天暖气不足，我在室内架起一个铁炉烧煤取暖、做饭，热气上来，在冰冷的墙上挂满水珠，高高在上的东向扁窗在上午才能透过一缕阳光，不久就只剩下微弱散射的明亮。我下过乡，肯吃苦，但每当打着手电到走廊去找出去玩耍的女儿时，心中不免五味杂陈。我们读书的那些年，先生从来不到学生宿舍去，某天却和师母一起来地下室看望我们，给我们许多安慰和鼓励。好在几个月之后，我们升迁到了地面上一间18平方米的筒子楼房间里，感觉重回人间。不久之后，东北师范大学成立明清史研究所，先生为所长，命我为秘书，协助做些事务性的工作。我不谙人情世故，没有在这个岗位做什么能够记住的事情，依旧专注于学术研究。当时有些锋锐，写了一本名为《千秋功罪——君主与中国政治》的小册子，又因为追溯明清资本主义萌芽问题的理论根源，在史学理论方面下了不少功夫，写了些论文。当时，李先生在负责东北师范大学中国史领域的第一个国家社会科学基金项目，题目大约是"明清中国社会结构研究"。他并没有要求我们参加该项目的研究工作，但有时与我们讨论他对这一课题的思考。社会结构这一概念，并没有公认统一的界定。一种取义，是将之作当时通常采用的广义政治经济学的概念，指包括生产力、生产关系在内的社会经济生产方式。另外，也可以偏重社会学含义，指所有社会群体、阶层一起构成的社会组织方式。此外，也可以偏重广义政治学概念，指权力的社会配置格局。我在那之后不久出国，没有当面听到先生对这一课题的系统阐述。但他对这一课题的注意，促使我后来不断思考这一问题。我在后来的研究中是采用广义方式，即将前面所说三者综合起来的方式，来把握社会结构的。在这种视角下，我主张明清时代中国社会并没有停滞——这与先生的思想是一致的，其演进的趋势不是发达的西式资本主义社会体系，而是一种"帝制农商社会"——这与先生思考的路径已经有许多差别，这里不能用简略的方式说清，等到专书出版之后，由大家来评价吧。我不敢声称自己完全继承了先生对明清社会结构的思想，但他对于明清社会结构的关注本身，却是我一直研究这个问题的起因。那些年，我和赵毅还参加了先生与赵德贵老师一起主持的《钦定八旗通志》校点工作，我负责礼仪部分，受到了校勘文献方面的锻炼。当时研究经费缺乏，出版补贴更难以筹措充足，所以这部文献在我们交稿大约20年后得以出版时，我们这几位当时刚近中年的参与者都已年届半百，而李先生竟在那之前数年去世，没有在有生之年看到书的出版。

先生1995年去世时，我正在加拿大撰写博士学位论文。当时奖学金已经停止，需要勤工俭学来维持学业，没有能够赶回为先生送行，引为终生憾事。不过，其先一年，我回国省亲，去看望先生，当时他亲自下厨，为我和同去的赵毅、赵中男做了一桌饭菜，席间嘱我学成回国，因有一诺，我也在1999年底回到东北师范大学，算是没有食言。先生故去之后，赵毅、冷东、罗冬阳、牛建强、李渡、胡凡、赵中男、张明富、我及其他几位先生的学生，都一直努力治学，也培养了一些做出成绩的年轻学者。

先生与世无争，是一个纯粹的学者，与当下的主流学者颇不相同。如今他的塑像端正地矗立在东北师范大学校园中，默默地向着东方，不知所望者何，所思者何。

2016年1月于东北师范大学史苑

关于"王权主义"与中国政治文化的对话[*]

在关于中国传统政治文化的研究中，刘泽华先生和他培养的一批已经各自卓有成就的学者，不仅发表了自20世纪中叶以来相关研究领域中最为引人注目的系列成果，而且在基本概念、方法与视角方面，具有较明显的一致性。不久以前，李振宏先生在《文史哲》2013年4期刊载专文，指出刘泽华先生及其学生的研究，已经展现出鲜明的学派特色，将之称为"王权主义学派"，并对该学派的方法论特色、基本主张、人员构成与典范成果，以及对于中国历史研究所形成的多方面的启示，进行了详细的分析、评论。东北师范大学明清史专业师生曾结合博士研究生课堂教学，从明清断代文献和问题的角度，就刘泽华学派的研究以及李振宏先生的相关评论，进行了多次研讨，在从中获得诸多启发的同时，也形成了一些商榷、折中或差异的追问及看法。今将其中部分问题的讨论以对话的形式整理呈现于此，以见相关研讨对于明代政治文化深入研究的启发意义。[①]

一、关于"王权主义学派"称谓

常文相：刘泽华先生明确指出，他的研究所围绕的中心，就是要论证

---

[*] 原刊于赵轶峰主编：《权力·价值·思想·治道——明代政治文化丛论》，北京：社会科学文献出版社，2014年，第321—335页。

[①] 参与本次讨论的除赵轶峰以外，常文相、梁曼容、闫瑞、祝家尧、李小庆、刘波、丁亮皆为东北师范大学历史文化学院博士研究生。

中国传统思想文化的主脉与核心是"王权主义"。他认为,这种王权主义思想(或曰君主专制主义、封建专制主义),在现代社会已经形成了具有某种惰性和控制力的"定势",成为人们政治思维的当然前提和出发点,因此需要用极大的力量进行清理。这样看来,刘泽华先生及其学生都对"王权主义"本身抱持着坚决否定和批判的态度,而李振宏先生则把以刘先生为代表的学术群体统称作"王权主义学派",这一称谓是否合适?若将其改为"批判王权主义学派"是否更为恰当?

赵轶峰：我同意你的看法,觉得将刘泽华学派称为"王权主义学派"不甚妥当,称为"王权主义批判学派"稍好,虽然略觉冗长,但却更为准确。其实,学派的指称方式有很多,以人名、主张、地望等都可以,所以如果当事人不在意,称为"刘泽华学派"是最简洁明了的。同时应该注意到,李振宏先生将刘泽华先生及其一些学生的相关研究作为一个学派现象来评论,是一个贡献。刘先生对"王权主义"的研究在 20 世纪 80 年代以来持续至今,其基本方法论前后一以贯之,体现出一位老历史学家的学术执着,而且培养了大批后继学者,这更是值得钦佩的。中国近数十年来的历史学,很少称得上是学派性的。凡学派,必有关于重大问题的独到研究方法和主张,甚至理论;缺乏学派生态,意味着专深的学术研究,尤其是较为宏大的、具有理论性的研究,更易于随着学者的退休与代际更迭而中断,学者会更易流于追求形式计量、分等成果,而不是独到的创见、持久的钻研。中国学者很喜欢评论、引据西方的学派,如年鉴学派、哈佛学派、加州学派、新清史等在中国皆有拥趸,自己却不大致力于学派建构。其实,在学派意识浅淡的生态中,师生之间的关系仍然会受到注重,但其内涵就容易偏于情感意义上的奖掖扶助,而不大关乎学术思想的认同,可能会有些门户的味道。学派以学术主张为认同的基础,与学者的门户认同有本质不同。学派生态更能推动学术进步。

二、关于刘泽华学派、新儒学与"反传统主义"

常文相：刘泽华学派的研究体现出较强的针对性和现实关照意义,鲜明地反对海外新儒家重新阐释和发扬儒学传统的学术主张，力求对现代封建主义作历史的解剖。他们认为新儒家避而不谈中国传统的专制主义，或掩饰或曲解，把本来是专制主义的东西说成是美好的东西，这种崇儒思潮的流行是造成现代封建主义泛滥的重要原因之一。如果说海外新儒家的学术旨趣在于为弘扬中国固有的文化传统张目，那么刘泽华学派的学术思想可谓继承了"五四"以来反帝反封建的革命意识，其与传统的决裂态度正是建立在对民主体制的呼唤和对现代专制主义的警惕上面。考虑到二者研究缘起及对传统文化认知视角的差异，应该如何看待这两种学术观点的不同取向并评价其学术价值？

赵轶峰：现在堪称新儒家代表人物的学者主要在海外，但这种研究旨趣在民国时代就已经展开，那时还不是"海外"的。早期现代新儒学最大的积极意义是在中国思想界充斥民族文化虚无主义而又面临民族危机的时代，坚持指出中国传统文化并非一无是处，即使经历了近代以来的屈辱挫折，中华文化仍然具有生命力，中国精英思想文化的主线，儒家思想，仍然具有现实的价值。20世纪50年代到80年代的新儒学，除了个别人如梁漱溟之外，的确是"海外"的了。其最初的听众主要是西方人，后来才较多地呈现在中国内地，其突出贡献是向全球的知识界阐释中国传统文化含有与现代社会可契合的要素，中国历史中有生生不息的思想，并非已然僵化的文化，这对于世界理解中国，反驳关于中国长期停滞的成见，具有不可替代的意义。从方法论角度说，现代新儒学主要是运用现代西方哲学概念和一些理论对儒学进行重新展示与说明。新儒学强烈的"入世"取向，使得相关学者的研究的确往往掩饰中国传统文化的负面，夸大儒家文化与现代社会契合的程度，在实证的检验下，常会遭遇反证。其接近将中国传统文化归结为儒家文化的做法，也有明显的偏差。晚近国内的儒学倡导，则已经是在应和中国经济崛起的现实，其学术前沿性降低而社会潮流性增强了。刘泽华学派是20世纪80年代以后的学术现象，基本是在马克思主义史学语境中，将文化大革命置于中国传统政治文化景深中加以反思，由晚近经验反观通史源流的学术研究。这个学派更多关照中国民主政治建设道路曲折的历史学阐释，早期现代新儒学关照的中国民族文化虚无主义和民族危机，以及海外新儒学关照的中西文化关系，都不是刘泽华学派关照的主要现实情境。刘泽华学派研究的最大意义是非常犀利、系统性地剖析了中国传统政治中的皇权专制机制与相关的思想、观念，进而提醒现代思想者不可陷于传统全面复兴的迷思，必须保持对传统的批判意识，必须看到传统的某些负面积淀仍然需要克服。都具有强烈现实关照意识而参照的主要现实情境不同，认定的目标也不同，使得它们分别强调中国文化特性的不同侧面，形成解释中国历史时的一些冲突。从批评的角度说，我自己认为新儒学对儒学的现代性解释常常一厢情愿地夸张，而刘泽华学派对中国政治文化传统的解释常常因犀利而以偏概全。至于刘泽华学派是否继承了"五四"以来的反传统主义，我并没有看到他们直接这样主张，但如果有人在分析中认为可以这样来理解，我觉得是可以找到一些理由的。

梁曼容：在新儒家拔高儒学的现代价值和刘泽华学派强烈批判儒学两者之间，我们应该如何正确看待儒学和中国传统文化？中国传统文化究竟是否还有汲取的价值，当下中国的发展又应当如何处理与传统的关系？

赵轶峰：这些问题宏大复杂，不是仅从政治文化的视角就能阐释清楚的。如果从大略意义上说，我肯定地认为中国传统文化具有恒久的文化价值，展现着中国数千年历史的内在韵律，今天的中国连接着昔日的中国，是不应该也不可能全面否定的。但中国传统文化和一切传统文化一样，都包含随着社会发展而不合时宜的内容，都有糟粕。所以对传统文化要时时体认，不能一概抛弃，也不能一概复兴。儒学是中国传统文化中的主导性学术思想，中国传统文化的许多精华在斯，许多糟粕在斯。对待儒学的基本态度，应同对待整个传统文化的态度一致。现代中国一直处于社会和文化快速变动中，一次又一次地反思传统，获取了无数启示，但大众对待传统的态度，常常非此即彼，批判的潮流兴起，大家就倾向于一概批评；复兴的潮流兴起，大家就倾向于全部激活。传统是知识和思想的资源库，我们离不开它，但又要知道那些资源拿到当下的实践中，总需要选择、修缮，甚至更换。儒家思想并未引导出一个现代社会，也就不能直接作为体系成为现代中国思想价值的经纬。需要的是对儒家思想进行重新诠释，生发出新的积极健朗的思想，在这个意义上说，现代新儒家的一些努力是有意义的，只是他们太多地将自己定位在儒学的内部，因而对儒学推崇过度。

梁曼容：林毓生在《中国意识的危机——"五四"时期激烈的反传统主义》一书中指出，反传统主义是20世纪中国从"五四"以来贯穿至70年代的强大潮流。在批判传统文化上，刘泽华学派与林毓生所说的反传统主义相契合，所以刘泽华学派在思想上可能与"五四"以来的反传统主义有些关联。但是，"文化大革命"是"五四"之后中国又一次大规模与传统决裂的文化运动，而刘泽华先生对"文化大革命"的反思——"王权主义"批判，也表达了对传统文化深度否定的态度，这是否是一个悖论？

赵轶峰："五四"思潮是一个宏大普遍的社会变革思潮，其思想工具主要是进化论、科学主义、理性主义、民族主义或爱国主义、民主精神，所批评的传统是广义的整个中国传统文化，儒学和专制主义当然也包含在其中，此外也包含非儒学的、非政治的内容。这场运动有所偏激，但是在当时的时局中，主要的意义却是一场思想解放，也是一场救亡的运动。林毓生先生在许多年以后研究"五四"，多少有些脱离了20世纪初中国总体处境这个场域，结合着后来出现的思想流变，认为它留下了一个传统文化批判思潮，这有见地，也难免有些对五四运动的思想史化的简化。"五四"的意义，不仅仅在于一个"反传统"。"文化大革命"则虽然表面上看是反传统的，但不是一场社会革命或者救亡运动，是一场政治运动，红卫兵"奉旨造反"，内里并没有对传统的深刻思考，所以"文化大革命"中虽发生"破四旧"反传统的现象，但不能总体上归结为一个"反传统"，与"五四"也就有深刻的差异。刘泽华学派是一个当代学术流派，其思想工具主要应是马克思主义范畴内的民主思想，批评的对象也基本局限在政治文化范围。在对传统进行批判性反思的意义上，与"五四"思潮有共同点，在背景、思想工具和范围等方面差异很大，与"文化大革命"的所谓"反传统"则相去远甚。

三、刘泽华学派的方法论

闫瑞：读了刘泽华先生关于王权主义的论述，感觉作者采取的是宏大叙事的论证方式，忽略细节，讨论大的问题。他所使用的史料主要是先秦时期的，但讨论的问题却涵盖中国有"王"存在的几千年，并且从他的论述中可以感觉到，好像王权主义本身在漫长的历史中是一以贯之的，各个时代几乎没有变化。如何看待刘先生的这种研究方式？

祝家尧：王权主义历史叙事过于宏大，没有注意到时代变迁带来的变化。这样就往往会理念先行，因方法而害意。如王权主义学派认为从历史过程看，帝制越兴旺，"民惟邦本"思想就越发达，皇权越集中，"民贵君轻"观念就越普及。然而，历史的事实是在皇权最为集中的明清两代，最高统治者对"民贵君轻"并不认同。明太祖因为对《孟子》抒发民本思想相关篇章不满，删节《孟子》，刊刻《孟子节文》。清代统治者口头上对"民贵君轻"加以赞同，但实际上却对这种民本思想不遗余力地压制。皇权越集中，"民贵君轻"观念真的就越普及吗？

梁曼容：刘泽华先生提出的"王权主义"说确实指出了中国传统文化中政治权力的重要性和巨大影响，但是否过于笼统，把复杂的中国传统文化过于简化了？中国传统文化是儒学为宗，释道亦发达的多元文化。即使儒学自身，其发展也经历了不同阶段，汉儒与宋明儒旨趣大相径庭。此外，刘泽华先生并没完全否认中国传统思想中包含积极的因素，比如"民本""公天下"等，但他认为这只是对于王权的辅助和调节，这对于盲目的国学热无疑具有清醒之效。问题是，是否确实能把中国传统文化的所有因素都一分为二，纳入"阴阳组合结构"中，这样的二分法是否也失于简化？

赵轶峰：从批评的角度说，刘泽华学派考察的对象是国家体系形成之后直到现代社会形成之间整个中国的政治历史，考察过程中运用细密实证方法的时段主要在春秋战国秦汉时期，对其他时期的讨论，实证基础工作不够细致，也不大注重对历时性推演中是否发生某些实质性变化的推究，因而在我看来，的确有一些宏大叙述色彩。从积极的角度说，如果把刘先生及其学生的相关研究视为一个行进中的事业，那么就可以期待他们会逐步把对中国古代历史后段的考察与实证研究更紧密地结合起来，并使其总体论证得到相应的调适。中国历史数千年的推演过程中，王权主义一直存在，但其实现的程度与方式，的确还是有差别。尤其是在帝制时代后期，民本主义思想观念与皇权极端取向之间，存在冲突，过分强调二者的相辅相成就会看不到其间的冲突与张力。此外，历史学家讨论大的问题本身并不是缺点，逻辑严谨、证据坚实的宏大论证，总是难得的。

常文相：刘泽华学派的论证方法，首先是在形上层面把天、道、圣、王合一混同起来，认为其归结点在置王于绝对之尊。其次又判定君主制是与民主制根本对立的体制，并把君主制等同于君主专制，即帝制本身就代表了集权和压迫；既然中国古代一直存在着帝制体系，那么在其笼罩下传统政治的专制黑暗就成了无法逃脱的历史宿命。再次，该学派视宗法伦理秩序、礼仪道德规范、社会等级差别等都是专制政治的重要基础，从而古人围绕国家治乱兴衰所阐发的各类学说主张及为恢复和重建社会秩序而付出的种种努力，都因其承认帝制前提而被赋以宣扬和维护王权专制的意涵。最后，该学派以近似于主次矛盾、矛盾主次方面的说明方式，提出传统政治文化"刚柔""阴阳"组合结构的概念，把中国历史上表现出来的对专制权力制约的因子一概定性为王权主义的调节机制，指出其在终极意义上仍然肯定了王权。这种研究理路和论证方式得失如何？

赵轶峰：我觉得你大致描绘出了刘泽华学派研究的逻辑梗概——虽然也有一些出于这个梗概以外的讨论。就这个逻辑线索本身而言，偏于笼统，带有线性思维的色彩。一环扣一环，各种现象可以追溯到一个根源。我自己更倾向于把中国政治文化理解为一个生态场，其间各种要素之间都有纵横上下的牵连，存在决定与被决定的关系、支配与被支配的关系，也存在纠结、相互包容、相互拒斥的关系。在对这样复杂的对象进行学术性研究的时候，一分为二的方法，抓主要矛盾的方法，都不够。天、道、圣、王之间，就不仅有相互因应的关系，也有相互排斥的关系，不能因为那些与王权主义有冲突的思想观念实践并没有推出一个民主社会，就将其归结为王权主义的佐助因素。对王权主义的剖析深化了我们对中国政治历史和政治文化的认识，但这是在一个视角下的认识，还要做其他角度的剖析。

四、中国传统政治中是否存在对"王权"的制约机制

闫瑞：刘先生在讨论"王权主义"时，主要是在政治层面上，看到中国历史在政治体制上基本没有形成对王权的约束，没有任何持续性的监督，故他认为，诸如"天""道""圣"等制约王权的观念都变成了对王权的巩固，王权似乎是完全无法被制约的存在。在中国历史上，尽管没有制度上对王权的限制，是否存在其他层面上的约束？它们又是如何运行的？

李小庆：刘泽华学派认为整个帝制时代王权宰制着一切，即便存在一些限制、约束王权的行为，其目的也只是为了更好地维护王权。但就史实层面看，明武宗意欲南巡，受到强烈抵制；明神宗想要立次子朱常洵为太子，并未成功。这些史实表明，王权是受到一些限制，并非可以肆意而为的。但是，中国古代的确几乎没有对皇权构成刚性约束的制度。那么帝制时代皇帝所受的是什么约束？这种约束的效力如何？

刘波：刘泽华先生将中国古代政治思想的核心概括为"王权支配社会"。依刘先生论证的文献材料来看，大多是先秦时期的诸子经典。而明清之前，有关地方社会的文献史料甚少，元代之后，地方社会史文献大量传世。学界关于明清地方文献的研究表明，明清时代很多地方的基层社会，政府并非直接管理，而是依靠乡绅治理。由此产生的问题是，中国古代的王权主义有没有极限？如果有，界限在哪里？

祝家尧：李振宏在《中国政治思想史研究中的王权主义学派》中表示"王权主义既是社会的运行机制，也是社会的存在形态，更是社会存在的中枢和基础，是关于中国古代社会属性和本质的理论抽象"。如果以上说法成立，那么在中国古代社会中，以君权为代表的政治权力统辖一切，不仅仅是处于支配地位，而且是决定性力量。但起码政治权力是无法完全支配经

济领域的。政治权力可以干预经济，但是经济有其自身的运行规律，不是政治权力随意支配的。比如明代皇帝倚仗君权强力推行纸钞，但由于没有弄清货币发行管理背后的经济规律，纸钞不免被逐步淘汰。可见，在经济规律面前，即使君权也无法反其道而行之。

常文相： 刘泽华学派试图建构起一种中国历史解释体系，力求从不同侧面揭示出传统政治和社会的王权主义本质，以"政治本位"和"君权至上"的概念把传统中国的一切历史情态统摄其中，明显地带有用政治判断包容文化分析的特点。其实，古代中国无论在政治制度上还是在思想文化上都不乏能够对王权（皇权）起到制约作用的因素，王（皇帝）是需要接受检验和可评价的，公共权力的运作与王权（皇权）私人性运作之间的张力也一直存在，因而王权（皇权）在古代中国从始至终都不是绝对无限的。如果可以这样看，刘泽华学派的研究就存在主观预设过强而不重视反证的不足，太过强调现实政治刚性的运作而忽视了对整个政治生态做综合考量。

赵轶峰： 中国传统政治体制中王权肯定居于主导的、支配性的地位，同时，肯定存在对这种王权的制约机制。如大家所指出的，至少王权主要是一种政治权力，主要在政治领域产生作用，到了经济领域，这种权力就削弱甚至可能失效了。国家权力会伸向经济领域，征收赋税、调节土地所有制度、发行货币，在这些行为中，国家权力不能一切实现，君主政治体制下的王权或皇权，当然也不能一切随心所欲。在基层社会，王权支配力也常常是递减了的。过去有句俗话叫作"天高皇帝远"，学术界也曾有一种"王权不下乡"的说法，大致表示的都是从中央到地方，从中心到偏远，从官府到基层，王权运作的经常性与有效性的递减。其中的原理并不复杂，主要是因为传统君主制，包括中国的帝制，是小政府、大社会格局。大致县级以下，王权就朦胧起来，日常的、管理性的，甚至某些司法性的事情，选择地方社会的强有力者去做，因而在基层社会起作用的权力，不仅是国家权力，也有地方精英的权力、宗族的权力等。在庙堂政治层面，历史上发生过无数次王或皇帝的意图不能实现的故事，有时是因为朝臣不赞成，有时是因为君权被其他势力把持驾驭，有时因为"将在外君命有所不受"，有时因地方势力强大而"尾大不掉"，有时甚至因反对势力很大而发生了政变或者叛变。在王权健全完整的情况下，也存在对王权制约的因素，如相权掌握日常行政，实际削弱王权，所以明太祖为加强王（皇）权而取消相制；如唐宋时期的封驳制度，有可以把皇帝诏旨退回不下发的权力；如开府一方的方镇，在所管辖的区域掌握巨大的权力。其实王权或皇权是不能独自成立的，它必须依托其他势力、架构，如贵族——没有庞大的贵族作为依托，王室、皇室很快就会萎缩或断线；如官僚体系，没有庞大的官僚体系，王权无法伸展运作。这些作为王权依托的势力，都分割王权。中国自君主制形成以来，政治权力一直是围绕有君概念建构的，所以公共权力总有一个个人中心，这就使君主权威一直是摆脱不了的基调。但中国政治是一幕交响变奏曲，前面说的那个基调并不表达一切。如果说这些都还不够，那么还有两种制约，一是革命或反叛——君主权力失去合法性认同、极端衰弱、与社会极度矛盾情况下，君主会被推翻。所以，唐太宗与臣下论政时会表示为君主者需"如履薄冰"。他的权力如果是绝对的，他怕什么呢？另一个是文化性的制约。大约除了战国时期的法家，中国各个时期的主要政治思想家都不把君权看作绝对的、不受评价的。也就是说，中国传统政治中颇有君权合法性的诉求，虽然"合法性"这个词是现代的，古人却非常注重今天的政治合法性所具有的内涵。衡量君权合法性的概念有许多，主要有天、民心、圣人之道等，其内核，就是民本主义。民本主义的根本精神是人民是一切政治的目的，相应地，君主不是目的，虽然具体的地位超过任何一个人，其重要性却不超过所有的人。所以当明英宗被瓦剌俘虏的时候，大臣们决定免除了他的皇帝身份，另立一个人当皇帝，这个做法的实质就是舍弃君主以挽救社稷和人民。这就是为什么我们不仅要研究政治本身，还要研究政治文化的原因，因为文化在政治的底蕴里面，在更长久的历程中发生底线的作用。中国古代没有形成民主政治，既是历史惯性推演使然，也是文化惯性推演使然。我们不应因为中国不曾产生本土的民主政治而认为中国传统政治里面全是专制。

五、深入研究的节点

祝家尧："王权主义学派"对中国何以出现政治权力独大的局面缺乏分析，它表明了中国历史上君权强大由来已久，可以上溯到春秋战国，但给读者展示的不过是中国历来就是这个样子的，至于中国为何是这个样子就缺乏分析了。造成中国君权坐大是大河流域国家地理特性使然，还是民族性使然，抑或是其他原因？这是应该探讨的。

赵轶峰：刘泽华学派研究的重心在解析中国古代政治的王权专制传统，没有就这种传统形成的因由，即何以形成这样的传统做系统的阐释。这并不削弱刘泽华学派对于中国古代政治研究的意义，但因为刘泽华学派对于中国的王权主义做了那么丰厚的研究，希望他们对"何以如此"这样的问题有比较彻底的说法，也是合乎逻辑的。如果能够就"何以如此"做出与"如此这般"一致的说明，对理解中国古代王权主义说，是有帮助的。不过，要尝试回答中国古代王权专制传统的起源问题是非常复杂的事情。这个问题与中外思想学术界曾经反复讨论的"东方专制主义"问题关系甚为密切。这种说法源自中欧早期接触时代西方人对中国等亚洲国家的印象，经德国哲学家黑格尔（Hegel）等人做出理论化的判定，成为18世纪、19世纪，甚至20世纪西方思想界阐释中国历史与社会的主流概念，中国也有一些有影响的学者沿此概念加以申说，逐渐推演成为一大学说。要梳理其中牵连进来的学者、论说本身，就要下很大的功夫。这个学说的主要问题是，它把专制判定为中华文明的文化本质，也是中国历史实践的基本特性，从而极大地强化了中国历史停滞性的判断，而如果认定中国历史本质上是"停滞"的，同时又认定生存竞争合理、历史发展不可抗拒等逻辑，那么近现代外部强大势力、先进国家干预中国的事情，就具有了更大的合理性，中国也就必须走西方的道路。20世纪后期以来，西方和中国都有许多学者努力突破这种定见，但在心理层面成就较大——现在很少有人接受中国历史的停滞论，在理论层面成就较弱——迄今仍然没有足够透彻、系统、深刻的理论重构。所以，中国历史学家立足中国、中华文明阐释中国历史的努力，一直含有与这个定见牵连的纠结。我自己认为，中国古代一直是君主制的，前期是王制、中后期是帝制，从制度属性说，从来属于专制君主制而不是立宪君主制，因而一直有专制的制度与文化，但这种制度意义上的专制始终受到文化上的民本主义牵制，古代民本主义是有君主义的，但不是绝对君权主义的，所以中国的君主专制不是绝对的；民本不等于民主，但与民主精神有通路，与民主制度也有通路，当其伸张的时候，会制约君主权威。这种民本的文化传统与君主制的传统是一起在中华文明的内聚历程中推演成势，因而具有惯性的。我们应该对中国传统政治中民本思想、观念、文化与君主专制之间的张力进行更多的研究。

常文相： 刘泽华先生提到：所谓"政治文化"，是政治中的主观因素，是政治思想、政治信仰、政治观念、政治价值标准、政治意识和政治心理的总和。它的表现形式有理论形态、心理趋向和情感趋向等。政治文化与政治机构和制度互为因果，对于政治运行具有直接的影响。应该如何解读刘先生提出的"政治文化"的内涵？从研究视角和方法看，刘先生的学术定位不出中国古代政治思想史的范畴，应该怎样认识刘先生在这一领域所做的贡献？

赵轶峰： 我基本赞同刘泽华先生对政治文化的定义，这与西方学者关于政治文化的定义也基本是一致的。在基本一致的情况下，我自己的表述会把关于政治的思想、价值与态度、制度、生态构成的总体状况一起作为政治文化研究的基本对象。其中思想、价值都无须再说明。政治文化意义上的制度，是指渗透在制度建构与运行中的思想观念，因为所有制度都是人为的，是积淀下来的人的诉求，故其文化属性甚重；政治生态是指政治运行在特定时间形成的环境状态。文化永远是综合现象，政治文化考察永远是综合的研究，所以我强调政治文化研究对象之间的关联性、整体性。从这样的角度说，制度是包容在文化中的。这类问题，只是研究取向的主张，各行其道，可以各得其所见。刘泽华先生的研究偏重的是思想史，因而在这个侧面成就最大。与近代以来众多思想史家相比，他在研究旨趣方面最突出的贡献是将思想家的主张与社会历史实践状况更切实地结合起来。思想史家一般都把思想家，尤其是最知名的思想家的精神世界作为研究的核心，因而都是精英史性的，有时会因为对那些思想家精神世界的过度诠释而曲解历史实际，刘泽华先生则是思想史家中最切实关照历史实践的学者之一。研究政治文化的学者，都需要在思想与实践样貌之间寻求中道。

梁曼容：中国传统文化中诸如"民本""公天下"等思想要素被刘泽华学派视为王权主义的辅助而加以批评，如果不从传统文化中汲取，当下的中国又该从哪里寻求思想资源？刘泽华学派在突破过度强调经济在历史发展中的作用的方法论时，是否又陷入了政治决定论？

赵轶峰：我主张深入考察中国历史上的民本思想、公天下思想，梳理、分析其价值原理和政治逻辑。古人的相关思想，多半不能直接构成当下人直接的实践指南，任何时候的人都需要借鉴前人的思想经验，都不能照搬前人的思想经验，所以看到其形成的时代特属性是必要的，看到其弃取生发后的价值也是必要的。现代中国人关于政治建设的思想资源无非有二，一是历史传统，一是他山之石，将之融会贯通，加以仔细的分析辨识，结合现实的处境、问题，生成新的认识。刘泽华先生研究的是政治，强调政治，许多情况下是语境导出的。不过，我们的确要注意在研究政治文化的时候，尽量关照更大范围内更多侧面的相互作用关系。

刘波：君主和官僚机构，都是处理国家公共事务的，所以都具有"公"的性质。王和官僚机构的官员，皆是具有主体性的人。随着君主权力的扩大产生的高度集权的政治形态，促使官僚机构人员逐步对作为君主的个体有了依附性，表现出国家权力运作过程中私的性质。王权主义学派是不是过分强调政治权力运作过程中私的一面，却忽视了其属公的一面？

赵轶峰：所有的政府，都是社会共同体公共事务的管理设置，本质上都是运行公共权力的机关，没有公共事务，就没有政府，君主制政府也是如此，这是政府在政治原理层面的属性。但是在人类事务展开的历史实践中，掌握公共权力的人、集团、势力，常常倾向于将公共权力私有化，将私人特殊利益公共化。所谓比较合理的政治体制的必备要素之一，就是在较大程度上保障公共权力运行的有效性的同时，最大程度地防止公共权力私有化。因此，君主制不及共和制，专制不及民主。中国历史上的君主制，在政府公共性与私人控制一切权力之间，公天下的、民本的文化不停地把政治向公共属性方向拉，实际控制权力的个人不停把政治往私权支配的方向拉，于是有比较贤明、仁和的君主，有暴君、民贼。虽然总在君主制度框架中，但其差别是有意义的，不是无意义的。

丁亮： "王权主义学派"主张的中国古代政治中的阴阳结构和余英时强调的士大夫"得君行道"之间存在矛盾，士大夫"得君"的行为既可以视为实现其政治理想的一种方式，也可以被看成巩固君主专制的一种手段，应如何看待这一问题？

赵轶峰： 这是一个可以拓展思路的话题。刘泽华学派的政治文化研究关照的事实偏重在先秦和中国帝制时代的前半期，余英时的政治文化研究关照的事实偏重在宋明时代。如果他们把分析的资料对换一下，可能都会有些新的看法。宋明时代是所谓"新儒学"展开的时代，而"新儒学"是士大夫政治兴起时代重新表述的儒学。士大夫政治虽在帝制框架内推演而出，并未突破君主制的体制格局，但是却致力于重新说明政治合法性与合理性的基础，更大程度上把君主权力安置在公共理性的基础上。在这样的取向中，儒家士大夫中许多人力求在体制内践行"圣道"，于是有种种"得君行道"的努力。他们这样做的时候，总要权衡"得君"与"行道"二者的关系。其间最可贵的是，这类士大夫常把"道"视为从政的底线，视为比君权更根本的价值，于是体现出一些政治理性精神来。余英时先生努力发掘这类现象，做出细致的分析，也构成对中国政治文化研究的一大贡献。只是余先生对儒家思想有所偏爱，每每褒扬过度而不及其余，对明清史事主要也是透过个别思想家的主张去推论，对具体史事了解不足，是其缺陷。刘泽华学派和余英时先生的研究中，都有可以汲取的东西，也都有需要再推究的地方。

关于"新清史"的对话*

美国史学界提出的具有考察清代历史的视角与方法性质的一系列论说，在美国和中国学术界引起愈来愈多的关注，评论者一般将这种研究取向和相关学者统称为"新清史"（New Qing History）。近来，中国学术界对"新清史"的评论明显增多，被视为"新清史"学者的柯娇燕（Pamela K. Crossley）、欧立德（Mark C. Elliott）也以不同方式做出了一些回应。近日，东北师范大学的一些师生就"新清史"以及相关的评论做了专门研讨。现将研讨过程中涉及的在我们看来具有理论方法方面意义的话题，以对话形式整理出来，希望与更大范围关注此类问题的学者进一步交流。[①]

一、"新清史"新在何处？

宋兴家： 罗友枝（Evelyn S. Rawski）于1996年当选美国亚洲研究学会主席之时发表演说，批评何炳棣关于清朝汉化的观点，随后何炳棣撰文进行反驳。这次争论之后，美国学界在清史研究中对于满洲因素持续关注，

---

* 原载于陈启能主编：《国际史学研究论丛》（第二辑），北京：社会科学文献出版社，2016年，第119—134页

[①] 参加此次讨论者除赵轶峰外，宋兴家、常文相、李小庆、刘波、梁曼容、闫瑞为东北师范大学博士研究生，李媛为东北师范大学亚洲文明研究院副教授，谢进东为东北师范大学亚洲文明研究院讲师。

出现了一批强调清王朝的满洲特性，以满洲为中心视角研究清史的论著。卫周安（Joanna Waley-Cohen）在对相关著作进行评述时将之称作"新清史"，欧立德也将自己的研究称为"新清史"。此后这一用法为美国和中国学者所沿用，成为指代这些学者及其著作的通用称谓。"新清史"研究与之前的清史研究相比，有哪些根本性的差异？

常文相：一般认为，强调"满洲因素"和运用满语文献是"新清史"的突出特点。但是，正如一些学者指出的，强调清朝历史的独有特性在前人研究中已经有所体现，"新清史"学者也不是发掘、利用满语文献的最初倡导者。除此之外，"新清史"所使用的概念与克服欧洲中心主义、全球史、新文化史、征服王朝论有关，也涉及关于帝国、国家、民族主义的一些理论，其个别主张甚至与近现代日本为分割中国张目的"满蒙独立"说相近。这样看来，"新清史"的"新"体现在何处，的确是需要推究的。相较于中国学者通常采用的中国历代王朝延续、民族融合的视角而言，"新清史"通过刻意批判清朝的"汉化"而突出了清代与传统中国的断裂以及"帝国"扩张的性质，这能否构成"新清史"异于其他学术派别的要点？

赵轶峰："新清史"是一些评论者用来指称美国20世纪90年代以来罗友枝、欧立德等人代表的清史研究方式的称谓。欧立德本人认可这个称谓，但被普遍认为同属这种研究范式代表者的柯娇燕则明确表示不认同这个称谓。柯娇燕认为她的研究与欧立德的研究有重要的区别，统称为"新清史"可能会导致忽视这种区别。她似乎也不愿意看到自己的研究被冠上一个易于导致简单化理解的标签。我们应该尊重这种申明，注意"新清史"学者的学术主张并不是完全没有差别的。不过，在我看来，柯娇燕与罗友枝、欧立德、米华健（James P. Millward）等"新清史"代表人物学术理路和主张的共性显然存在，而且共性大于差异。关于"新清史"的评论、访谈已经很多，"新清史"学者自己也做过很多说明，所以要归纳其共同的主要学术主张，并不复杂，但要判断这些学术主张在何种意义上构成新的创见，就要将其放置到清史研究的长期历程中，甚至放到现代历史学发展的历程中考量，才能比较明晰，这是比较复杂的。

评史丛录

罗友枝就职美国亚洲研究学会主席时发表的题为《再观清代》（Reenvisioning the Qing: The Significance of the Qing Period in Chinese History）的讲演，可以被视为"新清史"的标志性言说。柯娇燕不久前在看到徐泓先生对"新清史"的批评性评论之后再次表示支持罗友枝的言说，她和其他一些美国清史研究者将一如既往地追随罗友枝来研究清史。此外，我们迄今没有看到任何一位"新清史"学者对罗友枝的那篇讲演提出批评或者表示有保留意见。罗友枝那篇讲演的核心是反对以"汉化"来理解清朝的"成功"，主张更换视角，把清朝的"满洲性"作为理解清朝"成功"的基本原因和理解清代历史的基点。学习满语、注重使用满语文献，其实是前述主张必然的文献学路线。欧立德前不久也在台湾"中央研究院"做了一次题为"A Reflection and Response to the New Qing History"的学术讲演。他将"新清史"主张概括为：①清朝统治的内亚维度（Inner Asian dimensions of Qing rule）；②使用非汉语文献（use of non-Chinese language sources）；③比较世界史语境（comparative world historical context）。同时，他否认批评者指出的"新清史"曾经将清代历史仅仅归于满族的历史而忽视汉族的思想文化在整个中国的主体作用，甚至走到清朝不等于中国的极端的说法。但是，至少罗友枝1996年的就职演说的确是明确提出清朝不等于中国的，甚至连中华民国疆域的合法性也不认可。该演说现在很方便读到，中国评论者在这一点上并没有误解她。她本人也没有就相关的批评出面解释。欧立德在台湾讲演之后，听众中有人指出，"新清史"的主张并没有超出日本学者早已提出的主张范围之外，欧立德没有否认，并且当即指出，"新清史"提示学术界关注日本学者在20世纪前期提出的一些看法是有意义的。这实际上表明了"新清史"与20世纪二三十年代日本学者的中国观有直接的渊源关系。

在发前人所未发的意义上来理解"新"，基于"新清史"的代表作以及上述情况看，"新清史"不是崭新的研究理论或取径，而是一种融汇起来的研究方式。在中国历史研究中关注现在"新清史"所说的"内亚"区域，在晚清时期就已经展开，民国时期大有进展。美国汉学家欧文·拉铁摩尔

（Owen Lattimore）于20世纪30年代完成的《中国的亚洲内陆边疆》（*Inner Asian Frontiers of China*）是那个时代西方学者中国研究中专注"内亚"区域的诸多著作中的代表作。美国历史学家费正清（John K. Fairbank）主导哈佛大学亚洲研究的时候，一直在中国历史研究中纳入"内亚"视角，直到他在1994年出版的最后一部著作 *China: A New History*，"内亚"依然是他解读中国历史变迁多重视角中的一个。美国历史学家魏特夫（Karl A. Wittfogel）的"征服王朝论"中的那些所谓征服王朝，也是从"内亚"走出来的。在美国亚洲学会会刊 *The Journal of Asian Studies* 中，"内亚"研究长期以来是书评部分的一个专门板块。日本学者的中国史研究，也早就与对亚洲腹地的研究相关联。所以，"内亚"视角，既不是"新清史"率先提出的，也不是"新清史"率先实践的。不过，我们还是应该看到，"新清史"之前，中国史研究学者们以从中国视角看"内亚"为主，用拉铁摩尔的话说，"内亚"是中国的"亚洲内陆边疆"，而"新清史"则把整个清朝纳入"内亚"中去，"内亚"视角支配中国视角。即使没有前述罗友枝在那篇讲演中明确地表达清朝不等于中国的观点，"新清史"的其他研究也大大弱化了清朝历史的中国历史属性，并且在许多方面将相关的描述大大细化了。在这种意义上，"新清史"与前代学者不同，"新清史"主张中最具可争议的地方，也在这里。

"新清史"倡导使用非汉语文献，本身也不是创见。中国新史学兴起之初，就强调新史料的发现是史学进步的重要助力，凡有助于发现和澄清历史事实的资料，都应尽量取用，包括传世的与出土的、域内的和域外的资料与实物，都应纳入视野，其中自然包括满文文献。日本学者很早就关注满文文献，台湾学者在20世纪曾做过大量满文文献的翻译整理工作，我自己在20世纪80年代也曾学习满语，到第一历史档案馆翻译档案，只是不及其他许多人坚持得好。一些学者指出"新清史"学者自己的研究中并没有如他们倡导的那样大量有效地使用满文文献，这基本是事实，但也无须视为什么问题。满文文献既然有助于清史研究，即使提倡注重者自己做得不够，也不至于使其倡导本身构成问题。当然，这里要注意到两点。一是

"新清史"提倡使用非汉语文献的主张,与他们刻意淡化清朝的汉文化色彩有关;二是对于清史研究说来,汉语文献与非汉语文献都是重要的,过分强调使用非汉语文献可能导致对汉语文献的忽略。

至于"比较世界史语境",主要是指将清史置于世界史中与其他对象作比较及关联的审视。这当然也不是一种新颖的研究方法。清史对于中国历史学家说来是本国史,如同战后美国史对于美国历史学家说来是本国史一样;而对于美国历史学家说来,清史是外国史的一部分。各国史学界无论在研究还是在教学体系中,都把本国史单独突出,加细研究;对于外国史,则区别其重要性,归为比国家更大的区域单位——如东亚、东南亚、"内亚"、西亚等来研究,有时干脆把外国史笼统作为世界史。美国学术界对中国历史的研究,就一直比中国学术界更大程度上采取区域史乃至世界史的视角。而且,在斯塔夫里阿诺斯(Leften S. Stavrianos)、麦克尼尔(William H. McNeill)等人的全球史研究中,中国史更被置于世界历史普遍关联的视角下来考察。这并不是在说"比较世界史语境"缺乏意义,只是说这并不是"新清史"的创造。

二、"汉族中心"VS."满族中心"

谢进东:罗友枝在她的美国亚洲研究学会主席就职演说以及所著 *The Last Emperors: A Social History of Qing Imperial Institutions*(中文译本书名为《清代宫廷社会史》)中提出,清朝之所以成功,原因在于它在许多方面采取了与汉族统治王朝相反的政策,把征服者与被征服者分别开,依靠一套让各不同群体相互监督的政策来进行统治。与此同时,罗友枝在书中也提到了清朝统治中的汉族因素,比如清统治者以汉族皇帝为榜样来塑造自己的君主形象、建立汉族风格的王朝、求助汉族精英来统治明朝的疆域、采用汉族的继承原则和汉化的官僚政治原则、采纳儒家的礼仪,等等。既然看到了汉族因素,罗友枝为什么还特别强调,是非汉族因素成就了清朝统治的成功?那种以汉文化为中心,过于强调满族汉化而忽略满族特质在清代统治中作用的做法固然欠妥，但"新清史"以满族为中心，过于强调满族特性而缺乏整体的中华文化观照的研究路数是不是陷入了"满族中心论"？文明史的研究方法是否能够在突破欧洲中心论、中国中心观、满族中心观纠结方面取得进展？

常文相："新清史"的一个核心论点是，清朝政权建立在征服精英的非汉族特征基础上，以满洲为中心而拒绝和抵制"汉化"，有效保持自身的满洲认同，并利用与"内亚"部族比较密切的关系，以不同的行政方式管理不同的民族和地区，因而获得巨大的成功。这一看法在促使中国学界避免清史研究中的"汉族中心主义"偏见，重新审视少数民族在中国历史上地位的同时，无疑又模糊了对于中华文明发展共时性与历时性相统一历史趋势的理解。"新清史"学者似乎过分固化与凸显了某一特定历史时空下少数民族与汉族在文化和信仰系统上的差别，夸大了少数民族发扬本族文化与接受汉族文化的矛盾性，而忽视了将两者放置在同一个文明体系中从而对其演进历程进行长时段动态考察的必要性。其实何炳棣也指出，汉化是一个持续的进程，中国人不断吸收外来文化，丰富了汉文化的内涵。而今天的中国学者也往往表示应该以统一多民族国家，即中华民族共同体而不是单一"汉化"的视角来看待此类问题。当下重提"汉化"是否是清朝成功的关键这样的问题是不是仍然有意义？

李小庆："新清史"与其批评者的分歧之一，在于对"汉化"的不同认知。"新清史"反对"汉化"视角的论说过于偏颇，但是"汉化"视角本身是否也存在问题？因为"汉化"容易让人产生其他民族被汉族同化的感受。在历史上，所谓"汉化"并非全然是单向性的，而是交互影响的过程。只是汉族文明程度较高，因而能够在吸收并深刻影响其他文化的同时，保持自身文化的独立演化路径。如果用"汉化"论来概括中国中古历史演变进程确实存在一定的问题，那么，是否存在一种基于史实而不是像"新清史"那样依托理论建构来有效阐释中国历史演进历程的概念体系或理论？

刘波：罗友枝在《再观清代》中认为，汉文文献中的皇帝具有儒化君主的形象，但通过满文文献的梳理，可以看出他们更加真实的一面，即清代君主采取了内外有别、分而治之的政策,它表现在对内采取官僚体制进行管理,对"内亚"地区则采取宗教认同和结成同盟的措施。如何理解罗友枝指出的清朝统治者统治中原与"内亚"地区的政策差异?

赵轶峰:中国史研究中存在强调汉族主体作用,忽略少数民族作用的现象。这与中国传统史学一直有一种正统意识相关,与现存历史文献绝大多数以汉文书写相关,也与汉族聚居区在历史上始终处于经济、文化、社会发展的核心区地位相关。在这种情况下,适当地加强对边疆地区和聚居于边疆地区人群的研究,是学术研究深入、细化的表现,是理所当然的。其实,中国大陆学术界主流,早就不使用"汉化"概念,而是用多民族共同历史的概念来阐释中国历史的变迁。白寿彝先生总主编的多卷本《中国通史》开篇第一章就是"统一的多民族的历史"。近年的清史研究,也愈来愈注重满族和其他边疆少数民族的角色和作用,成果也很显著,持续下去,自然会趋于周至。"新清史"主要基于美国中国史研究的语境发论,直接针对何炳棣先生早先强调"汉化"在清史中作用的论说,采取近乎将观察视角颠倒过来的方式,把满洲因素作为一种统摄概念来透视整个清代历史,结果更大幅度地失离了历史的真实。学术界在这方面对"新清史"所做的批评,虽然包含一些过激的言辞,总体上却非无的放矢。"新清史"之所以采取这样的方式,与前面提到的美国学术界更倾向于把中国史纳入世界史的方式有关,与现代学术过分强调新意而不够注重笃实有关,也与20世纪后期以来后现代主义史学等新思潮过度强调历史学的解释性有关。此外,则与20世纪日本史学界一些人,如内藤湖南等,为解构中国而发表的关于中国历史的言论之影响有关。内藤湖南等人关于中国历史的言论在诸如《剑桥中国史》相关卷次中被大量征引、参照,在"新清史"学者的著述中经常可以看到,欧立德不久前在台湾的讲演甚至重申了这种渊源关系。他们完全没有直视内藤湖南等人中国观中的问题。内藤湖南等人用似乎为学术性的文辞,从中古时期描述下来,建构了一种论证清朝崩溃以后其疆域应该被分割的主张,其学术理路缺乏实证基础也混杂着许多逻辑谬误,显然是为日本侵略中国合法性张目而刻意构造起来的主观性极强的说法。关于这个问题的深入分析，可以参看东北师大黄艳博士最近完成的学位论文《内藤湖南"宋代近世说"研究》，这里不去详论。此前，学术界对内藤湖南代表的论说体系也有批评，但并没有进行彻底的剖析。"新清史"学者或者是没有能够看透此种言说的学术谬误与现实意图，或者是服膺其说，或者是虽然看透却因某种考虑依然将其承续下来。

无论汉族中心论，还是满洲中心论，在清史研究中都是从出发点就偏颇的取向。这在一般意义上，已经多位学者反复论说，无须再讲。问题是，研究清史采取怎样的视角可以有效地避免此类偏颇？在这一问题上，我主张采用中国历史的文明史观，相关的主张，在我和赵毅共同主编的《中国古代史》的序言和体系安排中已经表述出来。该书出版后，我又发表过几篇论文深化相关的看法。概括地说，中国是以中华文明为基础形成的国家——并不是所有国家都是如此。我们在审视和讲述现代以前的中国历史时，更多地将之视为一个文明，即一个规模宏大并延续长久且具有独特文化精神的社会共同体。这个共同体在文明形成的早期就形成了一个经济、文化和社会组织性比周边更发达的核心区，后来的发展长期处于此一核心区与周边区域互动的关系中，相互依赖、竞争、往来，而其基本趋势是融合。中华民族、中国国家组织体系、中华文明文化精神与特色，都在这种核心区与周边区互动的格局演变中不断地发展变化。到了清代，中华文明核心区与周边区被纳入一个统一的政府权力管理系统中，形成了清代中国这样一个包容多民族的国家—社会共同体。"新清史"在提出以满洲性解释清代的"成功"时，是首先提出"汉化"不足以构成中国历史上疆域趋于扩大的根本原因，进而提出满洲性为清代中国拥有广大疆域并统治两百多年之根本原因说的。他们似乎偏向于单一因果作用思路，而没有去考虑结构性的多元相互作用关系。在文明研究的视角下，清代中国是一个文明覆盖区域与行政管理体系基本重合的社会共同体。这个共同体当然是一个国家，而不是一个中原王朝与一个内亚帝国连体的怪物。这个国家自然也不是单一民族国家，而是一个"族群国家"，即相互关联、相互依赖的多个狭义民族组成的文明共同体国家。注意，我这里所说的这种"族群国家"中

"族群"之含义，与"新清史"所说的被翻译为"族群"的 ethnic group 不同。后者是单一民族或部族共同体，而我说的则是多民族、部族构成的共同体。这种在大文明共同体长期互动、融合运动中逐步推演而形成的族群国家如果持续长久，其公共权力就只能是多民族共同参与的，否则就成为某一单一民族的强力统治体，就不可能长久。清朝统治上层的确是满洲占优越地位的，这个集团在明后期政局混乱局面中提供了一种组织机制，但其建立统一权威的过程伴随着无数与达成社会稳定局面所必需的社会势力之间的妥协，而其中最重要的是获得汉族社会的逐步认可。此间必须的条件是认同中华文明核心价值体系和基本组织方式，保留一些满洲文化习俗和行为方式是自然的，在边疆区域采用因地制宜的制度和政策体系也是自然的。在这样的过程中，梳理、呈现、分析满洲特色的作用，是合理且必要的；一定要判定满洲性是清朝"成功"的根本原因，则是机械化和预设支配的。

三、全球化视角、帝国、民族国家与民族主义

谢进东：欧立德等在《21世纪如何书写中国历史："新清史"研究的影响与回应》一文中指出："新清史"学派的一个重要方法论就是强调全球化的视角，即主张将清史纳入世界历史或是"全球史"的范畴来研究，将其作为一个帝国与世界同时代的其他帝国进行比较分析。但他们呈现的，是一个将清朝与中国拉开，片面强调满洲人的族群认同，避而不谈满洲人中国认同的画面，这种缺乏中国关照的全球化视角是可取的吗？

梁曼容：欧立德指出，"新清史"的独特任务"是挑战大汉族中心主义的叙述，以其他的范式（如帝国主义和殖民主义）去探索过去，以及从边缘的观点审视历史发展……这个理论倾向，让新清史对中国这个'国家'而言，具有潜在的颠覆性，从中开启了'什么是中国''成为中国人是什么意思'等问题。但也就是借着提出这些问题，新清史因而可以超越陈旧的汉化解释，更深入满洲统治中的重要问题。""新清史"为什么提出"什么

是中国"这样的问题？帝国主义和殖民主义这类概念在清史研究中是有效的吗？

闫瑞：罗友枝认为，清朝的统治是一种融合了"内亚"地区和汉族地区意识形态等因素的新的统治方式，这种方式是清朝取得巨大成就的关键。在《新清帝国史：清朝在承德所建立的内亚帝国》（New Qing Imperial History: The Making of Inner Asian Empire at Qing Chengde）论文集中，米华健、欧立德等人也将清朝看作一个内亚帝国，承德在实际上和象征意义上是"内亚"的首都，有与北京比肩甚至重于北京的政治地位。"新清史"有意将清朝描述成内亚与中国内地（China Proper）两部分的组合，但是，清代的东北、蒙古、西藏、新疆是否融合成了一个联系紧密度与清朝内地各省之间关系密切程度相媲美的实体，内亚是不是一个真实的历史实体？清代皇帝在承德处理与蒙古、西藏等地相关的政务就意味着承德是内亚象征意义上的都城吗？此外，"新清史"学者多认为中国学者的研究有民族主义色彩，质疑其研究的客观性。罗友枝就认为何炳棣是个"无可救药的不自觉"的民族主义者。欧立德认为中国的历史研究在20世纪30年代是多元阐释的，后来被一个中国主要政党维护新国家领土统一的民族主义声音掩盖，"新清史"就是要把研究回归到历史多样性和偶然性的话语中。但是，民族国家是现代世界的现实，人生活在不同国家，便自然会对自己归属的国家有特殊的感情。完全客观的历史研究不可能存在，学者必有其学术以外的一些预设。问题是，怎样才能把握民族主义在历史研究中的合理界限？

常文相："新清史"认为，清朝作为一个帝国的统治目标不是构建一种由民族到国家的统一认同，而是允许不同民族的多元文化在一个松散的人格化帝国内共存。清朝管理体系包含八旗、郡县等多种模式，从而把不同地区的不同人群纳入同一个中央集权政府控制下。由于缺少较高层次的民族与国家认同，满汉之间一直存在根深蒂固的紧张关系。乾隆皇帝尽管在处理汉族事务中遵循了儒家思想，但只是一种策略性的运用，并没有把儒家思想当作统治的主导思想和文化基础。事实是否如此？在清朝皇帝的心目中，中国与天下是否是相互区隔的概念？继承儒家文化与首崇满洲是否构成冲突？超越了中国文化的帝国政治实体概念是否潜藏被抽空、被解构的危险？

赵轶峰：历史研究可以运用多种视角，不同视角有不同的透视潜力，也有各自的盲点和弱点，因而历史研究者要在取用某种视角的时候，把握其适用范围，不能以为某种视角能够透视一切，优于所有其他视角。全球史是一种宏观的世界史研究视角，偏重于从人类历史普遍联系的基点出发，考察各个文化、社会、文明、人群在历史演变中的相互关系。这种方式，在研究早期历史时不及研究晚近历史时更有效。因为早期人类历史中的全球性关联是微弱的、断续无常的，关于类型和相似性的分析要多于关于直接关联互动的分析。晚近时代，尤其是14世纪以后时代，人类历史快速地联结成为互动网络，全球视角的分析效能就大大增强。20世纪以后，"地球村"这种比喻词汇应运而生，全球化视角对当代世界的研究就更重要了。但是，即使在"地球村"的时代，不同地区、国家的历史固然受普遍联系的影响，但毕竟基于内部基础、传统，受内部文化、经济、政治、民族等多种因素的影响，各有各的历史，难以用一种视角全部看清。清代中国，已经处于世界各区域社会、文明互动网络形成的时代，以全球化视角对之研究，当然是有意义的，但如果在忽略清代中国内部因素的情况下运用全球化视角，只做或者主要做外部观察和关系考察，盲点过大，会遮蔽了解清代中国更重要的内部因素、结构、过程，一定会导致偏颇。

帝国，现在说来是一个有些诡异的概念。这个概念主要包含两层含义，一是广义帝制国家体系——包括皇帝、可汗、极权的国王等为最高统治者的国家体系，二是通过征服、扩张、强控制而实现对文化他者聚居区统治的政治体系。人类历史上很早就出现了具有这两重特征的政治统治体系。现代以前的世界，并没有形成公认的国际关系准则和对国家主权高度尊重的国际秩序，强大民族、国家的扩张乃至对文化他者的征服是司空见惯的现象。当现代历史学家谈论现代以前的帝国的时候，一般也不强调这个词汇本身的严格道德贬义，对一个帝国政策和特性的评价，要通过更具体的史事叙述和分析来呈现。翻开任何一部世界史，在南亚、东亚、西亚、北非、美洲、亚洲腹地、欧洲历史叙述中，都会看到帝国这个词汇，有很多政权自称帝国（empire）。现代历史学家谈论现代国际关系准则确立以后时代的帝国时，则一般在这个概念中带有鲜明的侵略、扩张、强权等道德贬义，并且把具有前述属性的对外政策与意识形态称为帝国主义。这里要注意，历史上存在一些不以对外扩张为基本国策的帝制政权，在历史叙述中把这类政权视为帝国容易造成一些含混不清。同时，也有一些具有扩张性但不明显的国家，存在一些中间状态的政权。在这种意义上，可以把帝国视为历史上很多政权可能具有的一种特性，而不一定是某些政权专有的属性。中国历史上的王朝，有疆域扩展的时期，其间也动用武力，其强盛时期，具有帝国的特性；也有疆域萎缩的时期，对外处于守势，不具有帝国的特性。如宋朝不具有帝国特性，明朝只具有较弱的帝国特性，清朝前期则帝国特性相对明显一些。不过，如前所说，中国中央政权控制版图的延伸背后，是中华文明圈融合与整合运动的深层趋势，是以内地与周边区域之间长期的相互依存、交互影响为基础的，在很大程度上以稳固核心区本身的疆域与民生安全为基本目标，并且限制在中华文明共同体空间范围之内。这与欧洲的海外殖民有很大的区别，与西方殖民时代建立的全球性大帝国有更大的区别。在这种意义上看，"新清史"把清朝视为一个帝国来分析，虽包含一些未经阐释的含混成分，但并非全然不可。问题是他们利用帝国这个概念，把清朝做了根本意义上的切割，把内地与东北、蒙古、西北广大区域区分成为两个想象的权力体系，并且沿着这个方向，把许多基本事实做了曲解。其中包括明显地淡化满洲对中华文化的认同，夸大满洲和八旗与汉人之间的文化心理矛盾。这些方面的细节我们不去说了，相关的证据和逻辑问题随处可见。一些"新清史"学者把承德描绘成统治内亚的另一个首都，似乎清朝在北京不处理关涉所谓"内亚"的事务一般，也不顾军机处、理藩院等管理边疆区域事务的机构就设在北京，这从历史学所要求的实证精神意义上说，主观随意性令人瞠目结舌。

至于一些"新清史"学者提出"什么是中国"这样的问题，无论动机如何，效果肯定是把中国相对化，只要你跟着讨论下去，就会把中国说成涉及各种歧义的对象，说成一个人为的概念性存在。其实，前些年中国国内也有一些学者谈这个话题，倾向于把中国说成是一种"方法"，跟随这种说法的人不多，也就无须在这里多做分析了。

民族主义是现代人讨论民族认同心理的一个词汇。这个词的基本含义是对自己所归属的民族共同体之文化、传统、命运的归属感，有民族就有民族认同和归属感。现代人将"主义"两字冠在其后，就使之意识形态化了，包含自己归属民族利益至上的含义。其实，除非与某种普遍宗教或政治意识形态纠结到一起，对于大多数普通人说来，民族认同和归属感是自然生发的，是温和的；本民族利益至上的意识则是少数激昂思想者和社会活动家的主张，一般跟随着一些现实的用意。现代许多研究者倾向于认为民族是随着现代化社会的形成而形成的，把民族与民族国家的概念粘连在一起，但这理由并不充分。我自己认为民族在人类历史上很早就形成了，当一个具有较大规模的人群构成的社会在发展历程中达到一种状态，其成员普遍明确地辨识自己归属的社会共同体之文化特质的时候，民族就形成了。当然，文化愈来愈复杂、精密，文化特质的辨识也随着历史的发展而变得愈来愈复杂。而且，民族是历史的，在社会生活与历史演变中不断地聚散离合。汉族就是一个不断变化而历史悠久的民族。民族国家是现代历史的产物，是构成主权国家的民族。作为观念的民族国家意识是把对于自己归属的民族之认同与对于自己归属的国家之认同归并起来的概念。这种意识在现代世界历史上曾经发生非常强劲的社会组合作用，与现代思想中国家神圣的观念密切结合，因而曾经是各国现代整合与发展的强有力思想基础。这个过程当然也伴随着人的类归属感的割裂，即作为人与所有他人同属于人类意识一定程度的遮蔽。对民族主义的批评的根本指向，其实就在于强烈民族主义具有排斥性和非理性色彩。同时，对民族主义的批评与对所有"主义"的批评一样，很容易蜕变成为一种现实立场驱动的意识形态化的言说，成为将被批评者脸谱化的帽子。现代中国并非没有民族主义情结，这一点我在评论现代韩国历史编纂学的两篇文章中有过不算详尽的分析。在国家构成现代世界社会共同体基本分野的情况下，完全摆脱本民族特有的思考方式和文化意识，如同提着自己的头发要离开地球一样，是不可能的。历史学家所持温和的民族文化本位意识，不过是社会存在的反映，是自然的。正因为如此，看待一种历史观、历史学言说的时候，永远需要梳理论说者的社会背景及其言说的渊源、理路。激烈的民族主义则可能屏蔽历史认识的客观性，每时每刻都要对之保持警觉。而且，影响历史学研究客观性的不仅是民族主义，还有各种可能导致主观性的立场、文化传统、现实利益关联与用意、知识局限。"新清史"研究并非没有成就，但客观性肯定不是其特征。何以如此？"新清史"学者应该有所思考，我们也要思考。

四、"新清史"与美国中国学的范式转变

李媛："新清史"兴起的源流，似乎与美国史学界从欧洲中心观向中国中心观进而再到所谓去中国中心观的转变有关。如果是这样，"新清史"是不是理论、观念先行而非基于对清朝基本史实的梳理形成论说？

李小庆：有评论者认为，"新清史"是美国学术界中国观从"冲击—反应"及"传统—现代"范式向"中国中心观"转变趋势中的一种"地方性策略"表现，同时受到诸如族群、帝国主义等理论的影响，也在一定程度上受到日本"满蒙学"的影响。这种对"新清史"研究范式来源的分析是否允当？

刘波：费正清以"近代化"为尺度，把晚清以后中国社会的变动归因于西方冲击。美国学者柯文（Cohen）则主张"在中国发现历史"，根据中国社会与文化的内在动力因素来解释中国帝制晚期的历史。"新清史"重点从满洲元素及其独特性质来解释清朝历史的特征。如何理解柯文的"在中国发现历史"与"新清史"的满洲性说法间的关系？

赵轶峰：费正清主持哈佛大学亚洲历史研究的时代，西方汉学正从欧洲转向美国。费正清那一代人实际上把传统的"汉学"研究很大程度上引导到了更注重长时段透视与带有很强现实感和社会科学方法意识的历史研

究轨道。费正清用"刺激—反应"模式叙述和解释近代中国的变迁，其中包含了近代以前亚洲历史停滞的预设，在20世纪70年代后开始受到普遍的批评。但是，费正清是一个我愿意称为伟大历史学家的人。这不仅是因为他创立哈佛学派并影响了半个世纪中国史研究历程的业绩，具有非常宏阔的视野和深邃的对于人类事务的洞察力，更在于他作为学者的胸襟。对"刺激—反应"模式的批评，其实是费正清的学生提出来的，费正清坦然接受了其中的一些内容，不断地对早年表述的中国史进行修正，但也并没有因为批评而做基本观点的翻转，依然平静地坚持他所坚持的，其中也有合理的要素。"刺激—反应"模式的根本问题是西方中心主义，而西方中心主义的渊源是由来已久的东方主义。费正清时代的西方学者几乎没有什么人完全不受东方主义的影响，这是历史学家受自己时代精神影响的反映。美国学术界20世纪70年代末以后对西方中心主义的批评，也不仅仅是纯学术进展的体现，而是与美国社会对越南战争带来的挫折感有关，与正在兴起的对现代社会的普遍批判性思潮的启示有关。柯文的批评，很深入地揭示了"刺激—反应"模式和其他类似模式的缺陷，提出了"在中国发现历史"的命题，意义无疑是巨大的。但是，柯文在如何落实"在中国发现历史"的主张方面的论述，并没有清晰地提出具有高度实践性的方案，他本人及其追随者也都没有写出像费正清作品那样统摄全局的中国史。80年代以后，社会学、人类学、后现代主义、后殖民主义等思潮对历史研究的影响日深，美国中国研究的方法论其实是多元化了，远非从费正清到柯文，再到"新清史"这样简单。"新清史"学者肯定是了解柯文主张并受到一定影响的。但"新清史"是一种"从中国发现历史"范式的实践吗？我看不是。从费正清到柯文，都把中国视为研究的一个基本单元，"新清史"则试图将之分解。这不是"从中国发现历史"，也不是从域外看中国，而是把中国模糊化来看清朝。从理路看，与这种方式最接近的其实正是20世纪前期日本学者的中国观。日本学者那个时代的主流中国观本身是现实意图支配的，后来从来没有得到彻底的学术性清理，在美国的中国研究中一直在脱去政治色彩的语境中保持一定的学术影响力，有人据以生发、重述、延伸，并不奇怪。至于看到清朝统治具有满洲特点，本来不错，"新清史"的问题是片面强调满洲性而忽视清朝统治的其他特性。这带有单一因素决定论的色彩，是比较初级的偏差，与前述美国中国研究的范式没有关系。此外，许多学者指出了"新清史"历史叙述的主观性，这在史学观念的意义上说，与后现代主义思潮关系不小。后现代主义本来是非常具有批判精神的深邃社会思潮，但是着落在历史学领域的时候，却因为过度否定历史事实的可认知性而引发了历史学家放纵解释的倾向。"新清史"研究普遍不顾反证，选择性地运用史料，把建构醒目的说法作为目标，用实证的原则去查验，自然漏洞很多。对这类研究的评析，应该包含对后现代主义史学反省的维度。在这一方面，我主张历史研究取用"新实证主义"的基本观念。相关的论证尚未完成，稍后会逐步展开。

五、清朝的"成功"

闫瑞：罗友枝与何炳棣争论双方都认为清朝成就伟大，其统治时间长，疆域辽阔，分歧在于对"清朝成功的关键"的看法。罗友枝认为何炳棣的答案是满洲早期统治者系统的汉化，而她则认为关键在于清朝统治者能够利用与内亚非汉民族的文化联系，用不同的方式加以治理。这带来一个问题，评价一个王朝成功与否，除了"统治效果"之外还应注意什么？

赵轶峰：何炳棣 1967 年发表《清代在中国历史上的重要性》(*The Significance of the Ch'ing Period in Chinese History*）一文的时候，核心主张是注重清朝历史地位，呼吁对清史进行更多的研究。虽然他的确比较强调清统治集团的汉化在其实现统治中的作用，但那篇文章的核心却并不在于用汉化一个因素来解释清朝"成功"的原因。"新清史"则更大程度上偏重于对清朝"成功"原因的解释，并把满洲因素作为根本原因。他们都没有对清朝"成功"的含义做特别细致的说明。的确，现代历史学在谈论一个王朝"成功"的时候，其实需要做一些谨慎的推敲。

"新清史"谈论清朝的"成功"时，主要着眼于清朝统治时间达到两百多年，而且统治了广大差异的区域。这是一种王朝政治中心的判断——把政权统治能力作为核心尺度的判断。自从现代史学兴起以来，各国历史学家都超越了旧史家以王朝"国运"为核心尺度的价值判断，把人民福祉、社会进步作为评价一个政权历史地位的更重要尺度。这些不同的尺度带来不同的历史理解和叙述。强大的统治力可能基于符合社会经济、文化诉求的政策，可能基于暴力甚至血腥的镇压，可能基于征服或对他者的掠夺，也可能基于某种愚民的手段，所以统治力所指向的"成功"，能表达统治者的成功，却不能表达人民和社会的命运，不能完整体现一个政权在历史上的地位。清朝在历史上的地位肯定是非常重要的，但对这个时代以及这一政权的历史评价，却是更复杂的事情，从统治力意义上谈论其成功远远不够，而且会造成误解。

六、"新清史"评论的延伸含义

李媛： 中国学术界对"新清史"的回应，似乎改变了以往常见的对海外中国史研究倾向推崇的态度，批评声音很高。即便是赞同者，也是出于借鉴其对一些具体问题深入研究的启发性提出的。这是"新清史"评论的特殊现象，还是反映了中国史学研究者评价海外汉学研究姿态的一种转变？

赵轶峰： 学术为天下公器，原不必存国家你我之分。但是所有的人都受本国文化学术传统较重的影响，形成历史认知的一些差异的原发倾向。从史学家群体角度看，对每一个人说来，所受教育、学术交流与相互影响的范围，最经常化的也在本国范围，会自然地凝聚成不同的学术共同体。学术共同体各有学术风格、话语、论题指向的传统，不同国家间常有很大的差别。所以，中国学者与美国学者之间有时发生的争鸣，既与本人学术特点有关，也与所属学术共同体背景有关。随着国际交流的常态化，各国学术界之间界限分明的争论会减少。其实，近期围绕"新清史"的争鸣中，中国学者也并非皆对"新清史"持批评态度。我在这个现象中比较注意的问题是，中国学者对域外学术的一般心态，在此次争鸣中的确有调整的迹象。20世纪50—70年代，西方学术成果在中国主要被视为资产阶级思想观念支配的，批判是基调。80年代以后，开放的大环境使得大量域外学术资源、信息更易获取，促进了中国学术进步。与此同时，国内学术界逐渐铺展开来的学术评价体系促使中国学者急于出成果，有些人就大幅度依托域外有影响力的论说来进行自己的研究，批判性的审视常常不够。甚者，生吞活剥地裹挟一些域外学者的言语来说话，写一篇普通的文章也要带出十几个或更多域外名人来。影响所致，中国学界对域外学界成果介绍多、推崇多，深入评析少。这次关于"新清史"的评论中，我们可以看到较多中国学者有深度的文章。这可能会启发青年学者在未来的学术研究中，多做一些自己的判断，减少一些人云亦云。同时，我们也要注意防止出现中国学术界对海外汉学了解与交流的诉求转为盲目的批评。

明清史期刊论文的写作与评析
——《明清史典范论文评析》绪言[*]

  历史学专业的青年学生在大学本科阶段，应该能够奠定比较全面的历史学知识基础，但除了个别极其努力且天分很高的人之外，一般不能在这个阶段就形成从事历史学学术研究的全面能力。所以，有志在历史学领域长久发展的人，要去攻读历史学硕士学位、博士学位。研究生学习与本科生学习的最大差异，就在于"研究"两个字，也就是要在"了解""知晓"一般层面的共同知识基础上，对本专业的知识、信息做批判性的思考，做拓展、深入的调查，形成新的认识和向公众社会呈现新知识的能力。硕士与博士学位论文的深广程度不同，但都体现着这种能力的形成。在已有知识基础上通过批判性的思考、调查形成新的认识就是研究，呈现新知识的方式则是学术论文、著作的撰著。一般说来，硕士、博士研究生要先掌握撰写期刊论文的能力，然后才能考虑撰写学术专著，而规模较大、研究深入的学位论文可以成为学术专著的直接基础。硕士研究生学位论文与期刊论文很接近，差异部分很容易掌握。撰写博士学位论文的能力则需要在撰写期刊论文和硕士学位论文过程中培养。这本书的目的，主要是通过评析一些优秀的期刊论文，帮助进入硕士或博士研究生阶段并有志于专业研究的青年人了解高水平历史学论文的特质和要素，增强理解和评析史学论文

---

[*] 此为研究生教材《明清史典范论文评析》绪言，待出版。

的素养，在此基础上提高撰写历史学论文的能力。因为编者的主要学术领域是明清史，所以选文、分析的对象限制在明清史范围；又因为学术论文有多种形态而以学术期刊论文为根基，所以书中讨论的内容也以期刊论文为主要对象，在对期刊论文加以比较充分讨论的基础上，对学位论文、其他形态的史学文章，乃至专著的特征并未讨论。

一、本书编纂的方式

所有学习的基础意识都是模仿，消极的模仿只是机械的复制，永远不可能超越前人；积极的模仿则要有评价，有分析，有鉴别，取其精华，融会自己的心得，久之可能达于独到的境界。所以学习史学论文的撰写，应该揣摩前人的优秀论文，但不能见到发表的论文就去模仿。唐太宗《帝范》中有句话，说是"取法于上，仅得为中；取法于中，故为其下"。[1] 时下历史学文献、资讯条件便利，期刊众多，历史学论文汗牛充栋，难免参差不齐。其中，时或有人为一时之需要而糅合前人著作及各类资讯成文，如果期刊编者未能辨识其真实学术价值，或者为收取版面费而刊出低水平文稿，就会造成低水平论文流行，模糊史学论文的价值尺度。所以，青年学生既要谦虚地学习前人，又不能一味追随时潮，否则就会迷失了路径。这本书是在民国以来公开发表的明清史论著中，选择18篇具有比较重要的学术价值、能够体现现代历史学精神理念的优秀论文作为阅读揣摩的典范，再对其得失作偏重于可取方面的评析，供青年学生揣摩钻研，或许可以有助于收"取法于上"的效果。

选文的时候设定了四个原则。第一，能够体现现代历史学期刊文章的理念、规范，以证据充分、逻辑严谨、语言明快的行文方式，呈现新的学术发现，包括澄清事实与提出前所未有的新的历史认识。这其实是现代史学期刊论文的基本要求。第二，具有长久的学术价值，其说具有较重要学

---

[1] （唐）李世民撰：《帝范》卷4《崇文第十二》，景印文渊阁四库全书，第696册，台北：商务印书馆，1986年，第617页。

术价值且至今基本成立。这样，就可以使本书选文的阅读不仅有益于学生了解前人做了怎样的研究，而且可以帮助学生掌握明清史研究的前沿状况。第三，具有明清史期刊专题论文常规形态的示范功用，笔谈、讲话、序跋不选，注释不充分或过于烦琐的文章不选。这样做的原因是，笔谈、讲话、序跋之类文章随意性较强，重在表达某种思想，不在彻底解决一个问题；注释提供论证依据详明来源，不可或缺，但应以佐助正文论证为限度，做过分烦琐的注释浪费篇幅，且有炫耀博学之嫌，不应提倡。第四，偏于晚近而略疏于早先。这一是因为中文学术期刊的规范性，晚近比早先更严整；二是因为学术是进步的，晚近的研究，更多具有当下的前沿性。此外，外文撰写的论文未选，原因一是难以全面搜集挑选，二是经过翻译之后，文风改易，难以体察其气象，三是规范往往有所不同。每位学者的论文入选不超过一篇，以便呈现多种风格。选文的编排次序，依照最初发表时间先后，以与学术推演原委一致。

考虑诸多因素来选文，就是为了提供学生揣摩明清史学术论文写作理念与方法的一些参考意义较高的范本，切不可看作任何意义上的"排行榜"，也无关乎对明清史学者水平的评价——学者的成就有许多呈现方式，期刊论文只是其中之一。这些文章之外，还有无数优秀的论文，因篇幅限制而不便收入。弱水三千，仅取一瓢而已。

选文尺度由主编提出后，多名博士研究生做了历时颇长的初选，并在硕士与博士研究生共同参与的讨论课上做过两轮集体评析。评析文字则由多人分工起草，共同讨论。因为所选论文特点不同，评析文字的行文次第并非完全一致，但都包含以下内容：即指出选文何以当得典范论文，说明该文在明清史学术中的价值，分析其方法论渊源、选题意义、论证逻辑、结构安排、文献特色、行文风格、气象境界。对于选文可能存在的局限也会指出，但不做过分细致的讨论。这些分析肯定会有不够深入甚至不当之处，教学和阅读者需要结合自己的研究思索、讨论、判断，也望选文原作者体谅、批评。如果此书对于青年学生的史学论文写作能力的提高以及研究观念的确立有所帮助，也就值得欣慰了。

阅读本书的时候还需要注意两点。其一，本书呈现的关于明清史学术论文的理解只是一家之言，我将其要旨称为"新实证主义"史学。并不是所有学者都持这种主张，史学论文肯定还有其他的写法，其间异同得失，要读者自己斟酌。其二，本书的第一目标是呈现和阐释历史学期刊论文的目标和境界，其次才是史学论文写作的方法。历史学是一门朴素的学问，要想在这个领域有所成就，必须有坚实的根基，不能过度偏重工作的技巧。历史学的根基，包括宽厚的史学知识、专门化的文献素养、对研究领域学术谱系的透彻了解、对学术前沿的明晰辨识、对历史学一般理论的把握，还有纯熟的语言能力等。这种根基要在导师指导下长期积累，不宜速成。写作的具体技巧现在已有很多现成的文献可以借鉴，只是要注意，坊间的许多论文作法方面的书籍或文章，虽常有可取之处，也有一些是教人讨巧，把学术论文当作应用文来理解的。那其实不是能够致远的路径。这也要读者自己去做明智的辨析和弃取。

二、历史学期刊论文的特点

历史学是人类最早形成的知识之一，但历史学期刊论文是现代特有的。上古时期的历史文献，虽然常被归于"史"的类目，但严格说不一定构成史学。比如常被视为中国最早史书的《尚书》，原本是政府工作的档案，留作日后行政的参考，初无编纂的意识，也没有现在我们所说的研究意识。后人将这些档案编辑起来，成为"书"的时候，有了编纂的意识，但依然没有多少研究的意识。孔子笔削《春秋》，则有很明确的编纂、评价的意识，也有了研究的意识。所以现存中国最早的史书，是《春秋》。其实，在世界历史的轴心期时代，体现历史编纂学顶峰的就是《春秋》，同一时期其他文明的历史编纂学都落后许多。《春秋》奠定的历史编纂学传统对后来中国历史学发展影响深远。《史记》将历史编纂体例发展到更为复杂、完备的程度，后来直到现代历史学兴起的时候，所有的发展都是补充、扩展性质的。总体看，中国传统历史学的最突出特色是"编史"，编纂以往的史事为书。其中自然有考证、有判断、有取舍、有评价，但其核心是存事，注重的是经验、教训、褒贬。所以，傅斯年会说："历史学不是著史。著史每多多少少带点古世中世的意味，且每取伦理家的手段，作文章家的本事。近代的历史学，只是史料学，利用自然科学供给我们的一切工具，整理一切可逢着的史料。所以近代史学所达到的范域，自地质学以致目下新闻纸，而史学外的达尔文论正是历史方法之大成。"①

　　传统史学重文献编纂、重价值评价、经验总结，书籍和文献汇编是其主要成果形式，编著历史的人，心存垂诸永久的凝重意识，不很介意与同时代人的对话。现代史学受自然科学发展和社会进步观念的影响，更注重公众的知识进步，并且把这种进步看作是专业化的知识共同体当仁不让的事情，所以要明确界定出知识进步的前沿，在前沿提出问题、解决问题，注重专题探析和阐释超过编纂、叙述往事。所以史学论著的形态中，期刊论文就凸显起来，编纂的史书则略居其次。期刊论文在促进知识进步方面突出的特点，一是便于确定首创性，二是实现研究的公共性即及时向学术共同体公布新的发现从而引发同行的关注和参与。这是现代知识发展的一种有效的激励机制。期刊所体现的这种学术公共性，要求所有研究者接受学术共同体的及时评价，要以可查验的、规范的方式，以尽量精炼的行文，向同行发布研究成果。所以期刊专题论文一定要在前沿发论，主题专一、研究深入、结论明晰。

　　现代史学研究的成果当然不是仅有期刊论文一种形态，多种形态各有功用。期刊论文之外，主要还有专著、综合体史书、教材。从知识增长的角度说，专著和论文必须是以探索和表达新知识为核心的，综合体史书和教材可以表达新的知识，但也可以是综合已有知识的。期刊论文与专著的区别，在于前者小而精练，后者大而系统。论文因其规模小而精练，便于定期汇集发表，实现快速的社会交流。专著因其大而系统，能够更充分系

---

　　① 傅斯年：《历史语言研究所工作之旨趣》，原载《国立中央研究院历史语言研究所集刊》第一本第一分册，参看蒋大椿主编：《史学探渊——中国近代史学理论文编》，长春：吉林教育出版社，1991年，第493页。

统地展示对一个较大问题的全面深入研究。论文必须在尽量小的篇幅内集中阐述一个问题，其结构需简洁有效，不含任何不必要的枝节，文字应朴实晓畅，去除烦冗。专著则篇幅、结构及文字风格皆有回环余地。在这个意义上说，论文的构思写作，并不比专著更容易。教材和综合体史书都是对一个知识系统的陈述，其中各自包含一系列的问题，但其展开的方式，可以是陈述性的，不一定是论证性的，综合、介绍、采用前人研究成果的比例可以很高，只是需要以某种其他方式把借鉴或采用他人的情况做出说明。论文和专著的主要读者是同行，教材和综合体史书的主要读者是学生和一般知识分子。前者的要义在创见，后者的要义在传播。当然，综合体史书和教材也可以体现一些学术体系方面的创见。

此外还有其他史学成果呈现的方式，包括评论、漫谈、综述、年表、年谱、专题资料集、辞书、书籍校勘整理等，此处不去讨论。

三、从提出问题到形成选题

史学论文要达到前述目的，需要具备一些基本要素：①有一个有意义并具备解决条件的前沿问题；②有充足可靠的证据；③运用严谨的逻辑；④使用精练的语言；⑤符合学术界公认的规范；⑥做出明确的结论。

研究科学发现的逻辑的英国哲学家卡尔·波普尔（Karl Popper）认为，问题是研究的起点。这实际上指出了追求创见的研究与"改铸旧钱"的文字之间初始立意的区别。这里所说的问题是狭义的，只有对于公众知识的总体说来属于未知或者未澄清、完备的问题才构成合理的学术研究的起点，因为个人的未知而提出的问题不是作为论文起点的合理问题。这也是学术论文与其他著作相比的一个特殊要素。教材、讲话、评论、随笔、通俗普及读物等都不一定需要基于这样的问题。原因是，后者完全可以是以知识传播、普及或者抒发作者的某种情感或一般看法为目的的，而学术论文则必须具有把公众知识推进一步的意义。所以，当我们看到一篇论文，讨论的是前人已经有结论而该文又没有提出不同看法的话题，就知道其价值不大，如果也没有为前人论说补充什么新且必要的证据，就知道这篇论文基本没有什么价值了。每一篇学术论文都要解决一个问题或者一组相关问题，就历史学而言，或者是提出并论证一种新的观点，或者是澄清一个或一组事实。

这里要注意，提出的问题必须是有意义的真问题。并非所有能用文字拟出的问题都值得写一篇论文来论证，有一些问题没有研究的价值。其中包括答案实际上已经被前人做出而你又不准备对该答案提出挑战的问题，也包括虽然前人并未具体作答但其答案其实非常简单的问题，还包括过分琐细即使研究也不会产生明显的知识推进作用的问题。一篇论文所讨论问题的意义，一般说来应由论文作者在开篇处指出。真问题是指逻辑上成立并存在事实基础的问题。逻辑上不成立的问题，一般是前提为假的问题，这在很多情况下也就是被认定作为问题的前提的一个事实性陈述不成立，即缺乏事实基础的问题。比如，如果有人写了一篇题为《论明代中国自然科学发展停滞的原因》，你就知道，作者的题目可以转化成为一个问题形式：为什么明代中国的自然科学陷入停滞？然而，如果明代的自然科学并没有陷入停滞，这个问题就不成立，前提为假，问题就成了伪问题，所有的回答也就都会是缺乏逻辑性的。所以，提出问题和评价一篇论文的时候，要非常谨慎地审视其前提。学术论文也不应该去回答类似"先有鸡还是先有蛋"这类问题。这种问题硬要把一个长时间演进现象作为一个瞬间事实性问题来回答，不存在直接答案。另外一点是，学术问题必须是在知识的意义上提出的，仅仅为了功利目的而构思出来的话题可能在知识意义上是一个假问题，附庸权威的问题可能只表达一种态度而不提供新知识。学术有用，并非与功利目的绝缘。但是历史学之为用，就其总体属性和最高层面而言，在于从长时段推演的视角深化人们关于人类事务以往经验的理解，在于提升人类的心智能力，故最高水平和最有意义的历史研究可能当下直接应用性反而较弱，而可以帮助解决一些当下具体问题的研究，往往因为考虑的时段范围偏小、透视的景深不够，体现的研究水平并不高超。如果所涉当下诉求并不合理，研究的学术价值就更无从谈起了。此外，一个学科领域不能作为论文的起点，比如"明清史""明清经济史""张居正"等，它们的内涵都过于广泛。但如"张居正夺情案始末考"就可以，其问题实际是："张居正夺情案究竟是如何发生发展的，其结局如何？"其成立的前提是，作者认为前人对这个问题的研究还有不足之处并将在自己的论文中将之补充提高。所以，虽然每篇论文都包含一个问题，但不一定非要用问题形式来做论文的标题。

要提出有意义的问题，就要在相关领域有足够的知识积累，要能够辨识出这个问题的确是前人没有解答而自己是能够解答的。这就要了解相关的学术史。青年人发表论文，就如同参加一个自己迟到的会议，要先弄清楚前面的人都说了些什么，然后自己才能开始在主题进展的最后节点发言。

然后是要将自己的知识系统化。当一个领域的知识积累到一定程度的时候，各种比较支离破碎的知识会形成各种各样的关联，依据时间和空间、因果作用关系、研究者的价值观念和逻辑思路、理论取向组成系统。这个时候，零碎的知识开始取得整体的性质，但其间会出现许多难以贯通的区域、与前人之说冲突的解释与判断、矛盾的史实与现象、无法解释或者含义不明的成分等。善于学习的人，常常会把自己的知识做系统化的整理——在支离破碎的知识基础上很难提出有实践意义的问题。在系统化整理中发现的矛盾或者缺断的地方就是提出问题的切入点。开始的时候，提出的问题经过查问，很快就解决了。那是因为，提出的问题并不是公众知识层面没有解决的问题，而是个人知识建构中的未知。当个人的问题也是公共的问题的时候，这个问题就成为有研究价值的了。这种过程需要基于对自己研究的领域，包括对其基础知识和研究动态有充分的了解。

所以历史学研究的问题就是研究者建立在直接研究经验基础上的理念与公众知识的矛盾。必须充分掌握公众知识，必须有充分的直接经验、敏锐的感觉与清晰的理念，才能够提出有价值并且能够解决的问题。在具体的意义上说，问题可以来自理论观念的冲突、史实的矛盾和阙如、评价与争鸣中产生的歧义、史实求证与解释的空白。

无论从哪个角度提出问题，提问者自己都要对该问题做认真的思考，都要把现有的相关公众知识做一下调查。不要把提出问题当作文辞上的事情，就是说，仅仅从别人言论本身推论出来的问题价值不大。论文的意义不是做口舌之争。

问题并不等于选题。问题只是一个待澄清且有意义的话题；选题则是一个拟定出来的阐释这个话题的方案，其中包括研究的核心概念、方法角度、文献条件分析，甚至围绕可能得出的基本结论的假说。初学者的选题，宜小不宜大。具体更易操作，可以避免一些因根基不够宽厚而导致的疏略。通过驾驭小的选题，逐步扩展，就能把握比较宏大的课题。

要判断一个问题是否可以过渡成为选题，需要围绕该问题整合自己的理论知识、调查前人研究即学术史、掌握相关资料系统。这时就能知道该问题是否具有自己来解决的可能性，就能比较确切地判断解决该问题的意义。做这样的整理，当然需要有较高的语言水平、较强的逻辑思维能力、对本学科领域了解有素、具备专业文献调查的能力。也就是要在一定的学术素养基础上才能从事课题研究。这种素养是学术研究的底气，需要在良好的学术氛围中逐步形成。这些是人所共知的，不必多说。唯有前面提到的理论知识，还需要略为补充几句。传统历史学虽浸透各种观念，但突出的是"以事言谓之史"，即以事言理，在叙述中呈现事理，并不以什么理论作为史家必备的手段。现代历史学作为人类知识探索的一个分支，比以往历史学研究的范围要宽大得多，而且突出了问题研究，从而就与所有人类知识形成了空前紧密的关联，积累日久，绝大多数史学课题都不再仅仅是梳理一些往事，而是有了理论思考的维度。比如研究政治史，不能不懂得一些政治学；研究思想史，不能不懂得一些哲学；研究经济史，不能不懂得一些经济学；研究社会史，不能不懂得一些社会学；研究文化史，不能不懂得一些文化理论；研究史学理论，不能不懂得一些历史哲学。理论不是研究历史的前提，但理论是深入研究问题必不可少的工具，它们大多是在关照大量具体问题研究基础上形成的，可以提供一些有普遍意义的概念和分析问题的方法，从而把单一问题的考察带动到普遍的层次，实现深度的透视。任何人都不可能精熟所有的理论，也没有什么理论是纯粹的真理——理论自身是演变的，一个历史研究者应该做到的，一是都要了解一点历史哲学，二是要比较系统地了解自己研究的历史领域所涉及的主要理论。确定选题的时候，要仔细揣摩该问题所涉及的相关理论是什么，自己如全无了解，那就准备不足，或者退而结网，或者另选他题。否则，做出的论文，就可能是用日常生活的常识来阐释复杂的问题，是不会有深度的。当然，也有一些选题并不涉及复杂理论，这主要是些具体事实的梳理性问题。一般说来，宏阔的选题会涉及更多的理论性思维。

对于初学者，过大的问题、文献不足征的问题、看不出知识价值的问题不应该去做，相关理论准备不充分的问题不应该去做。只有既具有知识价值又具有自己来解决的可能性的问题才可以作为选题。一般说来，当确定一个选题的时候，研究者已经判定自己能够得出问题的答案，已经有了回答问题的工作方案乃至关于可能结论的假说。

比较宏阔的问题，一般可以分解为若干相关问题系列，可以将分解后的问题作为论文的选题，逐步推进。成熟的研究者，选题都是逐步推展的。有时选题确定以后，进一步的调查中发现最初的问题不一定直接得到圆满的解答，或者发现了新的问题，这就需要调整，包括调整原来切入的角度，甚至可能推翻原来的选题而产生新的选题，这都是正常的。

四、证据与文献

史学论文有不同的类型。其中最主要的有三种，第一种是求证某些历史事实的文章；第二种是解释历史事实的文章；第三种是求证与解释历史事实兼顾的文章。无论哪一种类型的论文，都需要提供充足的论据。梁启超说过，"史料为史之组织细胞，史料不具或不确，则无复史之可言。史料者何？过去人类思想行事所留之痕迹，有证据传留至今日者也"[1]。过去人类思想行事的痕迹，可能是实物，也可能是文本。因为历史学家研究历史

---

[1] 梁启超：《中国历史研究法》（外二种），石家庄：河北教育出版社，2000年，第49—50页。

采取的是偏于长时段的视角，直接的物证往往消失或者已在岁月的销蚀中成了断壁残垣，所以至今被运用最多的是各类文献记录。这往往造成误解，认为历史学家仅仅凭借文献来了解历史。大学的教学中，最便于展现和讲述的，也是文献性的证据，这也会加重误解。其实古代通达的历史学家就不仅仅依赖文献，比如司马迁就知道走访山川遗迹，采集放失旧闻，与文献记载相互参酌。中国现代史学的奠基者之一王国维主张二重证据法，要把地下出土的证据与传世的文献结合，要把域外的文献与域内的文献结合。此外，以往的历史学多把国家权力、朝廷、政治、大人物作为历史研究的核心，现代历史学看到了历史应该是人民的往事，发展起社会史，眼光不再直勾勾地盯着权力中心和社会精英，也会流转顾盼，把底层人民的生活状态和流变，把小人物的喜怒哀乐，把远离国家权力所在的社会纹理，都纳入历史研究的对象之中。这样，无论实物的证据还是文献的证据，都在现代历史学研究中扩大了范围。所以研究历史早已不是局限在故纸堆里推敲的事情，是要放开眼界，以各种可能的方式去搜集各种形态的证据的事情。

　　了解了历史证据的范围之后，还需把话题转回来。无论以何种方式搜集获得的何种形态的证据，到了撰写文章的时候，还是要转换成文本形态的信息，要用文字（包含图版）来表述。到了这个阶段，对于文献资料的运用，还是主要的工作。要能够有效地运用文献，先要有一定的文献学基础，包括一般历史文献学基础和专业文献学基础。这需要学习者自己在进入历史学门槛之后就留心积累。

　　历史学家的工作，在辨析事实的角度说，颇有些类似于法官。法官要依据特定的司法原则和尺度，听取控辩双方提供的所有证据，做出关于过去事实的判定。历史学家也要基于自己已经形成的历史学的理念，考察所有已经获得的相关资料，做出关于过去事实的判定。当然，法官所依据的司法原则和尺度是被规定的，历史学家的理念是自己选择的，所以法官行为包含更多被规定的内容，而历史学家的行为根本上说是出于自由意志，因而历史学家有更大的选择空间，而且历史学家的判定不仅用来呈现给学术共同体，还要经历同行的评价，而法官的事实认定则会马上导致强制性的法律后果。即使有这些差别，依据证据来判定事实却是法官与历史学家共同的事情。法官无视证据做出错误的事实认定，叫作枉法；历史学家无视证据做出错误的事实认定，可以叫作丧失良知。所以，我们撰写一篇历史学论文，最根本的底线是要尊重证据，不能严守这条底线的论文，没有学术价值，而且因为可能误导公众知识，反而会是有害的。

尊重证据不仅是一个态度问题，还要有一些方法来落实。

其一，是要尽量地争取"竭泽而渔"，也就是把所有与研究的问题相关的材料都考虑进来。这在西方学术界叫作 exhaustive investigation，也就是穷尽性的调查。穷尽的含义，一是把相关并可见的材料搜罗净尽，二是对核心问题的各个侧面都要考虑进来，综合考察，以免被单一侧面所见误导而做出整体性误判或偏颇的判断。穷尽相关材料并不等于把所有看到的材料都写到论文中去，要"止于至善"，用到足以说明问题即止。一篇文章中被引述出来的资料只是研究时考察的所有资料中的一小部分。如果无所节制地引用资料，就成了史料长编，读者不会容忍你这样放纵地消耗他们的时间，会读不下去，期刊也不会发表这样的文章。史料运用意义上的综合考察，也叫作交叉考察（cross examination），就是把所有相关史料调动起来，在研究者的思想中相互质询，找出一致性、化解矛盾性，解释可能的反证，得出基本判断。谨慎的研究者主张"孤证不立"，一定要从多方面求证，也是出于同样的理路。一般说来，穷尽的研究，更适用于研究边界容易界定的比较小的课题，宏大的课题不可能在一篇论文中穷尽分析，可以分解成小一些的课题来做文章，整体的论证用专著来呈现。对于初学者说来，做可以穷尽史料的研究既比较容易操作，也比较易于获得确定的评价。

其二，要尽最大可能利用原始资料。法官在听取证词的时候，要先知道证人与案情的关联，也就是要知道证人的确具有为本案作证的资格。最有资格为案子作证的证人是亲历者和目击者，如果是听说者的证词，就没有与亲历者和目击者同样的价值。历史学家面前的史料，也有原始材料和非原始材料的区别。比如，研究明朝的国家制度、政策，有各种相关文献，包括各朝的实录、法律典籍、判牍、奏疏、文集、笔记、地方志等。研究史料的时候，第一件事情是要知道这些资料分别是什么时候，由哪些人编写的，经过了怎样的修改，当时的背景如何，然后才能判断其记载的一般价值如何。写作和评价一篇论文时的相关原则是，存在原始资料的时候，要首先使用原始资料；弃用原始资料，必须提供弃用的理由。案件的亲历者可能会因为利益相关而提供伪证；目击者可能因为各种顾虑或者观察、记忆不清而提供不准确的证据。所以，原始性并非永远会天然地反映事实，但存在与非原始性证据指向不同的原始性证据而不用，偏要采信非原始性证据，需要交代出可以凭信的理由，不能随心所欲。这里就可以看出法官或历史研究者的良知和水平了。要把握证据的原始性，必须掌握文献学的知识，知道历史文献的渊源关系和演变历程。要知道哪些是托名的伪书，不仅要能够辨别古籍的版本，还要能够通过校勘来更正文献中的错误。所以，历史学要以文献学作基础，写出优秀的历史学论文，不能不做历史文献学功夫的积累。

其三，要精细地分析史料。原始资料价值较高但并不确保直接揭示事实，需要研究者去做谨慎的分析，那么非原始性的资料就需要更复杂的考证、辨析，做去粗取精、去伪存真的功夫了。无论原始文献还是非原始文献，都是就文献本身的性质而言。首先从研究者与文献的关系来说，有"一手文献""二手文献"甚至"三手文献"。研究者亲自查阅的原始文献才能叫作一手文献。如果文献本身是原始性的，但研究者却是从其他学者那里转引过来的，那么就是二手文献。对于某些独一无二的文献，不能直接看到，转引他人也合情理，但是必须要明确说明，不能含糊。使用二手文献的最大问题是人为增加文献的不可靠性，比如把他人引用中造成的错误接过来。其次是易于断章取义。因为资料不能片段地来看，至少要整篇地看，最好要一部一部地、成系统地看，然后才能看到其真实含义，甚至言外之意。如果一篇论文大量使用作者不曾亲自阅读的材料，他就不可能精细地研究他使用的证据，对待证据很含糊的人，无论说什么，都不足凭信。严耕望就特别强调精细研究史料，其中不仅包括稀有资料，也包括常见资料。

他说:"真正高明的研究者,是要能从人人看得到、人人已阅读过的旧的普通史料中研究出新的成果。"①这种主张中的高明见识在于,历史研究者对于重要的史料的认识是有纵深的,能够达到的深度,取决于研究者的感知、认识能力和研究的取向、手段,也随着学术进步而延展。学者要站在自己研究领域的前沿,总能看到前人习见而未经意之处,从而别出手眼。这需要研究者有深厚的积累、敏感的问题意识,也需要研究者的细致研究。最后,研究历史的人不要过分迷信前人,要保持一种将所有问题诉诸证据与逻辑的理性精神,也要有足够缜密地考察证据的专业习惯。

其四,要有效并谨慎地使用电子、网络文献。20世纪90年代以来,计算机科学快速发展。近年来,有大量史学文献,包括古籍和现代研究著述的电子版可以通过购买或在互联网上查找获得。这极大地改变了人文学术的工作条件和方式,对历史研究者至少带来了两个要调适的要求。第一,因为电子文献极大地扩展了历史研究者共享史料的范围并提高了获取和使用文献的速率,研究者的成果必须大大提高其文献系统性和严谨性。以往做一些细小事实性问题的考据就会被看作很高深的学问,现在则变成是比较简易的事情,借助电子文献检索可以很快搞定大量以往需要投注巨大心力才能完成的考据工作。以往征引文献达到超过前人就可显示出丰富已有研究的贡献,现在则大多数研究可以很快形成一个核心文献系统,然后再做深入分析和拓展研究。正是因为如此,我们现在去读前人的研究,常常会觉得文献并不充分,没有利用的有价值资料还有很多。这并不证明今天的历史研究者水平更高,只是表明今天的历史研究者条件更优越。于是,要求也就提高了,总不能开着宝马汽车还满足于一天走一百里的路程吧?所以今天的历史研究者,必须能够熟练运用电子文献资源,而且不能仰赖堆砌史料的研究,必须在更系统、穷尽化的文献基础上,更多注重阐释的功夫。也就是说,今天的历史学研究,需要更多地渗透思想性,思想贫乏的历史学论文,已经成为低端产品。第二是出现了资讯吞没学术的迹象。

---

① 严耕望:《治史经验谈》,台北:商务印书馆,1981年,第27页。

网络之大，无奇不有。许多有价值的文献之外，也有许多缺乏学术严谨性的并非以纸质期刊、著述为底本的关于历史的新发表物。其中虽然也会有一些值得了解的说法，但这种发表物的共同特点是，不需要作者具有专业资质，通常也缺乏规范性，发表不需要专门的同行专家审定，而且随时可能消失，从而丧失可复核性。我们不能否定这类发表物的社会价值，但是从学术的立场说，这类发表物只能被视为资讯，需要与专业学术做出分别。最少就目前的状况而言，写作历史学论文时，不可将网络资讯与期刊论文、著述成果同等看待。对于网络上公布的文献，只能采用纸本文献的拍照、扫描版，并注释出版信息、卷次、页码，实际上等于使用纸本文献，其他形式的网络文献一般不可直接征引到期刊论文中。说"一般不可"，是因为我们不能在逻辑上排除某些学者会首先在网络上公布自己的成果，或者某些非专业学者的一些主张也具有特殊的学术价值。真的遇到这种情况时，征引者需要十分谨慎，期刊审查投稿时也会十分慎重。如果必须征引，仍然需要尊重原作者的著作权，注释清楚来源。因为抄袭网络发表物仍是抄袭。

五、行文的逻辑

一项研究的完成，可能运用了多种手段，但到了以文字呈现于学术界同行的时候，也就是撰写期刊论文的时候，都要采用约定俗成的做法。这类做法的基本理念就是以最有效的方式对自己的研究做出说明，要在呈现的过程中体现出考察的逻辑性。缺乏逻辑性的论文，一般不能足够清晰、明快，也难以令人信服。

形式逻辑主要有归纳和演绎两种方法。归纳法是依据同类事物的多个单一对象具有某种性质，推出该类事物所有对象共同性质的推理，即从特殊到一般的推理。所以这种方法主要适用于探讨共性。一般要将主问题分解成若干板块，逐一列举、考核证据，判定具体事实，步步为营地推进，在证实分支问题基础上归结出对问题整体的解答。采用这种进路时，论文仍然可以在开篇就交代结论，但展开的过程是依据同类事物的多个单一对象具有某种性质，推出该类事物所有对象共同性质的推理。运用这种方法时，必须注意问题与证据的对称性，即注意证据相对于结论的充分必要性。并不是所有课题研究都要做出绝对肯定或否定的判定，历史学是逐步推进的、前赴后继的事业，所以许多研究做出的是带有推测性的结论。无论做出肯定或否定的结论，还是做出推测性的结论，都要实现证据充分支撑结论。如果采用简单枚举法来论证问题，结论可能并不成立。比如用甲地所见天鹅是白色，乙地所见天鹅是白色，丙地所见天鹅也是白色，来做出凡天鹅皆为白色的结论，就是简单枚举法论证。因为三地所见天鹅没有穷尽所有的天鹅，证据与结论不对称，结论可能是错误的。我们可以看到很多史学论文，提出一个看法，然后举出几个相关例证，就做出结论。这实际上没有证成，不能排除相反的证据，也就不能排除其他可能的结论。在证据难以穷尽的情况下，可以使用简单枚举法，但结论必须是推测性的，留出其他可能性的余地。统计法可以缩小简单枚举法可能的失误，即在可能的条件下，通过把同类个别对象做成统计数据，通过最大限度地扩展对个别对象的覆盖性来增强结论的可靠性。因为历史学研究的事类是有限的，有时是可以覆盖的，对这种课题的研究就要考虑穷尽研究对象。比如明代从1368—1644年共有16个皇帝，分别查出每个皇帝的生卒年，在此统计的基础上做出一些分析，得出的结论可以比较坚实。如果统计未能覆盖个别对象，结论就仍然带有概率的性质，这要在行文中把握好分寸。很多情况下，研究的问题所涉个别对象过多，根本不可能做穷尽的逐一研究或统计，这时除了尽量扩大证据范围之外，就需要主动寻找反证——你不需要穷尽地去找所有地方所见天鹅是什么颜色，但要穷尽地去找是否存在哪里见有非白色天鹅的证据，见到一个后者，结论就修正了。主动寻找反证，是补充归纳法缺陷，使之错误概率缩小的一个可用的方法。但找不到反证不等于根本不存在反证，做结论时还是要留出余地。历史学研究的结论在很多情况下是关于可能性的看法。历史学课题会涉及一些独一无二的对象，同类的事物出现在不同的时空条件下，也就各有特殊性了。这种情况下，研究的目标并不是共性，而是独一无二对象的某些特殊性质，或者是过程，这时归纳法就发挥不了主要的作用，需要综合地运用各种方法。

演绎逻辑是从一般性前提出发，推导出具体陈述的过程。在这种推理中，前提已经蕴含结论，因而前提若真，则结论必真。所以，演绎推理不仅是历史研究者应该熟悉的思维方式，也是评价、检验一篇论文时常用的思维方式。逻辑学研究者通常把演绎推理分为三段论、假言推理、选言推理等形式。三段论是演绎推理的一般形式，包含大前提即已知的一般原理、小前提即所研究的特殊情况，结论即根据一般原理对特殊情况做出的判断。例如，缙绅是从国家获得官职或者功名的人，张举人是从国家获得功名的人，张举人是缙绅。因为演绎逻辑的严格性在于其形式而不在于其内容，在前例中，缙绅是不是应该被定义为从国家获得官职或者功名的人并不影响推论是否成立，只要张举人确乎从国家获得功名，张举人是缙绅的结论在这里就符合演绎逻辑。所以，演绎遵循的是逻辑一致性。一篇论文如果包含普遍性的定义，则其全文所涉及的同类对象必须在该定义意义上讨论，否则就造成逻辑混乱。假言推理的一种方式是将一般性前提以假设方式表述的三段推理，例如，如果缙绅皆享有赋税优免权，张举人是缙绅，那么张举人即享有赋税优免权。另一种方式是一般性前提包含设定条件的三段推理，例如，汉代中后期只有皇室刘姓可以受封为王，刘安受封淮南王，刘安是皇室刘姓。选言推理是以选择方式来表达一般性前提的三段推理，例如，一个王朝的灭亡，或是出于内因，或是出于外因，或是出于内外因素的结合，明朝的灭亡不仅出于内因，也不仅出于外因，故明朝的灭亡出于内外因素的结合作用。这里必须注意，演绎逻辑的前提是一个一般性判断，这种判断在历史学中已经是一种研究的结果，其是否为真要由证据事实来决定，并不由演绎逻辑本身来决定。而且，历史学与自然科学不同，没有那么多确定的定理、公式可以直接作为演绎推理的前提，运用演绎逻辑来分析历史学问题，必须非常仔细地审查或者设定前提。如果所作是一篇反驳性的文章，逻辑审查就变得更为重要，可以被驳倒的文章，要么是问题不成立，要么是整体预设或理论方法有问题，要么是证据与结论不对称，否则就是逻辑出了差错。

了解形式逻辑的一般规则，有助于保证行文过程的严谨性、一致性。但具体运用的时候，无须死板套用，所有的史学论文，都需要多种论证方式结合运用，既要符合逻辑，也要符合证据充分的原则。此外，无论归纳逻辑还是演绎逻辑，都在一般与特殊的关系中推理，历史学会涉及许多独一无二的对象、演进性的话题、心态现象，这类问题的指向并不在一般与特殊的关系中。分析这些问题的时候，依然不能违背形式逻辑，但也不能过分依赖形式逻辑。

六、风格、规范与气韵

学术论文的目标或是厘清某一事实，或是阐述某一主张，归根结底是求真的。这使史学论文与其他关涉历史的著作有所不同。许多历史著作是讲述往事的，作者可以比较自由地运用各种风格，可以把读者感动得柔肠百转、热泪盈眶，但史学论文只是要澄清事实、讲论事理。从这种目的出发，学术论文的语言应该朴素、简洁、晓畅，不应该过分运用渲染的技巧，不应该存意煽情虐心，也不应该故作深刻。要使行文风格最便于读者准确地理解文章的内容，最不易发生歧义和误解，最能节省读者的心力。一切不必要的修饰都会使文意更不确定，所有多余的话都意味着无理消耗读者的时间，任何方式的故作深奥都妨碍事理的阐明。把普通的话题说得跌宕起伏，会使作者刻意营造的语境过分影响读者的心情，对事理的理解反而不明。每句话都说得明了，剔除一切不必要的烦冗，剩下的就是最应该说的话。好的论文，能让读者不去思索行文本身，把全部精神都自然地投注到内容方面。有些文章，则把简单的问题说得深奥难懂，迫使读者在他的文辞之间百般推敲。这多是由于作者自我意识太强，有炫耀的意思，或者自己不能径取本质，以艰深之词饰浅近之说也不一定。宁简不繁、能直不曲，才能有效地落实学术论文求真的本意。

论文的观点，也应该力求平允。要摆事实，讲道理，有分寸，要用让读者自己做判断的方式讲话,不能用宣布真理或者自己立场的方式讲话。历史学研究的是过去发生的事情,要冷静、客观地审视,无须情绪激昂地发论,更不要用出说教的口吻来。即使是与现实联系的课题,历史学家观点的特殊价值,也还是在于提供冷静、可靠、有长时段景深的思考,不在于情绪的感染。

学术论文突出及时交流的功能,所以在形式上逐渐形成一些共同性。不同的学术共同体将之总结起来,作为准则,就成了期刊论文的规范。学术共同体有许多,规范也就有许多,但都是为了保障有效的交流,因而最基本的规范本质上或者就目标而言是一致的。比如,期刊论文的篇幅皆不能过长,都要有一个体现主旨的标题,都要有一个内容提要,都要结合相关学术史来界定本文的意义,都要分做若干部分来展开,结构布局要力求平稳均衡,凡征引他人文字都要做出详明的注释,等等。作者对于大多数具体规范,只要遵从期刊的要求来做就可以了,只是对于注释的详略,因为没有统一的认识,详者极详,略者极略,所以还需要多说几句。注释之繁简,要以说明应该说明的问题之需要而定。这种需要主要涉及两个方面。其一,提供论文征引文字和转述观点的查证信息,这体现学术论文追求公众可验证性的性质,并体现对他人学术主张的尊重。这种要求是带有强制性的,不是任意选择性的。在目前学术规范已经比较严格的情况下,如果一篇文章征引文献而未清晰、完整地注明出处,就说明作者没有认真对待文献的准确性,有可能是转引而未亲见文献,也有可能在规避读者查核。其二,对正文做出必要的附加说明,以实现既保证正文的主题一贯性又保持必要信息的充备。这虽然不像前者强制性那样强,但论文中如果参考或者采纳了前人的相关论述,是一定要在正文中或在这种方式的注释中交代清楚的。现在资讯发达,写文章的人应该比较彻底地调查前人的相关研究,如有重要的学术主张被自己的文章采纳,必须说明,否则就有剽窃的嫌疑了。

文章的气韵是高水平论文才具有的。其最高境界,无非"方以智,圆而神"。这种层次的论文,所有规范、内容价值方面的要求自然已经达到高水平，同时进入游刃有余的境地，字里行间皆称允当之外，浑然一体，事理通贯，文意起承转合之间，符节相应，收结之际，若有余音绕梁，读罢掩卷，每入深思。写出这样的文章，要真见识、大才气，这要长期的积累，不可强求。

七、怎样的论文不当效法？

期刊论文是历史学发展到现代出现的一种成果展现形态，承载着把历史学作为一门科学来对待的理念。虽然学术界已经有各种各样论证历史学不是科学的主张，但是这并没有影响迄今为止历史学期刊论文遵循科学研究的基本尺度运行的状态。其实，历史学与自然科学当然有区别，这主要是研究对象一个是自然界，另一个是人文界，二者之间可以总结出多种重要的差别来。对象有差别，研究的方式也就要有差别。但是，历史学纵然不应一言以蔽之曰就是科学，也不应一言以蔽之曰绝不是科学，它是具有科学性的人文之学。这里所说的科学性是指，历史学是依据已知来探讨未知的学术，是要依据证据和逻辑来形成论点的学术，是虽然包容多种风格但毕竟也存在一些共同评价尺度的学术。所以历史学，尤其是期刊论文，还是需要体现实证性和科学性的精神。在这种意义上，下面谈谈怎样的史学论文不当效法。

第一，预设过强的文章不当效法。此类文章，一般是先认定了一个理论，或者一种主张、一个流派、一个权威，将之作为支撑论文分析的基点，然后再展开。这种方式展开的论文之基本主张不一定错误，但作者缺乏以自己理性来审视一切已有成果的批判精神，而且其主张既然总体上依托前人，创新的价值也就不大。以独立的精神研究知识，是每个学者都应该具备的基本素质，也是有价值的文章必须具备的气质。学习和借鉴前人是必需的，但在著述自己的文章时，必须拿出自己独到的东西来。凡这种文章，当所依托的权威主张在学术进展中逐步显露出缺陷的时候，多半会被扬弃。

第二，相对主义的文章不当效法。历史上有许多问题因为文献、证据不足，难以做出完全肯定的判定，这种情况，尽可存疑，即使以后永远也弄不清楚，也不足怪。历史学家只是要尽量把能够弄清楚的事情弄清楚，并尽量为公众提供可靠的解读，从而使公众得到必要的历史经验知识来作为思考的参照。但是有一些学者，其实大多不是专门研究历史的学者，因为历史上许多事情搞不清楚，或者不能完全彻底、穷尽一切细节地搞清楚，就声称历史上一切事情本质上都是搞不清楚的，进而把历史学家的工作说成是与文学家、诗人的工作一样的事情。如果对历史做这样的理解，历史学家研究历史就不再以澄清事实为主——因为那根本上说是不可能的事，而只是把历史当作言说的素材，借助这些素材来表达自己的情感、看法。当历史研究规避了探索事实的目标时，研究者就不再受到证据的约束，从而可以进入恣肆放言的境界，历史研究也就成了竞赛雄辩力的事情。用这类研究意识写作的论文，根本不是历史学。

第三，文风虚浮华美或艰涩难懂的文章不足效法。历史学论文是用来交流的，交流的内容是择定历史课题框架内的事实和事理。文笔流畅是必须要达到的，但史学论文要以理服人，不需以文章华采来感染读者，否则就会降低论证的客观性。课题不同，有的难以写得特别简约流畅，这不是问题，问题是不能故意把文章写得艰深难懂，不能故意把简单的事理讲得深奥晦涩。史学研究可能需要从哲学及各种社会科学的理论中借鉴一些思想，但史学论文的核心是研究历史，而不是哲学或者社会科学理论。由史的研究进入哲学或者社会科学理论的探讨，是达到极高明阶段的通家学者之事，初学者如果效法，容易流入空疏晦涩。

不可效法的史学论文可能别有所长，但总体上说不应效法，尤其不宜于初学者去学习。另有许多论文，缺乏学术价值，论证缺乏根据或者逻辑混乱，或是"炒冷饭"、杂糅他人研究而冒充新研究，甚至抄袭、剽窃成文，这些论文，只有混淆是非、扰乱知识进步的作用，我们不去谈论它们。反过来说，所有优秀的史学论文，都有一些共同的品质，包括有一个具有较大学术价值的论题，研究者对该问题的研究史有充分了解和透彻认识，研究的前提假设经过审慎考究，研究的方法适合该课题的性质，全面把握了该问题所涉的核心原始材料，具有史料批判意识，分寸得当地运用资料，实事求是地对待前人相关研究，结论具有可证伪性，经得住反向驳正，表述逻辑严谨，文字简明朴素，规模与论题相称，符合规范。我们应该反复揣摩这类论文，以便懂得史学论文写作的要点。

说给明清史硕士研究生新生的话[*]

  大家读研究生各有各的理由，只要对自己的人生，对社会有意义，都是合理的。但是从导师的角度说，指导研究生不是个人的事情，是一种社会的和职业的责任，所以最着意于为社会培养人才，尤其是专业方面的人才，其次是人文素质比较高的其他人才。社会是由各行各业的人组成的，并没有高低贵贱之分，人才也不能用地位标准来衡量，在自己的职业岗位上做出成绩来，做出水平来，就是人才了。但是在攻读硕士学位的这几年间，你们确定能得到提高的毕竟还是在历史学方面。所以，应该在学言学，在未来的几年里把学习、研究历史作为主要的事情，从钻研历史入手，使自己丰富起来。学习历史不一定非要走到专门研究历史的地步，历史是人们以往的经验，历史学得好，经验就丰富，做什么都有用的。历史学培养注重证据和务实的精神，这对做许多事情都是有意义的。

  现在研究生多，指导研究生的导师也多了，虽然学校有培养研究生的制度，但实行起来，学法和教法都是五花八门。这个时候，要知道一个事情，就是不能以为别人怎样了，自己就可以怎样。我们管不了别人的事情，但自己的事情毕竟要自己管。这里说的主要是培养研究生是一个神圣的事情，不是分发"纸帽子"的事情。"纸帽子"就是缺少内涵的学位。"纸帽子"对社会没有实际用处，徒然增加一种虚伪。好好教书是我们教师的立

---

[*] 此为过去约10年间新生入学之际分发的学习建议，每年略有修改。

身根本，我们不能在立身根本的事情上开玩笑，无论时下风气如何，还是要培养真的人才，不能乱抛"纸帽子"。"真"作为这几年学习的目标，就是要真地达到硕士的专业水准和修养素质。这其实是一个起码的标准，就像说农民要会种地，医生要会治病一样，所以非坚持不可。"真"作为一种态度，就是实事求是。在研究生学习的各个环节，都不能做假动作，不能剽窃、抄袭。这不是一个面子问题，甚至不是一个学问高低的问题，是为人立世的一个原则。我们都是平凡的人，和所有平凡的人一样有许多缺点，我们不必举手投足都去效法圣人，使自己每天因为不及圣人而受内心的责备，但我们在自己的社会职业岗位上，必须以真面目示人，不然，我们就失去了立身的根基。

  以历史学为职业，是选择了一种求取真知的事情。要想求取真知，必须实事求是，不能自欺欺人，不可存迎合他人的心，可以有功利之心，但不可以将功利目的置于首位，学者置于首位的，毕竟需是求取真知。这既是原则，也是方法。从原则的意义上说，社会给历史学家一个"吃饭"的位置，根本上说，是因为人们需要知道过去发生过什么，绝不是为了掩盖、歪曲、编造、曲解过去的事情——社会不需要供养一些人来说谎或者信口开河。如果一个社会需要供养一些人来说谎，就说明这个社会有问题。所以，历史的学问做得水平一般是可以的，但不能做出伪历史来，不要目空世人，不要说没有根基的话，不要说自己也不懂的话。别人要乱说，我们管不了，我们去乱说，就是故意扰乱人类的心神和判断力，就成了文化的破坏者。做了文化的破坏者却还要社会供养吃饭，是羞耻的事情。从方法的意义上说，一个研究历史的人始终不欺骗自己，就能不断地积累，如同一个建筑房屋的人，砌的每一块砖都是真的，摆正当的，就能累积成为可靠的建筑。如果中间夹杂了一些朽物，即使后来都砌真的砖，建筑也不结实，要倒塌的一样。

  能有求真的原则，然后就是如何求取进境的事情，也就是方法、路数、风格方面的事情了。历史学并不是只有一种正确的、合理的钻研方法，所以古往今来有许多成就斐然的学派，有许多路数不同却有高深造诣的史学家。他们的治学，各有门径。不过，对于你们说来，在初寻门径的这几年，比较实际的路径，是充分利用摆在你面前的机遇，学到你的导师的专长，以后再图更高远的进境。任何人的学问都有限，导师的学问自然有限，但毕竟是你们读研究生期间求得经验和指导的第一人。所以，你们要对导师治学的路数有基本的了解，要读导师写的所有论著。其中有不明白的，就去找导师讨论切磋，由中自然可以体会出初步的路数来。然后，要仔细揣摩最少5个真正杰出的历史学家，弄明白他们研究历史有什么预设的观念，提出的总问题是什么，切入和展开研究的方式如何，学问的长处和短处是什么，其成果在本专业发展史中应该如何看待，等等，这样就能逐渐领悟治学的原理、路数和境界。

研究历史，不仅是厘清过去事实的技术性的事情，也是思想的途径。历史学的大家，多多少少都有些思想家或者思想者的意味。因为，无论现实中的话题还是历史中的话题，都可以从很多学科角度去研究，历史研究者立身其间的独特性，一是在于他们永远立足于证据来分析问题，二是在于他们永远把问题置于长时段历程中去理解。所以，高明的历史研究者，不会轻易追随流行的说法，总是追求把问题看得更深远一些。历史是过去发生的事情，过去发生的事情要成为现实的历史知识，需由思想来贯穿和点化。你们学历史，首先要把自己的思想方法作为一个对象，好好地解读一番，以便形成思考历史合理有效的基本概念。刚入学的同学如果不知道这样说到底是什么意思，可以做一种问卷式的实验，问一问自己对下列问题怎么回答，注意这个时候不要去查书，也不要去引用别人的话，只是当即自己来回答：

（1）历史是什么？

（2）历史知识是什么？

（3）历史知识为什么是可能的？

（4）历史知识对于现实的人类生存有什么意义？

（5）证实和解释在历史研究中各自扮演什么角色？

（6）我们凭什么说某一种关于历史的看法比另一种看法更可取？

（7）我最赞赏的当代历史学家是哪几个人，他们为什么值得赞赏？

（8）我已经精读了哪些历史学著作？

（9）我心里有关于历史的困惑吗？

（10）我为什么要学习历史？

这看上去都是简单问题，但却是进入到专业化的历史学习时必须梳理的，有的甚至是终生要不停追问自己的问题。答案可以不同，但若从来不想，就是盲目从事，仅把钻研历史作为职业生计，将来做专业的时候多半会苦闷而无乐趣。硕士研究生入学以后最困难的事情，不是被告诉去读哪几本书，而是实现思维和方法论的自觉。自觉就是懂得自己，思维和方法论的自觉就是懂得自己的思想方式在当下人类知识探索中的位置，从而建立以自己的方式面对知识探求与社会生活的意识。所以自己体验一下前述的环节会是有益的。

还有一个心态方面的事情。读研究生是做超过通识知识水平而追求专业化知识的事情，所以它假定每一个研究生都具有成为专业人才的潜力和愿望，这和小学、中学甚至大学教育都不同，后者是公民资质和普通工作人员培育的事情。研究学问在任何时代的任何社会都是少数人的事情，因为没有一个社会可以供养很多在优越条件下专门研究以往经验的人。这是一种荣誉，是很奢侈的，因而带来一种责任。所以要明白，研究生阶段不能用少年时代的学习方式来学习了，要自觉地、积极地去设计自己的知识结构和思想能力。不能满足于完成布置下来的学习内容，非有内在的自我驱动不可。要自己提出问题，要自己调试工作的方法，不要期待导师来敦促。研究生是成年人，成年人可以引导但难以根本改变，所以你们的成绩归因于你们的努力，你们的惰怠归因于你们的选择。因此我不去强迫惰怠的同学勤奋起来，在这方面，请各位好自为之。

接下来的事情，是制订一个计划，有目标、有步骤、有时间框架地实现学术成长，并且把学位拿到手里。首先要做的是基础加固工作。这包括：

第一，汉语言文学的基本能力。要写清楚的汉字，要养成勤于写作的习惯，要在自己的文字中克服语法错误，要掌握说理文的基本谋篇布局技巧，要切实达到能顺畅阅读古代汉语（尤其是唐以后文献）的能力。如果这些方面能力不佳，谈如何研究问题和写论文就是愚妇图为无米之炊。在这些方面尚有不足者，要马上付出努力达到标准。

第二，坚持学习外语，要掌握一门外语。现在一些学生只把外语当装饰品，以为点缀一下就行，不必认真使用，其实不行。我们现在对任何学术论著的要求，都包含彻底调查已有研究的内容，英语和日语的明清历史研究文献都极其丰富，各国的学者正在融为一个学术共同体，不认真使用外语，就会留下文献调查的大空白。如果不能说，一定要能读，不能读快，慢读也要读。至少掌握一门外语的能力是无法简省的。

第三，阅读基本明清史史料。这有两个目的。第一个目的是养底气。专业领域的书读得多了，对于研究的对象就熟悉了，若稍加梳理，事理自然贯通，语言文献的能力也自然提高。研究的题目无论如何确定，基本资料在胸中打底，就有纵横的空间。基本材料读得太少，就没有感觉，即使题目好，也只能就事说事，或者空说道理。别人把证据用错了的时候，你多半察觉不出来，只能胡乱掺和了事。在这样的基础上写论文，历史研究的思想力度没有着落处。第二个目的是从史料中凝练有意义的课题并积累专题资料。历史研究的课题最好是在读书中自己提出的，这样才生动、切实，研究下去也有滋味。如果是导师给的，你研究下去可能不赞同或者不理解最初的预设，到了深层就做不下去了；如果接受别人已经提出的话题，也容易被人家牵着走，最后陷入在诸种说法中间穿梭或者"和稀泥"的地步。这就要一边读书一边做些笔记，积累问题，逐渐自己回答旧问题，形成更高层面的新问题。当然，如果导师明确建议做某个课题，一般来说是可以做的，导师一般是在了解你的情况下提出建议的。在掌握一个或者几个有意义的问题后，可以在阅读中把能够有助于解读那些问题的资料分类记录下来，这就是做资料长编了。以后对长编做反复增润、揣摩，多半会有心得，选出一个来与导师探讨，很可能产生有价值的论文选题。就新入学的硕士研究生说来，阅读基本文献要精读与泛读结合。具体建议是分基本史料、扩展史料、今人研究成果三类来读。

（1）基本史料，这是看家的书，不读对明清史就不能形成基本感觉，建议先读的是：①《明史纪事本末》、《明史》（本纪、志、部分传记）、《清史稿》（本纪、志、部分传记）、《国榷》——这是了解明清史基本史实的。②《明律》《明会典》《清律》《清会典》——这是熟悉明清基本制度法规的。

（2）扩展史料，这是熟悉其他类型文献的，以便进入专题研究后具备文献调查的能力，可以选读合集、别集、笔记、方志、小说各类文献。合集如《明经世文编》；别集如《张太岳集》；笔记如《万历野获编》；一种明清方志；几种明清小说；若干明清档案文件。至少各选择若干章节来读，以熟悉这些类型史料特点为基本目的，若有能力多读就更好。

（3）今人研究成果，是摸索研究门径的。此类书甚多，要注意以下五类：①梳理明清史基本框架的书，可读李洵的《明清史》；南炳文、汤刚的《明史》。②掌握明清史料文献的书，可读谢国桢的《明清笔记谈丛》；冯尔康的《清史史料学》。③熟悉明清史研究史的书，可读南炳文的《明史研究备览》《二十世纪中国明史研究回顾》；赵毅、栾凡的《20世纪明史研究综述》；山根幸夫的《中国史研究入门》中关于明清史部分。④近代以来明清史名家的典范著作，孟森、傅衣凌、梁方仲、李文治、王毓铨、李洵、戴逸、顾诚、南炳文、黄宗智、黄仁宇的著作要各选一本来读。⑤体现晚近明清史研究潮流的著作，可选读常建华、李伯重、徐泓、范金民、陈春声、刘志伟、陈支平、赵世瑜、万明、方志远、杨珍、高寿仙、赵轶峰、卜正民、韩素瑞、小野和子、岸本美绪等人的著作。最好能与同学一起读，共同讨论。

确定好选题之后，研究的方向具体了，就还有针对该方向研究专深学者的著述要读，此处不能细说了。

此外，就是坚持每两周去期刊室翻看一次明清史方面的论文，逐渐熟悉动态，熟悉明清史界的学者。这方面要特别注意各年度的明清史研究综述，可以在《中国史研究动态》中查看。一般研究生培养方案中开设的课程，有一些会与上面说的阅读吻合，还有一些是进一步的，如关于海外明清史学的课程，如果有机会，也要修习。

到了第一学年接近结束的时候，要选择研究方向和论文题目。论文选题是学业过程中定向的大事情，可能影响到青年人一生的道路，所以要积极、谨慎。最开始的时候，并不急于确定选题，因为在对历史研究有了切实的体会之前，很难把握一个选题的全部含义，尤其是难以把握选题背后的预设。比较合理的过程是在文献阅读过程中逐渐加大对于研究现状的关注程度，从外在的关注即了解谁研究了什么，过渡到内涵关注即谁如何研究了什么，从而开始试验性地参与到当代学术语境中去。比如，对学术界讨论的重大话题、自己特别有兴趣的话题、对一些典范著作，加以评论，尽量提出自己的看法，并且尽量写下来。然后通过各种渠道和其他人交换看法，以验证自己的思路、磨砺自己的论理能力、修正关于那些问题的看法。在这个过程中，自己就会积累起一些切实的问题。在这些问题中选择一个，做彻底的学术调查，看看学术界迄今为止说到了什么份上，还有没有值得再讨论的空间和必要性，如果还有，就构成一个有学术价值的课题了。但不是所有有学术价值的课题都适合作为硕士学位论文来做。有的题目解决的条件不具备，有的分量不够，有的分量过重。但是，只要能够积累这样的问题，研究题目就尽可以从中选择出来。这时需要导师帮助来把关。

有了体会和想法，要找导师来谈。现在学生多，导师不一定经常找你们去问情况，你们要记着来找导师。找导师谈，不要去问那些查查字典、词典、工具书就能弄明白的事，那些问题有的导师知道，有的不知道，都不足为怪。导师的角色是指导你们从接受性学习转变到发现性学习，再完成一次有所发现的研究和写作。所以，去谈时，要把想法、问题整理一下，提出一个问题，要先尝试自己去回答，或者尝试设计解答的方法，将这样的话题与导师交流，才可能逐步走向提出有研究价值和可能的问题。这样的问题，就是选题的基础。

不能自己提出论文选题，并不是稀奇的事，条件成熟时，导师可以给你建议。但是导师要在判断你已经读了基本的明清史书籍，具备了分析问题的能力，也达到了清晰论述问题的文字水平时，才好给你选题，否则一旦确定了选题，心态会变化，基础知识的建设就多半被放弃，那就走不多远了。选题的建议不可能是一个题目加上材料再加上结论，那就等于替你做完一大半了。选题的建议通常是一个问题，加上研究的大致方法、方向，然后要你自己去调查、深化、发现、成型。所以，和导师商量确立了一个选题之后，要去做补充调查，包括学术史情况调查要扩大，要分析到各个学者研究的深层去，也就是不仅关注他们的结论，尤其要关注他们的概念、逻辑、方法，还要去阅读关于该选题的原始资料。资料要细读，做出长编，然后认真地梳理长编，提出论文切入和展开的框架来。这时应该对该课题有了一个通体的把握和切实的文献资料感觉，就可以开题了。此后的事情比较清楚，不去说了。

从前面所说的看，读研究生当然不是容易的事情，但却是值得的，因为读得好，就形成了立身的根基。

还有一些零散的话，请大家注意。

第一，做学问不是纯技术性的，要有修养，语言、文化知识的淹博、各种能力、生活态度的积极等都会体现在一个人的学术中。所以要注意综合地培育自己。

第二，要捉住一切机会增广学术见识，要尽量参加学术会议，访问著名学者，不要只盯着自己的狭小专业，其他一切不理会。知识是在交流互动中增益的。较早入学的学生会出面组织一些学术沙龙之类的活动，要积极参与，不要只听，还要尽量说，说了，就能使自己的知识得到检验、锤炼。

第三，要尊重所有的前人，不可以在没有经过严肃钻研分析的情况下对前辈学者妄自菲薄。但也不要迷信权威，不要不假思索地迷信古人、外国人、名家，尤其不要追随在大众媒体上十分活跃的那些"大师"——他们在做普及性的事情，高深的学问在大众媒体中并不易于表述。在写论文的时候，不要把自己的观点镶嵌在什么权威的语录上，文章的价值靠证据、逻辑和洞察力，不靠引了谁的说法。

第四，不要夸大自己研究的价值，要讲究分寸。不要说虚张声势、故作高深、空洞无意义的话。

第五，相互之间要尊重，不要闹矛盾。不闹矛盾的一个窍门是不要去讲究别人的缺点，人总是有缺点的，很多缺点自己会慢慢克服，别人一关注，多半会反弹，就把缺点扩大了。不要去跟导师汇报别人的缺点、错误。缺点大了，导师自己会知道。大家都努力把精神放在学业上，团结也会好。

努力而且得法，假以时日，大家都能成为人才。